민족의식을 탄생시킨 임진왜란
거북선 구조 논쟁의 새로운 가설, 도(櫂) 젓기

임진왜란과 거북선 논쟁의 새로운 패러다임

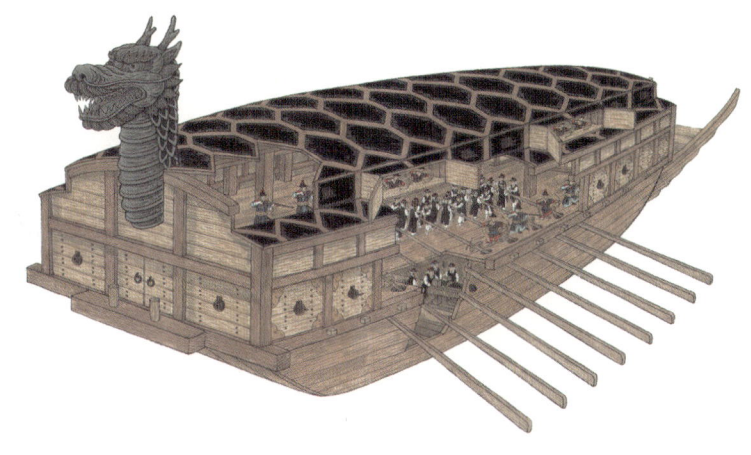

임진왜란과 거북선 논쟁의 새로운 패러다임

2022년 8월 1일 소판 1쇄 발행

지은이 | 김평원

일러스트 | 김옥재, 위현서

사진 | 셔터스톡

디자인 | 또뜨넬마

인쇄 및 제작 | 금강인쇄

펴낸이 | 최승우 bookwheelhouse@naver.com

펴낸 곳 | 책바퀴

출판등록 | 2021년 4월 22일 제2021-000027호

주소 | 인천광역시 연수구 송도문화로 28번길 28

ISBN | 979-11-979113-0-9

※ 이 도서는 해동과학문화재단의 지원을 받아 NAEK 한국공학한림원과 책바퀴가 발간합니다.
※ 이 책에 수록된 거북선 그림은 출판사와 사전 협의 없이 사용할 수 없습니다.

책바퀴의 정신

하이퍼텍스트(Hypertext)와 상호텍스트성(Intertextuality)의 개념을
가시적으로 구현한 라멜리(Agostino Ramelli)의 'Book wheel'처럼,
책바퀴는 자료(Data), 정보(Information), 지식(Knowledge)을
시각화(Visualization)하는 시각적 리터러시(Visual Literacy)의
가치를 추구합니다.

Agostino Ramelli's Book wheel

출처 : Agostino Ramelli(1588), Le diverse et artificiose machine.

민족의식을 탄생시킨 임진왜란
거북선 구조 논쟁의 새로운 가설, 도(櫂) 젓기

임진왜란과 거북선 논쟁의
새로운 패러다임

책바퀴

머 리 말 ...

　이 책을 손에 든 독자는 우리 민족주의의 기원을 '임진왜란'으로 설정하고, 거북선의 격군들이 작은 어선에서나 사용하는 '노(櫓)'를 저은 것이 아니라, 대형 '도(櫂)'를 저었다는 생소한 주장과 만나게 될 것입니다. 역사 교과서를 통해 민족주의의 기원을 1919년 삼일 운동이라 배웠고, 거북선 2층 공간에서 격군들이 힘겹게 '노'를 젓는 장면을 드라마나 영화에서 보았던 독자들에겐 다소 어리둥절할 것입니다.

　신채호 선생이 서경 천도 운동 및 묘청의 난을 조선사 1천 년 이래 제1대 사건이라고 평가한 것처럼, 필자는 1592년에 일어난 임진왜란을 우리 역사에서 가장 중요한 사건으로 평가하였습니다. 외세의 침입에 맞서 저항하는 과정에서 신분을 초월한 겨레 의식, 즉 머릿속으로 상상하는 공동체가 자생적으로 발현하였기 때문입니다.

　필자가 임진왜란에 관심을 갖게 된 계기는 초등학생 시절인 1985년에 방송된 MBC 역사 드라마 조선왕조 500년 시리즈, 〈임진왜란〉 편을 시청하면서부터였습니다. 왜적들이 조선 백성들의 귀와 코를 자르는 장면을 보면서 충격을 받았음은 물론, 거북선이 활약하는 해전 장면을 보면서 가슴 뭉클했던 순간을 지금도 잊을 수가 없습니다.

　오늘날 우리는 이순신 장군을 신화 속 영웅으로 추앙하고 있으며, 거북선은 민족의 자긍심을 상징하는 실체가 되었습니다. 필자가 거북선에 관한 연구를 시작한 것은 2005년에 방송된 KBS 역사 드라마 〈불멸의 이순신〉을 시청하면서부터였습니다. 지난 17년간, 거북선에 관한 탐구를 계속하면서 우리가 알고 있는 거북선의 형태는 유물을 복원한 것이 아니라, 후대 사람들의 염원이 반영된 '매체 설화(뉴스, 다큐멘터리, 사극)'에 의해 '만들어진 전통'이었음을 확인하였습니다.

　거북선 내부 구조 논쟁은 지난 반세기 동안 계속되었습니다. 1990년대까지는 2층 구조설이 정설이었으나, 그 이후에는 3층 구조설이 정설이 되었습니다. 필자는 오랜 기간 거북선에 관해 탐구하면서 기존의 학설로는 설명할 수 없는 다양한 문제점들이 누적되었음을 확인하였습니다. 더 이상 '한국식 노' 패러다임을 기반으로 하는 2층 구조설과 3층 구조설로는 사서의 기록과 현대의 공학적 지식에 부합하는 타당한 설명이 불가능하게 된 것입니다.

　필자는 2021년 4월, 기존 거북선 구조 논쟁을 '노 젓기 패러다임'으로 규정하고, 새로운 '도 젓기 패러다임'을 전제로 거북선 내부 구조를 추정한 논문을 『한국과학사학회지』에 게재하였습니다. 이 책은 필자가

임진왜란 – 신분을 초월한 겨레 의식이 발현되어 '상상의 공동체'를 형성
거북선 – 민족의 자긍심을 상징하는 실체로서 '매체 설화'에 의해 '만들어진 전통'

『한국과학사학회지』에 게재한 논문에서 주장한 새로운 거북선 내부 구조에 관한 가설을 일반인들이 쉽게 이해할 수 있도록 다양한 그림과 함께 친절하게 풀어서 설명한 것입니다.

거북선 구조에 관한 담론은 학술적인 영역과 문화 콘텐츠의 영역이 겹쳐 있기 때문에 거북선 전문가임을 자처할 수는 있어도, 거북선 전공자는 존재할 수 없습니다. 필자 역시 국어 사용 기능을 연구하는 교육학자로서 논술과 토론 교육에 활용할 수 있는 과학 콘텐츠인 거북선 구조 논쟁에 관심을 둔 것이지, 평생을 바쳐 거북선 구조만을 천착한 전공자가 아닙니다.

거북선 내부 구조 탐구는 전쟁사나 물리학 또는 조선 공학을 전공했거나 해군 관계자만이 탐구할 수 있는 영역이 아니며, 한국인이면 누구나 도전할 수 있는 문화 콘텐츠입니다. 다시 말해 거북선 전문가를 자처하는 사람뿐만 아니라 모든 사람들에게 공평하게 열려 있는 영역인 것입니다. 따라서 거북선 구조 논쟁 콘텐츠는 초등학교, 중학교, 고등학교, 대학교를 모두 아우르는 수준에서 교육에 활용할 수 있습니다.

이 책은 거북선 구조 논쟁을 정리한 학술 도서인 동시에 거북선 구조 논쟁을 교육 프로젝트에 활용하는 사례를 소개한 안내서 성격을 동시에 지니고 있습니다. 이 책은 또한 읽기 독본으로 활용할 수 있도록 SQ3R 교수·학습 방법[Survey→Question→Read→Recite→Review]과 KWL 교수·학습 방법[Know→Want to learn→Learned]을 적용할 수 있도록 구성되어 있습니다. 따라서 제목이나 다양한 그림과 표를 먼저 가볍게 넘겨보면서 의문점을 정리한 후, 꼼꼼하게 읽으면서 확인하는 방법으로 읽기를 권합니다.

이제는 소수의 사람들이 또 다른 소수의 사람들이 만들어 낸 거북선 복원에 대해 '엉터리 복원'이라며 폄하했던 헤게모니 싸움을 끝내야 합니다. 한국인이면 누구나 거북선 내부 구조를 탐구하고 자유롭게 발표할 수 있기를 기대합니다. 필자의 융합 교육론을 지지하며 교양 공학 도서 출판 지원을 해 주신 한국공학한림원에 감사의 말씀을 전합니다.

2022년 8월
김평원

차례 ...

1. 상상의 공동체, 전통을 만들다

상상의 공동체   12
만들어진 전통   16
임진왜란, 상상의 공동체를 만들다   25
임진왜란을 기억하는 전통 만들기   31
이야기의 힘, 임진왜란을 기억하다   42
매체 설화, 전설을 역사로 만들다   50
전통 만들기, 복원에서 창제까지   60

2. 거북선 내부 구조 논쟁 탐구

거북선의 재현과 창제   70
거북선의 재현을 둘러싼 논쟁   77
거북선 내부 구조 논쟁사   82
거북선 내부 구조 논쟁의 쟁점   103

3. 조선 후기 거북선의 추정 재현

통제영 거북선 관련 기록의 의문점   114
조총을 주무기로 하는 돌격선   122
통제영 거북선 방패 문   134
후퇴(setback) 처리된 분할 층 구조   138
중앙에서 도(櫂)를 젓는 구조   142
친숙한 전라 좌수영 거북선   154
전라 좌수영 거북선 1층 측면 포혈   161

4. 거북선 구조 논쟁의 교육적 활용

시험의 삼총사 : 수능, 논술, 구술	172
구술과 수사학의 재발견	184
거북선 구조 논쟁을 활용한 논술과 수능 학습	196
거북선 구조 논쟁을 활용한 프로젝트	207
임진왜란 당시 거북선의 상상 재현 프로젝트	215

5. 추정 그림

노를 젓는 통제영 거북선(전도, 측면, 내부)	222
노를 젓는 전라 좌수영 거북선(전도, 측면, 내부)	228
도를 젓는 통제영 거북선(전도, 측면, 내부)	234
도를 젓는 전라 좌수영 거북선(전도, 측면, 내부)	241
도를 젓는 임진왜란 당시 거북선(전도, 내부)	246

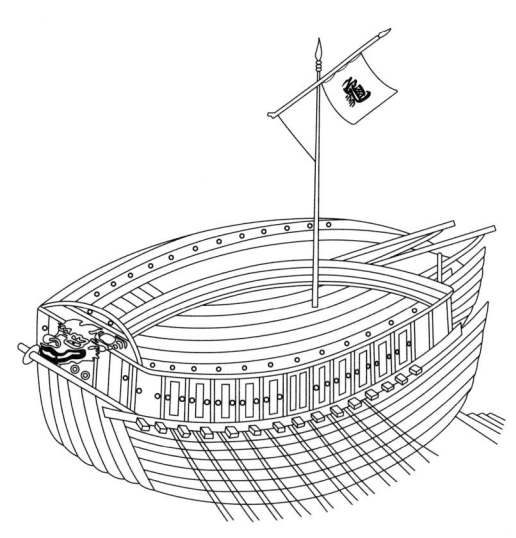

01

상상의 공동체,
전통을 만들다

상상의 공동체

만들어진 전통

임진왜란, 상상의 공동체를 만들다

임진왜란을 기억하는 전통 만들기

이야기의 힘, 임진왜란을 기억하다

매체 설화, 전설을 역사로 만들다

전통 만들기, 복원에서 창제까지

상상의 공동체

민족과 민족주의의 개념

민족(Nation)과 민족주의(Nationalism)는 여러 학문 분야에서 탐구하는 주제로서, 학설에 따라 다양한 방식으로 설명하기 때문에 쉽게 정의하기가 녹록지 않다. 표준국어대사전에서는 민족을 '일정한 지역에서 오랜 세월 동안 공동생활을 하면서 언어와 문화상의 공통성에 기초하여 역사적으로 형성된 사회 집단'으로 설명하고 있으며, 민족주의는 '민족의 독립과 통일을 가장 중시하는 사상'으로 설명하고 있다.

앤더슨(Benedict Anderson, 1936~2015)[01]은 민족의 개념을 '운명을 함께 한다고 믿는 사람들이 상상하는 공동체'로 설명하였다.[02] 언어, 역사, 문화, 관습과 같은 민족의 객관적인 요소보다는 주관적이고 정서적인 측면을 중요하게 본 것이다. 민족

01 베네딕트 앤더슨(Benedict Richard O'Gorman Anderson, 1936~2015)

민족주의 연구의 권위자인 베네딕트 앤더슨은 1983년 저서 『상상의 공동체(Imagined communities)』에서 "민족은 실재하는 것이 아닌 근대 자본주의 발전 과정에서 신문·책과 같은 인쇄술에 기반해 '발명'된 개념"이라고 주장하여 학계에 큰 반향을 일으켰다. 앤더슨은 지금도 사회과학 분야 인용 빈도에서 최상위권을 차지하고 있다.

02 『상상의 공동체』

Benedict Richard O'Gorman Anderson(1983), 『Imagined communities : reflections on the origin and spread of nationalism』, Verso/New Left Books Ltd.

▲ Benedict Anderson(1936~2015)의 Imagined Communities

을 지칭하는 상상의 공동체(imagined communities)란 '얼굴을 마주 보고 접촉할 수 있는 생활 공동체보다 규모가 큰 공동체는 구성원의 머릿속에서 상상하는 개념'이라는 것이다.

생활 공동체와 상상의 공동체

생활 공동체는 보통 던바의 숫자(Dunbar's number)[03]로 알려진 150명 정도의 규모이며, 이보다 더 큰 규모의 집단은 결속력이 약해 안정적인 사회적 관계를 유지하기 어렵다. 군대 조직에서도 가족 같이 생활하는 단위는 중대[04]이며, 그 규모는 150명 이내 수준이다. 병사들은 늘 함께 생활하는 중대 단위를 운명 공동체로 인식하고 있으며, 독자적인 작전 수행이 가능한 만 명 수준의 사단은 머릿속에서 상상하는 막연히 큰 단위에 불과하다. 다시 말해 한자리에 모인 적이 없는 사단 규모 이상은 '상상의 공동체'인 것이다.

03 던바의 숫자(Dunbar's number)

150명의 법칙으로 알려진 던바의 수는 영국 인류학자인 Robin Dunbar가 사회적 관계를 유지할 수 있는 인지적 한계는 150명 정도임을 설명하는 이론이다. 던바의(Dunbar's) 숫자는 과학적 근거가 명확하지 않음에도 불구하고 이해하기 쉬워 널리 알려지게 되었다.

04 중대(Company)와 사단(Division)의 기원

중대는 로마군의 기본 단위인 보병 중대 130명에서 비롯된 전통이며, 사단은 근대 프랑스 육군에서 18세기에 편성된 제도이다.

▲ 만 명 수준의 공동체를 상징하는 부대 마크

동질감과 자긍심을 고취하기 위해 군인들의 군복에 부착하는 부대 마크 역시 '생활 공동체'인 중대를 상징하는 것이 아니라 '상상의 공동체'인 사단 이상을 상징하고 있다.[05] 2015년부터 대한민국 군대는 부대 마크와 함께 태극기까지 부착하여 병사들의 애국심을 고취하고 있는데, 태극기는 국가를 상징하므로 가장 큰 단위의 '상상의 공동체'를 상징하는 마크이다.

05 부대 마크
군복에 부착하는 부대 마크는 군, 군단, 사단 등을 상징하는 마크로서, 사단을 상징하는 마크가 가장 많다.

상상의 공동체를 기준으로 한 민족주의의 기원

민족주의(Nationalism)는 분열된 민족을 정치적으로 통일하거나 외국의 지배로부터 독립하기 위해 강조된 이데올로기로 19세기 이래 근대 국가 형성의 기본 원리가 되었다. 많은 사람들은 앤더슨의 '상상의 공동체'를 민족주의 이데올로기를 비판할 때 활용하기도 한다. 민족은 '실제로 존재하는 것이 아니라 상상하는 것에 불과하다'는 논리로 연결되기 때문이다.

하지만 앤더슨은 민족의 개념을 부정적으로 보지 않았으며, 오히려 눈에 보이지도 않는 상상의 공동체를 위해 기꺼이 목숨을 바치는 사람들의 동기를 민족주의로 보았다.

민족의 개념을 '상상의 공동체'로 규정할 경우, 민족주의가 최초로 생겨난 곳은 19세기 유럽의 근대 사회가 아니라 18세기 스페인 제국의 탄압을 받았던 중부와 남부 아메리카가 된다. 원래 스페인 제국이 식민지 통치를 위해 설정한 행정 구역에 불과했던 단위들이 시간이 흐르고 나름의 역사성을 획득하면서 국가로 성장했기 때문이다.

'상상의 공동체'를 처음으로 구축하여 민족주의를 실천한 계층은 유럽인의 자손임에도 아메리카 식민지에서 태어났다는 이유로 신분 상승에 제한을 받았던 아메리카 식민지의 크레올(Creole)[06]

06 크레올(Creole)과 페닌술라르 (peninsular)
스페인은 16세기 중엽부터 남미 식민지를 개척하였다. 스페인에서는 신대륙에서 태어난 크레올을 주요 관직에서 배제하였기 때문에 본토에서 태어난 페닌술라르에게 밀려 사회적으로나 정치적으로 중요한 역할을 하기 어려웠다.

들이다. 같은 스페인 사람이지만, 본토에서 태어난 페닌슐라르(peninsular)와 차별 대우를 받게 된 크레올들은 스페인과의 독립 투쟁 과정에서 자기 지역에 대한 애착이 생겨나면서 자신이 소속된 행정 단위를 민족 국가로 발전시켰다.[07]

07 반도인과 크레올과의 차별

스페인 본토는 반도이기 때문에 본토에서 태어난 국민은 반도인이며, 크레올은 아메리카 식민지에서 태어난 스페인 국민이다. 일제 강점기와 비교한다면 일본 본토에서 태어난 일본인과 조선에서 태어난 일본인을 차별한 셈이다.

좀더 자세히

▲ 스페인 제국의 최대 영토

아메리카의 독립과 민족주의의 기원

스페인은 북아메리카와 남아메리카에 걸쳐 엄청난 크기의 식민지를 지배하였다. 미국(앵글로 아메리카)은 18세기(1776년)에 영국으로부터 독립하였으나, 라틴 아메리카는 19세기에 이르러 스페인으로부터 독립하였다.

북아메리카에서는 대영 제국의 행정 단위들이 주(州, state)로 발전하여 미국(The United States of America)을 형성하였지만, 남아메리카는 스페인 제국의 행정 단위들이 각각 다른 국가로 발전하였다.

만들어진 전통

최근에 만들어진 영국 왕실의 의례

상상의 공동체를 유지하기 위해서는 무엇이 필요할까? 사람들의 머릿속에 존재하는 상상의 공동체가 유지되기 위해서는 운명을 함께 한다고 믿는 생각이 계속해서 유지되어야 한다. 이를 위해서는 운명 공동체라는 동질감을 느낄 수 있는 의례나 영웅 또는 상징물이 계속해서 재생산되어야 한다.

이처럼 상징물을 만들어내는 것은 전통을 만들어 내는 행위이며, 서구에서는 18세기 후반부터 시작되어 19세기 국민 국가 형성기까지 집중적으로 전통이 만들어졌다. 에릭 홉스봄(Eric Hobsbawm)과 테렌스 레인저(Terence Ranger)는 '만들어진 전통(invented tradition)'이라는 개념으로 전통이 창조되는 현상을 설명하였다.[08] 우리가 알고 있는 영국 왕실의 화려한 의례는 수백 년간 내려온 위대한 전통처럼 보이지만, 19세기 후반에 급조된 것에 불과하다.

▲ 19세기 후반에 만들어진 영국 왕실의 의례

각종 국경일과 국가, 국기와 같은 의례와 상징물들 역시 오래된 전통을 계승한 것이 아니라, 비교적 최근에 상상의 공동체를 만들기 위해 창조된 것들이다. 유럽 대도시를 장식하고 있는 각종 동상과 건축물들은 수백 년 전이 아니라 공공 기념물을 대량으로 생산하기 시작한 19세기 이후에 만들어진 것들이다. 우리가 해외 여행을 다니면서 사진에 담아오려고 애썼던 유럽의 기념물들이 사실은 매우 짧은 기간 동안에 비교적 최근에 급조된 것에 불과한 것이다.

08 만들어진 전통

출처 : Eric Hobsbawm & Terence O. Ranger(1983), 『The Invention of Tradition』, Cambridge University Press.

최근에 만들어진 스코틀랜드의 타르탄

많은 디자이너들에게 영감을 주고 있는 스코틀랜드의 격자 무늬인 타르탄(Tartan) 역시 스코틀랜드의 조상으로부터 전승된 오래된 전통이 아니다. 타르탄은 스코틀랜드의 다양한 씨족(clan)을 상징하려는 목적으로 비교적 최근인 18세기와 19세기에 걸쳐 디자인된 것이다.

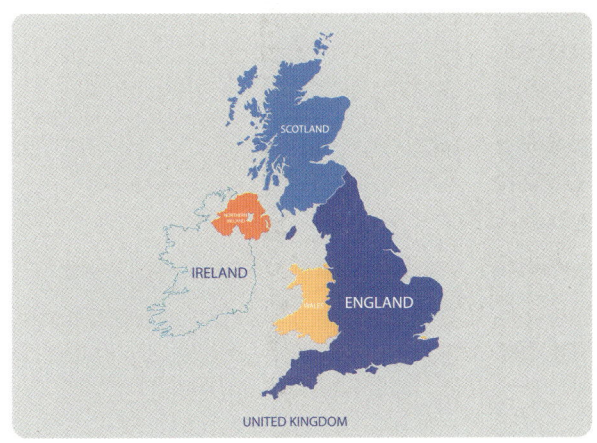

▲ 대영 제국 내 북부, 스코틀랜드 지역

▲ 타르탄 무늬의 킬트를 입은 스코틀랜드 병사

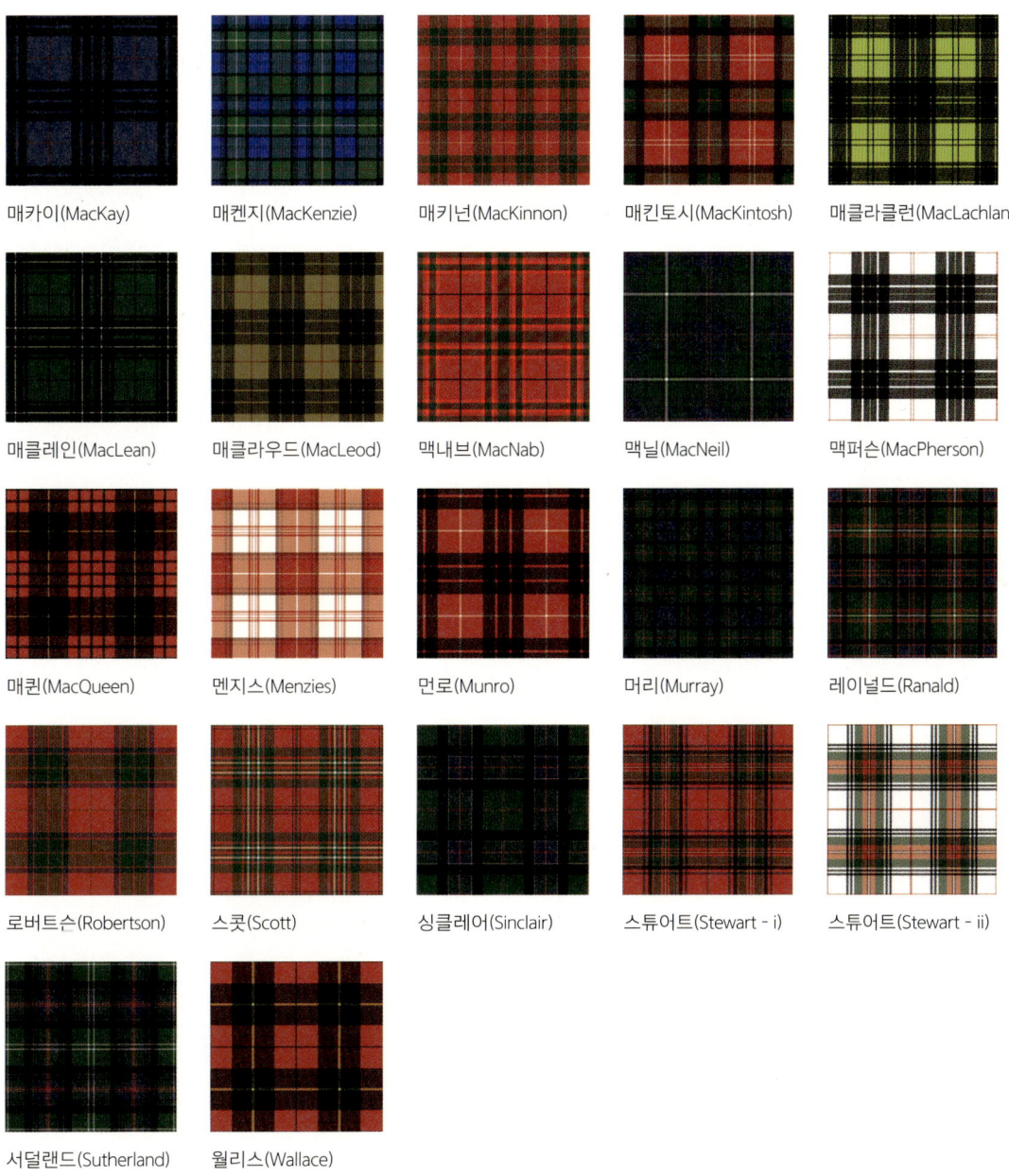

▲ 스코틀랜드 씨족을 상징하는 타르탄(Tartan)

- 출처 : 위키백과(2022년 2월 5일)

영국 명품 브랜드 버버리는 1856년 토머스 버버리(Thomas Burberry, 1835~1926)에 의해 탄생되었다. 우리가 알고 있는 버버리의 체크 문양인 노바 체크(Nova Check)는 스코틀랜드의 전통을 계승한 고유한 무늬가 아니라, 1920년대에 버버리가 만든 레인 코트의 안감에 사용한 무늬에 불과하였다. 하지만 버버리의 노바 체크는 1960년대부터 버버리를 상징하는 시그니처가 되었고, 버버리는 영국을 대표하는 명품 브랜드가 되었다.

▲ 토머스 버버리(1835~1926)

◀ Burberry Nova Check

▲ 명품 브랜드 버버리 매장

▼ 알프스를 넘는 나폴레옹
(루이 다비드 그림)

만들어진 영웅의 이미지

난세가 영웅을 탄생시킨다지만 영웅의 이미지는 만들어진 것에 불과하다. 오늘날 사람들의 머릿속에 남아 있는 나폴레옹에 대한 이미지는 프랑스 파리 루브르 박물관에 걸려 있는 루이 다비드의 나폴레옹 그림에 의해서 형성되었다고 해도 과언이 아니다.

우리는 알프스를 넘는 나폴레옹을 묘사한 그림들을 통해 영웅의 이미지는 실재했던 것이 아니라 만들어진 것임을 알 수 있다. 프랑스 국기를 고안한 화가로 널리 알려진 루이 다비드(Jacques Louis David, 1748~1825)[09]는 1801년부터 알프스를 넘는 나폴레옹 그림들을 여러 장 그렸는데, 이 그림들은 실제 나폴레옹이 알프스를 넘는 장면을 직접 보고 그린 것이 아니다. 다비드는 나폴레옹 황제의 옷을 빌려와 사다리에 걸어 놓고, 나폴레옹이 원하는 '거친 말을 다루는 온화한 모습'으로 그려 내었다.

루이 다비드는 나폴레옹 황제의 궁정 화가였기 때문에 나폴레옹의 업적을 미화하는 그림을 그릴 수밖에 없었고, 다비드의 그림들은 정치적인 선전 도구로 이용되었다. 루이 다비드의 그림 속에서 나폴레옹은 아름다운 백마를 타고 알프스를 넘으며 병사들을 지휘하는 늠름한 모습으로 묘사되었다.

하지만 실제 나폴레옹은 백마를 타고 알프스를 넘은 것이 아니라 볼품없는 노새를 타고 길 안내자의 도움을 받아 간신히 알프스를 넘었다고 한다.

나폴레옹이 사망한 이후, 1850년에 그려진 폴 들라로슈(Paul Delaroche, 1797~1856)의 그림에서 실제 나폴레옹이 알프스를 넘었던 초라한 장면을 만날 수 있다.[10] 같은 장면을 묘사한 그림임에도 루이 다비드와 폴 들라로슈의 그림에 담긴 영웅의 이미지는 서로 다를 수밖에 없다.

---

09 루이 다비드 (Jacques Louis- David, 1748~1825)의 작품

Napoleon Crossing the Alps, 1801, Château de Malmaison, Rueil-Malmaison.

The Death of Socrates, 1787, Metropolitan Museum of Art, New York.

The Emperor Napoleon in His Study at the Tuileries, 1812, National Gallery of Art, Washington DC.

10 폴 들라로슈(Paul Delaroche, 1797~1856)의 다른 작품

Napoléon abdiquant à Fontainebleau, 1845, The Royal Collection, London.

▲ 알프스 산맥을 넘는 나폴레옹
(폴 들라로슈 그림)

상상의 공동체와 만들어진 전통의 관계

전통은 현재의 필요에 의해 만들어 낸 과거의 이미지이다. 국민 또는 민족을 하나로 묶기 위해서는 계속해서 새로운 전통이 만들어져야 한다. 다시 말해 상상의 공동체를 구축하기 위해서뿐만 아니라, 이미 형성된 상상의 공동체를 지속시키기 위해서도 전통은 끊임없이 창조되어야 한다. 이 때문에 베네딕트 앤더슨의 '상상의 공동체'와 홉스봄의 '만들어진 전통'의 개념은 운명적으로 서로 연결될 수밖에 없는 것이다.[11]

> **11 민족의 기원에 관한 전통주의와 근대주의**
>
> 민족의 기원에 대해서는 민족이 유구한 전통을 지닌 것이라는 전통주의와 민족이 국민 혁명과 자본주의의 산물이었다는 근대주의가 대립하고 있다. 에릭 홉스봄의 『만들어진 전통』과 베네딕트 앤더슨의 『상상의 공동체』는 근대주의에 해당한다.

  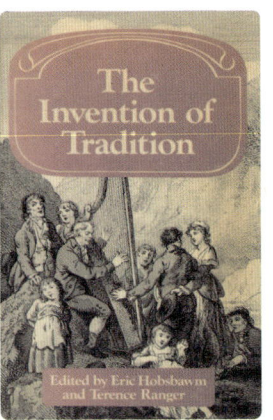

▲ Eric Hobsbawm & Terence Ranger(1983). 『The Invention of Tradition』, Cambridge University Press.

[표 1-1] 상상의 공동체를 유지하기 위해 만들어진 전통

학자	베네딕트 앤더슨 (Benedict Anderson)	에릭 홉스봄(Eric Hobsbawm) 테렌스 레인저(Terence Ranger)
키워드	상상의 공동체 Imagined Communities	만들어진 전통 The Invention of Tradition
개념	운명을 함께 한다고 믿는 사람들의 머릿속에 존재하는 공동체 의식	상상의 공동체를 만들거나 유지하기 위해 전통을 창조하는 행위

임진왜란, 상상의 공동체를 만들다

삼일 운동과 민족주의

민족주의가 아메리카 식민지의 크레올(Creole)로부터 기원했다는 앤더슨의 주장이 학계에 큰 반향을 불러일으켰음에도 불구하고, 아직은 근대 국가의 울타리 안에서 민족주의가 기원했다는 것이 학계의 정설이다. 이 기준에 따르면 우리의 민족주의는 일제 강점기인 1919년 삼일 운동을 기점으로 형성되었다. 양반, 중인, 상민, 천민으로 구분되었던 신분제 사회에서는 동질적 민족의식을 기대하기 어렵기 때문이다.

▲ 신분을 초월한 공동체 의식을 경험한 삼일 운동

일본 제국주의의 지배에 맞선 삼일 운동은 신분을 초월하여 단일한 공동체 의식을 경험하게 했다는 점에서 중요한 사건이었음에는 틀림이 없다. 그렇다면 삼일 운동 이전에는 신분을 초월한 공동체 의식이 싹튼 적이 전혀 없었던 것일까?

▼ 우리 민족주의의 기원으로 평가받고 있는 삼일 운동

▼ 삼일 운동을 가장 잔인한 방법으로 탄압한 화성 제암리 교회 학살 사건 (1919.4.15.)

임진왜란과 공동체 의식

우리에게는 삼일 운동 이전에도 신분을 초월하여 모두가 단일한 구성원이라는 의식을 공유할 수 있었던 중대한 사건이 있었으니, 바로 '임진왜란(壬辰倭亂)'이다. 1592년(선조 25년)에 발발한 임진왜란은 1598년(선조 31년)까지 거의 모든 생활 터전이 전쟁터가 될 정도로 국토의 대부분을 유린당했으며, 약 백만 명의 인구를 죽음에 이르게 한 충격적인 전쟁이었다.

▲ 동래부 순절도(東萊府 殉節圖)
- 출처 : 변박(1760), 동래부 순절도, 육군박물관 소장.

임진왜란 때 부산 동래성에서 왜군에 대항하다 순절한 동래 부사 송상현과 백성들의 항전 내용을 그린 그림.

임진왜란을 겪었던 당시 조선 백성들은 생활 터전을 침략한 외부 침입자들과 구분되는 '우리'라는 공동체를 자각하였고, 이 공동체를 지켜내기 위해 하나로 뭉쳐 저항하였다. 지배층의 무능을 탓하면서 왜적에게 굴복한 것이 아니라, 농민 또는 천민들까지 하나로 뭉쳐 왜군에 저항하는 과정에서 비로소 자신이 거대한 우리 공동체의 일원이라는 겨레 의식을 깨닫게 된 것이다.[12]

수도인 한양을 점령한 후 왕을 사로잡으면 전쟁이 끝날 것이라고 기대했던 왜군들은 당황할 수밖에 없었고, 결국 임진왜란은 명나라까지 참전한 동북아 국제 전쟁으로 확전되었다.

서구에서는 민족의식을 '근대의 산물'로 규정하고 있지만, 우리는 이미 16세기 말에 민족의식으로 규정해도 큰 무리가 없는 강력한 공동체 의식이 형성되었다.[13] 민족의 정서적인 측면을 강조한 앤더슨의 '상상의 공동체'가 16세기 말 조선에서 형성된 것이다.

16세기 말, 왜군과의 전면전을 통해 형성된 상상의 공동체는 혈통과 언어, 문화를 강조하는 민족주의와는 분명한 차이가 있다. 임진왜란을 겪으면서 형성된 우리의 공동체 의식은 국민을 단합시키기 위해서 지도층에서 주입한 이데올로기가 아니라, 외침에 저항하는 과정에서 자생적으로 형성되었다는 점에서 의미가 있다.

12 겨레
같은 핏줄을 이어받은 민족
– 출처 : 표준국어대사전

13 민족의식(民族意識)
자기 민족의 존엄과 권리를 지키고 민족의 단결과 발전을 꾀하려는 집단적 의지나 감정
– 출처 : 표준국어대사전

좀더 자세히

Nation과 Nationalism의 지배적 번역어, 민족과 민족주의

프랑스어 'Nation'은 국민, 국가, 민족을 뜻하며, 일본에서는 'Nation'을 한자어 '民族'으로 'Nationalism'을 '民族主義'로 번역하였다. 우리의 경우 'Nation'이라는 용어를 수용하던 시기가 공교롭게도 일제 강점기였기 때문에 '국민', '국가' 대신 '민족'을 지배적인 번역어로 사용하게 되었다. 마찬가지로 'Nationalism'은 '국민주의', '국가주의' 대신 '민족주의'로 번역하게 되었다. 식민지 시기에는 국가를 빼앗겼기 때문에 '국가' 또는 '국민'으로 번역하기가 부적절했기 때문이다.

– 출처 : 한국민족문화대백과사전, 민족주의(民族主義)

▼ 임진왜란 시기에 왜적에 저항하면서 형성된 신분을 초월한 공동체 의식

외부 침입자는 왜적이었으며, 신분을 초월하여 저항하는 과정에서 상상의 공동체가 형성되었다는 특징을 놓고 본다면, 20세기 초 일제 강점기 36년과 16세기 말 임진왜란 7년은 큰 차이가 없다. 따라서 우리의 민족주의의 기원은 20세기가 아니라 16세기 말로 거슬러 올라갈 수 있다.

우리의 '상상의 공동체'는 삼일 운동보다 앞선 임진왜란 때부터 형성되었다는 필자의 견해와 일치하는 주장은 미국 컬럼비아 대학교 故 김자현 교수의 유고(遺稿)에서 찾을 수 있다.[14] 김자현 교수는 유고에서 우리의 민족 담론은 16세기 말 임진왜란이 발발했을 때 나타났고 병자호란을 거치면서 강화됐다는 주장을 한 바 있다.[15]

임진왜란을 기점으로 민족주의가 형성되었다는 견해는 김자현 교수와 필자가 일치하지만, 그 이후 전개 양상에 관한 평가에는 차이가 있다. 김자현 교수는 임진왜란 때 형성된 민족의식이 국가 주도의 전후 기념사업을 통해 더욱 강화되었다고 평가하고 있으나, 필자는 조선 조정이 '전쟁 기억의 국유화 작업'에 소극적이었으며, 오히려 편파적이었음을 지적하고자 한다.

14 김자현 교수의 유고 원본

『The Great East Asian War and the Birth of the Korean Nation』, JaHyun Kim Haboush, Edited by William J. Haboush and Jisoo M. Kim, Columbia University Press, 2016.

15 김자현 교수의 유고 번역본

김자현(2019), 『임진전쟁과 민족의 탄생』, 너머북스.

김자현 교수의 주장이 일찍이 논문이나 저서로 발표되지 못하고, 결국 유고로 남을 수밖에 없었던 이유 중 하나는 역사학계의 정설에 도전하는 것이 부담스러웠기 때문일 것이다.

[표 1-2] 민족주의의 기원에 관한 새로운 주장, 임진왜란설

주장	삼일 운동설	임진왜란설
기원	1919년 삼일 운동	1592년 임진왜란
근거	신분제가 폐지된 일제 강점기 일본 제국주의의 지배에 맞서 저항하는 과정에서 단일한 공동체 의식이 형성됨.	왜적의 침입에 맞서 신분을 초월하여 저항하는 과정에서 자생적으로 공동체 의식이 형성됨.
학자	역사학계의 정설	김자현 교수 김평원 교수(필자)

임진왜란을 기억하는 전통 만들기

상상의 공동체를 형성하는 인쇄 자본주의

얼굴을 마주 보고 접촉할 수 없는 거대한 상상의 공동체를 묶는 정신적인 힘의 기원은 무엇일까? 앤더슨은 '상상의 공동체'[16]를 형성하고 확산시키는 데 큰 역할을 한 요인으로 '인쇄 자본주의(Print Capitalism)'를 꼽았다. 인쇄 자본주의란 절대적 권위를 행사하던 공동 문어(共同文語)인 라틴어 대신, 지방어이자 개별 구어(個別口語)인 민족어로 대량 인쇄된 소설이나 신문을 읽으면서, 운명 공동체를 상상할 수 있게 된 것을 뜻한다.

서구의 경우 16세기 이후 인쇄술의 발달로 성경이 대중에게 보급되면서 종교 공동체였던 중세가 붕괴하였으며, 라틴어 대신 구어로 인쇄된 성경은 최초의 대중 문학이 되었다. 인쇄 자본주의로 형성된 출판 시장이 민족의식을 만들어 낸 것이다. 앤더슨은 민족주의를 인쇄 자본주의 발달에 따라 지역 언어로 인쇄된 신문과 책을 공유하면서 형성된 '수평적 동지애(Fraternity)'로 설명하고, 민족을 '상상되는 문화적 조형물'로 설명하였다.

16 '상상의'와 '상상된'

앤더슨의 저서를 한글로 번역한 책에서는 '상상의 공동체(Imagined communities)'를 '상상된 공동체'로 표현하고 있다.

임진왜란과 『동국신속삼강행실도(東國新續三綱行實圖)』

임진왜란 당시 무능했던 선조와는 달리 세자인 광해군은 분조 활동을 통해 의병을 지원하고 군량미를 확보하는 등 국난을 극복하기 위해 솔선수범하였다. 임진왜란이 끝난 후 광해군이 왕이 되었을 때에 출간한 『동국신속삼강행실도(東國新續三綱行

實圖)』에는 왜적과 싸우다가 전사한 장수나, 왜적으로부터 부모나 자신의 정절을 지키기 위해 자결한 수많은 열녀들의 사례가 소개되었다.

한문을 읽을 줄 모르는 백성을 위해 한글 언해본을 추가하였으며, 한글조차 모르는 백성들을 위해서 그림까지 포함하였다. 비록 인조반정으로 광해군이 폐위되어 널리 보급되지는 못했지만 『동국신속삼강행실도』는 17세기 조선에서도 앤더슨이 설명하는 인쇄 자본주의 현상이 싹트고 있었음을 확인할 수 있는 사례이다.

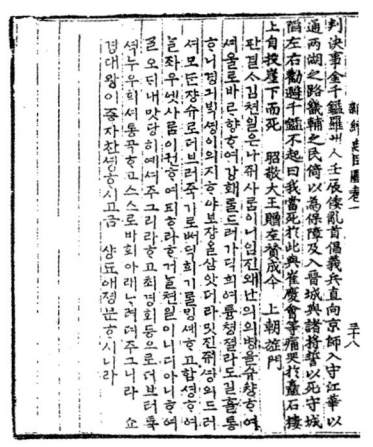

▲ 천일투애(千鎰投崖) [한문과 한글 언해본]

千鎰投崖	천일투애	김천일이 낭떠러지에 몸을 던지다
원문	判決事 金千鎰 羅州人壬辰倭亂首倡義兵直向京師入守江華 以通兩湖之路幾輔之民倚以爲保障 及入晉城與諸將誓以死守城陷左右勸避千鎰不起曰我當死於此與崔慶會等痛哭於矗石樓上自投崖下而死 昭敬大王贈左贊成 今 上朝旌門	
언해	판결ᄉ 김쳔일은 나쥐 사ᄅᆞᆷ이니 임진왜난의 의병을 슈챵ᄒᆞ여 셔울로 바ᄅᆞ 향ᄒᆞ여 강홰를 드러가 딕희여 튱쳥 젼라도 길흘 통ᄒᆞ니 경긔 ᄇᆡᆨ셩이 의지ᄒᆞ야 보장을 삼앗더라 밋 진쥐셩의 드러셔 모든 쟝슈로 더브러 죽기로ᄡᅥ 딕희기를 밍셰ᄒᆞ고 함셩 ᄒᆞ여ᄂᆞᆯ 좌우엣 사ᄅᆞᆷ이 권ᄒᆞ여 피ᄒᆞ라 ᄒᆞ거ᄂᆞᆯ 쳔일이 니디 아니ᄒᆞ여 골오디 내 맛당히 예셔 주그리라 ᄒᆞ고 최경회 등으로 더브러 툑셕누 우희셔 통곡ᄒᆞ고 스스로 바회 아래 ᄂᆞ려뎌 주그니라 쇼경대왕이 증 자찬셩ᄒᆞ시고 금 샹됴애 졍문 ᄒᆞ시니라	
번역	판결사인 김천일(金千鎰)은 나주(羅州) 사람인데, 임진왜란 때 앞장서서 의병을 일으켜 서울로 바로 투입하고, 그리고 강화도로 진을 옮겨 방책(防柵)을 쌓아 지킴으로써 충청도 전라도로 통하는 길을 확보하게 되니, 경기도 백성이 의지하여 그들이 보장 받는 길로 삼았다. 뒤미처 진주성으로 들어가서 모든 장수들과 더불어 죽기를 각오하고 성 지키기를 맹세하였으나 끝내 성이 적군에게 함락되니, 좌우의 사람들이 피하기를 권하였다. 그러나 김천일은 일어나지 않고 이르기를, "나는 마땅히 여기서 죽을 것입니다."라고 하고, 최경회(崔慶會) 등과 함께 촉석루 위에서 통곡하고는 스스로 바위 아래로 몸을 던져 죽었다. 선조 임금께서 좌찬성을 추증하시고, 지금의 임금께서 정문을 내리셨다.	

- 출처 : 『역주 동국신속삼강행실도』, 세종대왕기념사업회

▲ 제2차 진주성 전투에서 패하게 되자, 김천일은 낭떠러지에 몸을 던졌다.

▲ 철원부 사람 안씨는 왜적을 꾸짖다가 죽임을 당했다.

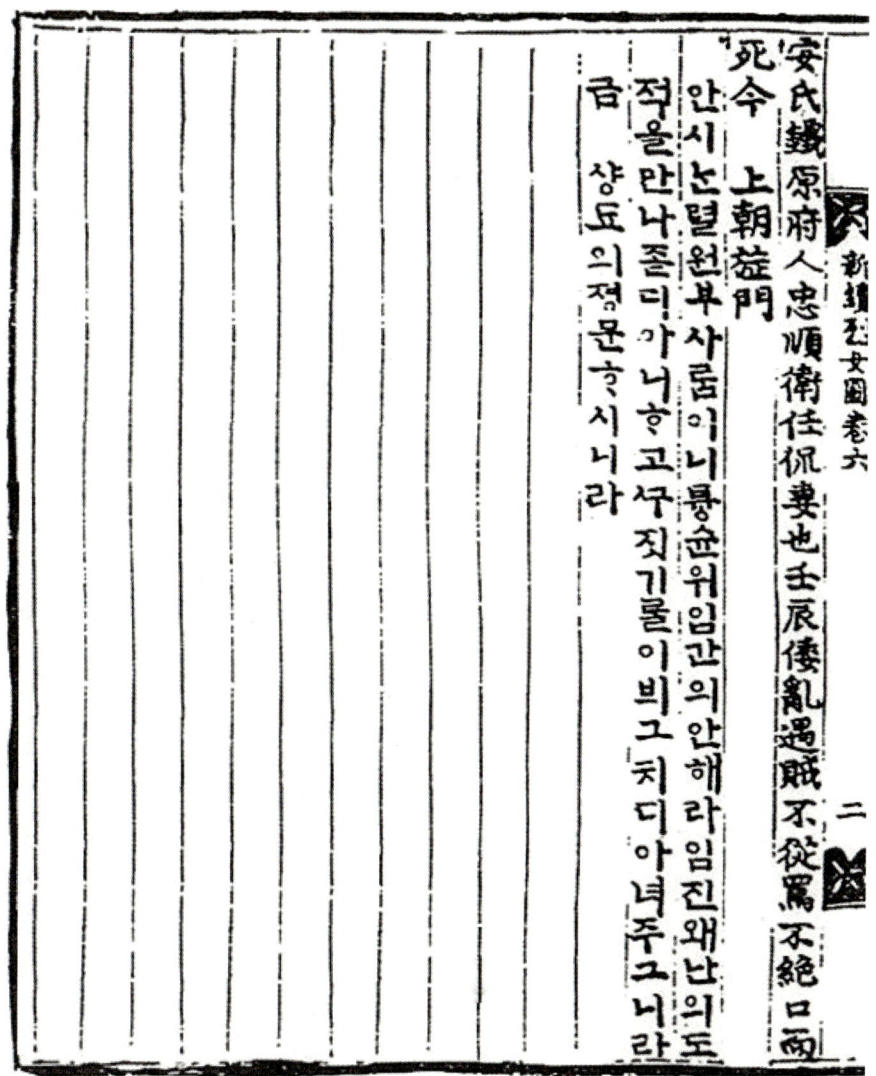

▲ 안씨사적(安氏死賊) [한문과 한글 언해본]

安氏死賊	안씨사적	안씨가 적에게 죽다
원문	安氏鐵原府人 忠順衛任侃妻也 壬辰倭亂遇賊 不從罵不絶口而死今 上朝旋門	
언해	안시논 텰원부 사룸이니 튱슌위 임간의 안해라 임진왜난의 도적을 만나 졷디 아니ᄒᆞ고 쑤짓기를 이븨 그치디 아녀 주그니라 금 샹됴의 졍문ᄒᆞ시니라	
번역	안씨는 철원부 사람이니, 충순위 임간(任侃)의 아내다. 임진왜란에 도적을 만나, 따르지 않고 꾸짖기를 멈추지 않고 죽었다. 지금의 조정에서 정문을 내리셨다.	

- 출처 : 『역주 동국신속삼강행실도』, 세종대왕기념사업회

▲ 의성현 사람 권씨는 왜적에게 몸을 더럽혀질까 두려워 바위에서 떨어져 자결하였다.

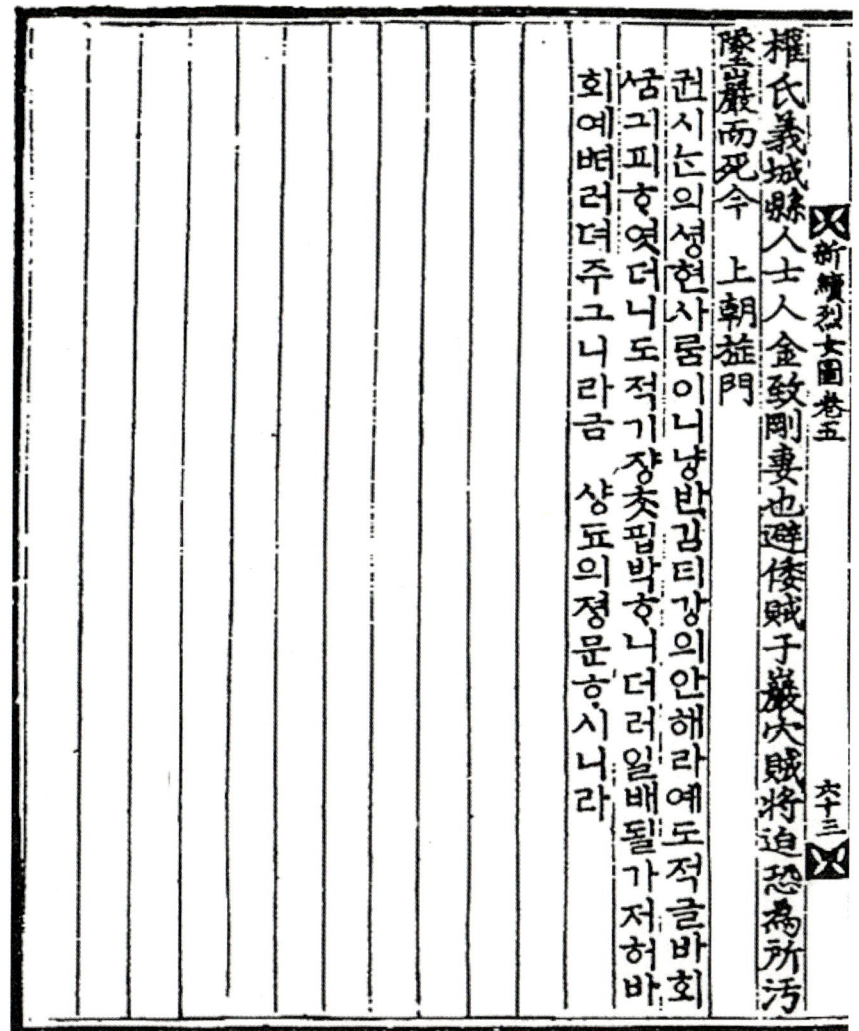

▲ 권씨추암(權氏墜岩) [한문과 한글 언해본]

權氏墜岩	권씨추암	권씨가 바위에 떨어지다
원문	權氏義城縣人 士人金致剛妻也 避倭賊于巖穴 賊將迫恐爲所汚 墜巖而死 今上朝旌門	
언해	권시는 의성현 사룸이니 냥반 김티강의 안해라 예도적글 바회 꿈긔 피호엿더니 도적기 쟝촛 핍박호니 더러일 배 될가 저허 바회예 떠러뎌 주그니라 금샹됴의 정문호시니라	
번역	권씨는 의성현 사람이니, 양반 김치강(金致剛)의 아내다. 왜적을 바위 구멍으로 피하였다가, 도적에게 핍박 당하여 더럽혀질까 두려워, 바위에 떨어져 죽었다. 지금의 조정에서 정문을 내리셨다.	

- 출처 : 『역주 동국신속삼강행실도』, 세종대왕기념사업회

대한민국 정부에서 만든 임진왜란 기념물

　임진왜란을 통해 형성된 '상상의 공동체'는 의례나 영웅 또는 상징물들이 계속해서 재생산되지 못하면 후대로 가면서 점차 소멸할 수밖에 없다. 임진왜란 이후 400년이 넘는 시간이 흘렀지만, 우리가 오늘날까지 임진왜란을 기억하고 있는 까닭은 우리 역시 19세기 유럽과 마찬가지로 '상상의 공동체'를 유지하게 하는 전통들을 끊임없이 재생산했기 때문이다.

　오늘날 전국 곳곳에 건립된 임진왜란 관련 추모 사당과 전승 기념비, 장군들의 동상과 전투 장면을 그린 기록화 등은 동화책과 위인전, 역사 교과서 속 사진이나 삽화로 재생산되면서 임진왜란이라는 비극을 기억하게 하고 전공을 세운 영웅들의 애국심을 상기시켜 우리를 하나의 공동체로 결속시키고 있다.

　서구에서 19세기 국민 국가 형성기까지 집중적으로 전통들이 만들어진 것과 마찬가지로, 현재 전국 곳곳에 건립된 임진왜란 관련 추모 사당과 전승 기념비와 동상들은 임진왜란 직후 만들어져서 수백 년 동안 계승된 유물이 아니라 비교적 최근에 만들어진 기념물들이다.

▼ 행주산성 안에 있는 권율 장군 동상

행주산성 유적지의 경우, 임진왜란이 끝난 직후 1603년 산 정상에 작은 행주 대첩비를 세워 둔 것이 전부였으며, 본격적으로 사당을 만든 것은 그 뒤 200년이 지난 후인 1842년 행주 서원을 만들면서부터이다.[17] 충무공 이순신 장군의 호국 정신과 애민 정신을 계승하기 위해 지은 서원 역시 1598년 노량 해전에서 장군이 전사한 후, 100년 이상의 시간이 흐른 후인 1706년에야 오늘날 현충사에 해당하는 곳에 자리 잡았다. 이마저 1863년 흥선 대원군이 섭정을 하면서 내린 '서원 훼철령'으로 인해 존폐의 위기에 몰리기도 하였다.[18]

대한민국 건국 이후에는 상상의 공동체를 더욱 굳건히 하기 위해 정부 주도로 많은 전통들이 만들어지기 시작했다. 현재 행주산성 정상에 세워 놓은 기념비는 1963년에 세운 것이며, 권율

17 행주 서원

행주 대첩을 이끈 충장공(忠莊公) 권율(權慄, 1537~1599) 도원수의 전공을 기리고 호국 충절을 추모하기 위한 서원이다. 1845년에는 행주 대첩 〈중건비〉를 건립하였는데, 신기하게도 19세기 유럽에서 근대 유럽 국가가 형성되면서 전통을 집중적으로 만들어 냈던 시기와 일치한다.

18 서원 훼철령(書院毀撤令)

조선 후기 제26대 고종 대에 흥선 대원군이 서원을 둘러싼 적폐를 해소하고 향촌의 재지 지배층을 견제하기 위해 전국의 서원을 47개소만 남기고 철폐하라고 내린 명령이다. 이를 통해 약화된 왕권을 강화하고, 동시에 궁핍한 국가 재정을 충원하고자 하였다. - 출처 : 한국민족문화대백과사전

▲ 행주산성 전투에 참여한 부녀자들을 묘사한 기념물(행주산성 내 부조물)

장군의 사당인 충장사(忠莊祠), 충의정, 덕양정, 진강정 등을 짓고 정문에 대첩문을 세워 다양한 기념물들을 건설한 시기는 1970년 행주산성 보수 정화 사업 때이다. 이때 관군, 백성, 승병이 하나로 뭉쳐 왜군에 저항하는 장면을 부조로 제작하여 임진왜란 시기에 형성된 공동체 의식을 강조하기도 하였다.

  1960년대부터는 전국의 학교에 이순신 장군 동상이 세워졌으며, 1968년 4월 27일에 건립된 세종로의 충무공 동상은 대한민국 국민들이 가장 많이 모이는 광장에 반세기 넘게 자리 잡고 있다. 교과서에는 임진왜란 당시 전투 장면을 그린 각종 기록화들이 당시의 장면을 생생하게 재현하고 있다.

> **좀더 자세히**
>
> **광화문 이순신 장군 동상 논란**
>
>   이순신 장군의 시점으로 전쟁을 묘사한 김훈의 소설 <칼의 노래>의 원래 제목은 <광화문 그 사내>였다. 작가 김훈이 광화문에 있는 이순신 장군 동상을 염두에 두고 지은 제목이었다. 1968년 이후 오늘날까지 광화문 이순신 장군 동상은 국가의 수호신 역할을 하면서 세종로를 상징하는 기념물이 되었다.
>
>   일제 강점기 일본은 서울의 도심 축을 용산과 일직선이 되도록 태평로를 확장하여 변형시켰고, 박정희 대통령은 이를 바로잡아 옛길을 복원하려고 하였다. 하지만 막대한 비용 문제 때문에 일본이 가장 무서워할 인물의 동상을 세종로에 세우는 것으로 대신하였다.
>
>   이순신 장군 동상은 건립 이후 많은 비판을 받게 되었다. 칼을 오른손에 쥐고 있어서 항복하는 모습이라는 것과 칼은 일본도이며, 갑옷은 중국식이라는 비판이 대표적이었다. 1994년 세종로에는 세종대왕상을 세우고, 기존 이순신 장군 동상은 충무로로 옮기려고 하였으나 시민들의 반대로 무산되었다.

▲ 광화문 이순신 장군 동상(1968~)

이야기의 힘, 임진왜란을 기억하다

비장미로 점철된 인쇄 출판물

임진왜란이 끝난 17세기 초부터 다양한 기념물들이 만들어지기 시작한 20세기 중반까지, 300년이 넘는 긴 시간 동안 조선의 위정자들은 임진왜란을 통해 자생적으로 피어난 겨레 의식을 고양하고 유지하려는 노력을 적극적으로 하지 않았다.[19] 왜적에 맞서 싸운 의병이나 승병의 전공을 강조하게 되면 조정의 무능함이 드러나게 되고, 이는 민심의 이반으로 이어질 수 있기 때문이었다.

광해군 때 출판한 『동국신속삼강행실도』에 수록된 이야기는 왜적을 통쾌하게 물리쳤다는 이야기보다는, 현실 세계를 비극적으로 인식하는 비장미로 점철된 슬픈 이야기가 대부분이다. 임진왜란이라는 운명 앞에서도 끝까지 타협하지 않고 저항하는 주인공의 모습이 감동적이지만, 아무리 노력을 해도 여건을 극복하지 못하고 죽음에 이를 수밖에 없는 비장미가 독자들을 눈물짓게 한다.

19 전쟁 기억의 국유화에 관한 입장

전쟁 기억의 국유화를 강조한 김자현 교수의 견해와는 달리 필자는 조선 조정이 전쟁의 기억을 국유화하는 작업에 일부러 소극적이었다고 본다.

> **좀더 자세히**
>
> **내러티브(Narrative)**
>
> '내러티브'는 정해진 시공간 내에서, 허구 또는 사건을 중심으로 이야기를 전달하는 구조체이다. 소설은 그 자체가 내러티브이고, 만화, 영화, 인터넷 게임은 내러티브를 발전시킨 것이다. 만화는 내러티브에 이미지를 포함시킨 것이고, 영화는 내러티브에 움직이는 활동성을 부여한 것이며, 인터넷 게임은 다른 이용자와 상호작용하면서 함께 내러티브를 만들어 가는 것이다.
>
> - 출처 : 이인화(2003), 『디지털 스토리텔링』, 황금가지.

이처럼 조선 조정에서는 의병, 승병, 백성이 왜적을 물리쳤다는 이야기보다는 비장한 죽음을 통해 효자, 열녀라는 전통적 가치를 강조하였다. 이는 임진왜란을 통해 드러난 지배층의 무능함을 숨기려는 의도가 다분하다. 그렇다면 우리는 어떻게 임진왜란을 겪으며 자생적으로 형성된 '상상의 공동체'를 300년이 넘도록 유지할 수 있었을까?

그것은 바로 '이야기의 구조' 즉 '내러티브(Narrative)의 힘'이었다.

전설과 역사

임진왜란을 통해 자생적으로 피어난 상상의 공동체가 오늘날까지 계승된 원동력은 인쇄 출판물이 아니라 설화 덕분이었다. 설화는 전승자의 태도와 시간과 장소, 증거물, 주인공, 전승 범위에 따라 '신화, 전설, 민담'으로 구분된다. 역사는 당사자 또는 당대인이 사실이라고 믿고 기록한 '직접 사료'를 근거로 한 것이다.

오늘날에는 한국사 과목을 통해 역사적 사실에 대해 체계적으로 공부하면서 상상의 공동체를 유지할 수 있지만, 사료에 접근할 수 없었던 옛날 사람들은 이야기의 구조에 힘입어 전승되는 설화를 바탕으로 상상의 공동체를 유지할 수 있었다.

[표 1-3] 설화와 역사의 특징 비교

특징	(구비) 설화			역사
	신화	전설	민담	
전승자의 태도	신성하다고 믿음	진실로 믿음	흥미	사실
시간과 장소	태초의 시간 신성한 장소	구체적 시간과 장소	뚜렷한 시간과 장소 없음.	구체적 시간과 장소
증거물	포괄적 증거	구체적 증거 또는 인물	포괄적 증거	구체적 증거
주인공	신 또는 신적인 인간	특별한 인간	평범한 인간	실존 인물
전승 범위	민족적	지역적	범세계적	국가적

임진왜란 시기에 형성된 설화는 시간과 장소가 구체적이며 특정 인물들이 국난을 만나 시련을 겪는 이야기라는 점에서 신화와 민담보다는 전설의 형태를 띠기 마련이다. 임진왜란과 관련된 전설들은 왜적을 물리친 적퇴치담(敵退治談) 계열과 왜적에게 피살되거나 자살한 비장한 이야기 계열로 구분할 수 있다.

　임진왜란과 관련된 전설이 역사적 사실로 인정받기 위해서는 직접 사료에 수록되어야 한다. 오늘날 시각에서는 겨레 의식을 고취하는 적 퇴치 이야기가 직접 사료에 기록되고, 효자와 열녀를 강조한 비장한 이야기는 간접 사료 또는 전설로 전승되었을 것 같지만, 실제는 그 반대였다.

　적퇴치담 계열의 전설은 직접 사료에 기록되기보다는 구전되다가 후대에 간접 사료에 기록되는 경우가 일반적이었고, 비장한 이야기 계열의 전설은 신분과 성별의 차별 없이 『동국신속삼강행실도』와 같은 직접 사료에 많이 반영되었다.

[표 1-4] 임진왜란 전설 유형의 비교

구분	적퇴치담(敵退治談) 계열 전설	비장한 이야기 계열 전설
줄거리	왜적을 물리친 이야기	왜적에게 피살되거나 자살한 이야기
추앙 대상	충신	효자, 열녀
사례	정평구 전설, 이순신 전설	부모 또는 정조를 지키기 위해 죽음을 택하거나 희생됨.
특징	직접 사료에 기록되기보다는 구전되다가 후대에 간접 사료에 기록	계급과 성별의 차별 없이 직접 사료인 『동국신속삼강행실도』에 기록

> **좀더 자세히**
>
> ### 사료(史料)의 유형
>
> 사료란 과거를 연구하는 데 사용되는 역사적 자료로서, 다양한 구분 방법이 있으나 최근에는 주로 '직접 사료'와 '간접 사료'로 구분하고 있다. '직접 사료'는 당사자 또는 당대인이 사실이라고 믿고 기록한 것이다. '간접 사료'는 후대 사람에 의해 기록된 것으로, 사실담 또는 구비 설화가 후대에 기록으로 남은 것이다.

통쾌한 '적퇴치담' 계열의 전설

적퇴치담 계열 전설의 대표적인 사례는 전라북도 김제시 제월동의 전설 '보물 상자 이야기'이다.[20] 임진왜란 때 왜적을 물리친 이야기로 유명한 보물 상자 전설은 정평구(鄭平九, 1566~1624)가 임진왜란 때 무주·진안·장수 지역을 공격해 오는 왜적을 보물 상자와 벌통으로 속여 통쾌하게 물리친 내용을 담고 있다. 실제로 정평구는 임진왜란 당시 화약을 다루었던 군관이었기 때문에 이 이야기는 김제뿐만 아니라 전국 각지로 전파되어 전승되고 있다.

적퇴치담 계열의 전설은 시간과 장소가 구체적이고, 실존 인물이 주인공이라는 점에서, 직접 사료를 근거로 한 역사와 매우 흡사하지만 대부분 전승되다가 후대에 기록된 간접 사료이므로 신빙성은 낮다. 정평구의 보물 상자 전설도 전국적으로 널리 전파되었음에도 역사적 사실로 인정받지는 못하였다.

적퇴치담 계열의 전설이 역사로 인정받기 위해서는 『조선왕조실록』이나 『일성록』과 같은 국가가 편찬한 직접 사료나, 행적이나 인품이 검증된 필자가 직접 작성한 개인 문집에 기록되어야 한다.

20 보물 상자 전설
이칭: 임진왜란 때 왜적을 박살 낸 이야기
지역: 전라북도 김제시 제월동
내용: 왜적이 전라도를 공격하여 무주·진안·장수 지역까지 공격해 왔을 때, 정평구는 보물 상자로 가장한 벌통으로 왜적을 혼쭐내고, 또한 벌통으로 가장한 화약통으로 왜적을 몰살시켰다.

▲ 정평구는 왜적들이 공격해 오는 길목에 상자 수십 개를 놓아두었다.

▲ 왜적들이 보물 상자인 줄 알고 가까이 와서 열어보자, 수많은 벌들이 쏟아져 나와 막대한 피해를 주었다.

▲ 벌에 쏘였던 왜군들이 협곡에 들어서자, 또 다른 상자들이 놓여 있었고, 왜적들은 벌인 줄 알고 상자들을 불태우기 시작했다.

▲ 왜적들이 불을 지르자마자 상자 안에 있던 화약이 터져 왜적들은 몰살당했다.

▲ 유성룡은 칡으로 15개의 줄을 만든 후 나뭇가지를 넣고 꼬아서 장력을 유지할 수 있는 조교를 만들게 하였다.[21]

임진왜란 당시 유성룡이 임진강에 오늘날 현수교에 해당하는 조교를 가설했다는 전설은 관찬 사료가 아닌 개인 문집인 『징비록(懲毖錄)』에 남아 있다. 하지만 유성룡이 직접 쓴 『징비록』 초본이 남아 있으며 임진왜란 당시 재상을 지냈던 필자의 인품이 검증되었으므로, 임진강 조교 전설은 역사적 사실로 인정받을 수 있다.

『징비록(懲毖錄)』은 유성룡이 1592년(선조 25)부터 1598년(선조 31)까지 7년 전쟁을 회고하면서 직접 수기(手記)한 책이다. 유성룡은 벼슬에서 물러나 한거(閑居)할 때부터 저술을 시작하여 1604년(선조 37) 저술을 마쳤다. 『징비록』은 1969년 11월 12일 대한민국의 국보 제132호로 지정되었다.

21 인천하늘고등학교 유성룡 조교 탐구

인천하늘고등학교 유성룡 조교 탐구

▲ 1593년 1월, 명나라 군대는 유성룡이 만든 조교를 이용하여 임진강을 건너 한양으로 진격하였다.

매체 설화, 전설을 역사로 만들다

전설, 문화 콘텐츠로 부활하다

조선의 위정자들이 비장미를 강조한 이야기를 내세워 효자와 열녀를 강조하는 과정에서 외면했던 적퇴치담 계열의 임진왜란 전설들은 인쇄 출판물 대신 입에서 입으로 구전되면서 상상의 공동체를 공고히 하였고, 현대에 와서 뒤늦게 역사적 사실로 격상되고 있다.

시간과 장소가 구체적이고, 실존 인물이 주인공인 적퇴치담 계열의 전설들이 현대 다양한 매체에 의해 재현되면서 역사적 사실로 거듭나는 것이다. 이같은 '매체 설화에 의한 전설의 역사화 현상'은 설화가 신문, 방송, 다큐멘터리, 드라마, 영화와 같은 다양한 매체와 만나면서 더욱 가속되고 있는데, 일부에서는 이를 '국뽕 현상'이라는 신조어로 표현하기도 한다.[22]

인쇄 자본주의에 의해 '상상의 공동체'가 형성되면서 민족주의가 탄생한 것처럼, 오늘날에는 매체 설화가 상상의 공동체를 만

22 국뽕
국가와 히로뽕(philopon)의 합성어로서 민족주의와 애국심을 고취시키는 내용을 노골적으로 드러내는 것을 비판하는 뜻으로 사용되는 신조어이다.

[표 1-5] 매체 설화에 의한 전설의 역사화 현상

특징	매체 설화		
	역사 뉴스	역사 다큐멘터리	사극(드라마, 영화, 만화 등)
매체 사료	뉴스 텍스트	다큐멘터리 텍스트	내러티브 텍스트
제작자의 태도	사실을 전달	사실을 토대로 설득	상상력을 발휘하여 창조
수용자의 태도	사실이라고 믿음.	학술적 근거가 있다고 믿음.	사실이라고 인식
문제점	오류, 과장, 변조	오류, 과장, 변조가 심할 경우 유사 역사학	역사 왜곡

들고 유지하는 역할을 하고 있다. 즉 입에서 입으로 전해지던 전설이 후대에 문헌에 기록되면서 '간접 사료'가 되고, 다시 시간이 흐르면서 '간접 사료'가 '매체 사료'로 발전하면서 전설이 역사적 사실로 변화하는 것이다.

역사와 관련된 매체 설화는 역사 뉴스, 역사 다큐멘터리, 사극 등으로 구분할 수 있는데, 이 세 가지 텍스트 모두, 제작자의 의도와 상관없이 수용자는 역사적 사실로 인식하기가 쉽다. 흔히 사극의 역사 왜곡 문제를 우려하는 경우가 많지만, 사극 자체는 허구를 전제로 제작하는 것이기 때문에 허구를 사실로 인식하는 시청자에게도 문제가 있다. 따라서 사극 제작자에게만 역사 왜곡의 책임을 물을 수는 없다.

매체 설화 중에서 가장 경계해야 할 것은 사극보다는 역사 다큐멘터리이다. 공영 방송사에서 제작하는 역사 다큐멘터리의 경우는 화려한 그래픽 재현과 해당 분야 전문가의 인터뷰를 통해 권위를 얻는 방식으로 구성되기 때문에 시청자들은 학술적 근거가 있다고 믿기 쉽다. 하지만 오류, 과장, 변조의 정도가 심한 역사 다큐멘터리는 그 완성도가 아무리 뛰어나도 유사 역사학일 뿐이며, 유사 종교(類似宗敎)인 사이비 종교와 마찬가지로 역사와 유사한 형태를 취할 뿐 역사라 할 수는 없는 사이비 역사에 불과하다.[23]

이처럼 매체 설화에 의해 만들어진 매체 사료를 직접 사료와 구분하고, 매체 설화가 유사 역사를 확대 재생산할 수 있음을 비판적으로 이해할 수 있는 능력은 현대 사회에서 요구되는 중요한 미디어 리터러시이다.[24]

매체 사료를 근거로 만들어진 매체 설화는 역사적 사실이 아닌 문화 콘텐츠이므로, 직접 사료나 검증된 간접 사료를 근거로 하는 역사적 사실과 문화 콘텐츠를 구분하는 능력은 매체 설화 시대에 필요한 미디어 리터러시이다.

23 사이비 역사(似而非歷史)
유사 역사학(pseudohistory)보다 더 비하하는 의미를 담고 있다.

24 미디어 리터러시(media literacy)
리터러시(literacy)는 문해력 또는 정보 해석 능력이며 이를 미디어로 확장한 것이 미디어 리터러시(media literacy)이다. 미디어 리터러시는 미디어에 접근하는 능력을 기본으로 미디어 콘텐츠를 분석하는 능력과 평가하는 능력은 물론 미디어 제작 활동까지 모두 아우르는 능력이다.

『동국신속삼강행실도(東國新續三綱行實圖)』 속의 이순신 이야기

임진왜란 때 활약한 수많은 난세의 영웅 중에서 가장 으뜸이 충무공 이순신 장군임을 부정하는 사람은 없을 것이다. 『동국신속삼강행실도』에서는 이순신 장군이 왜적을 무찌르고 승리한 수많은 공적은 다루지 않고, 노량 해전에서 전사(戰死)하는 장면만을 유일하게 소개하고 있다.

마지막 해전에서 장렬히 전사한 이순신 장군 이야기는 비장미를 강조할 수는 있지만, 통쾌하게 왜적을 무찌르는 이야기가 오히려 민족적 자긍심(自矜心)을 고취하여 애국심으로 발전시킬 수 있다.[25] 『동국신속삼강행실도』에 담긴 이순신 이야기를 통해 우리는 조선 조정에서 이순신을 어떻게 평가하고 있는가를 엿볼 수 있다.

25 자긍심(自矜心)
자긍심(自矜心)의 사전적 의미가 '스스로에게 긍지를 가지는 마음'이기 때문에 결국 민족 자긍심은 주관적인 척도로 가늠할 수밖에 없다. 즉 '민족 자긍심'이라는 개념은 그 실체는 누구나 인정하지만 이를 명시적으로 논의하거나 측정하기 쉬운 개념은 아니다.

좀더 자세히

이순신 장군의 죽음을 둘러싼 논란

이순신 장군이 노량 해전에서 전사했다는 역사적 사실 외에, 일부러 갑옷을 벗고 자살했다는 '자살설'과 죽은 것으로 위장한 후 숨어서 은둔하다가 자연사했다는 '도피설'도 역사적 진실인 것처럼 널리 퍼져 있다.

자살설과 은둔설의 근거는 이순신 장군을 시기한 선조에 의해 전쟁이 끝난 후 죽임을 당할 것이 뻔하기 때문에, 장군이 이를 간파하고 일부러 자살했거나 피했다는 것이다. 이러한 주장들은 사극이나 소설에서 이순신 장군을 성웅으로 찬양하기 위해 선조를 형편없는 왕으로 평가하는 과정에서 만들어진 가설에 불과하다.

▲ 노량 해전에서 이순신 장군은 적탄을 맞고 전사하였다.

매체 설화, 전설을 역사로 만들다

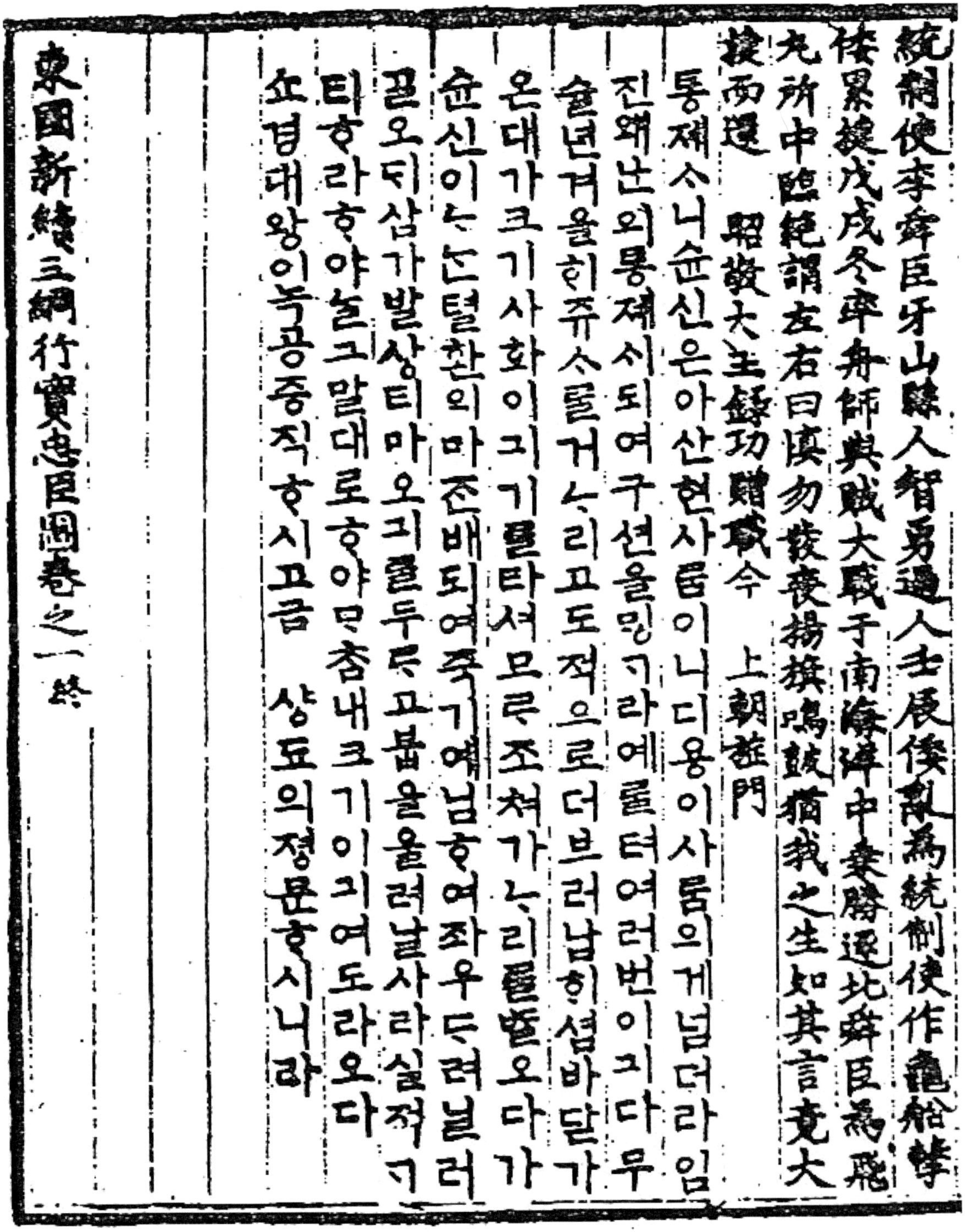

統制使李舜臣牙山縣人智勇過人壬辰倭亂爲統制使作龜船擊
倭累捷戊戌冬率舟師與賊大戰于南海洋中要勝逐北舜臣爲飛
丸所中臨絶謂左右曰愼勿發喪揚旗鳴鼓猶我之生如其言竟大
捷而還　昭敬大王錄功贈職今　上朝旌門
통졔ᄉᆞ니슌신은아산현사ᄅᆞᆷ이니디용이사ᄅᆞᆷ의게넘더라임
진왜난의통졔ᄉᆞ되여구션을ᄆᆡᆼᄀᆞ라예ᄅᆞᆯ텨여러번이긔다무
술년겨울희쥬ᄉᆞᄅᆞᆯ거ᄂᆞ리고도적으로더브러남ᄒᆡ셤바닫가
온대가크기사화이긔기ᄅᆞᆯ타셔모ᄅᆞ조쳐가ᄂᆞ리ᄅᆞᆯ뽀오다가
슌신이ᄂᆞᆫ텰환의마ᄌᆞᆫ배되여죽기예넘ᄒᆞ여좌우ᄃᆞ려닐러
ᄀᆞᆯ오되삼가발상티마오긔ᄅᆞᆯ두ᄅᆞ고붑을울려날사라실적ᄀᆞ
티ᄒᆞ라ᄒᆞ야ᄂᆞᆯ그말대로ᄒᆞ야ᄆᆞᄎᆞᆷ내크기이긔여도라오다
쇼경대왕이녹공증직ᄒᆞ시고금　상됴의졍문ᄒᆞ시니라
東國新續三綱行實忠臣圖卷之一終

▲ 순신역전(舜臣力戰) [한문과 한글 언해본]

	舜臣力戰	순신역전	이순신이 힘을 다해 싸우다
원문	統制使 李舜臣 牙山縣人智勇 過人壬辰倭亂爲統制使作龜船 擊倭累捷戊戌冬率舟師 與賊大戰于南海洋中乘勝逐北舜臣 爲飛丸所中臨絕謂左右曰愼勿發喪 揚旗 鳴鼓猶我之生如其言竟大捷而還 昭敬大王錄功贈職今 上朝旌門		
언해	통제스 니슌신은 아산현 사름이니 디용이 사룸의게 넘더라 임진왜난의 통제시 되여 구션을 밍ᄀ라 예를 텨 여러 번 이긔다 무슐년 겨울히 쥬스를 거ᄂ리고 도적으로 더브러 남히 셤 바닼 가온대 크기 사화 이긔기를 타셔 므ᄅ조처 가ᄂ리를 ᄯᆯ오다가 슌신이 ᄂᄂ 텰환의 마즌 배 되여 죽기예 님ᄒ여 좌우ᄃ려 닐러 굴오디 삼가 발상티 마오 긔를 두르고 붑을 울려 날 사라실 적ᄀ티 ᄒ라 ᄒ야놀 그 말대로ᄒ야 ᄆᆞᄎᆞ내 크기 이긔여 도라오다 쇼경대왕이 녹공 증직ᄒ시고 금 샹됴의 정문ᄒ시니라		
번역	통제사인 이순신(李舜臣)은 아산현(牙山縣) 사람인데, 지혜와 용기가 다른 사람보다 뛰어났다. 임진왜란 때 삼도 수군 통제사가 되자 거북선을 만들어 왜적을 쳐서 여러 번 승리하였다. 무술년(1598) 겨울에 수군(水軍)을 거느리고 왜적을 상대하여 남해의 섬이 있는 바다 가운데로 가서 크게 싸워 승리를 거두었다. 승리의 기세를 타고, 물러나 쫓겨 가는 적선을 추격하다가 이순신 장군은 날아오는 철탄환을 맞아 죽음에 직면하게 되자 좌우의 부하들에게 이르기를, "부디 내가 죽은 것을 드러내지 말고, 깃발을 휘두르고 북을 울려 내가 살아 있을 때처럼 하라."고 하므로, 그 말한 대로 하여 마침내 크게 이겨서 돌아왔다. 선조 임금께서 그의 공훈을 기록하고 증직하셨으며, 지금의 임금께서는 정문을 내리셨다.		

- 출처 : 『역주 동국신속삼강행실도』, 세종대왕기념사업회

이순신 장군의 사례와 마찬가지로 『동국신속삼강행실도』에 기록된 장수들의 이야기는 왜적을 크게 무찌르는 장면이 아니라 왜적과 싸우다가 전사한 비장한 장면을 담고 있다. 이순신 장군과 함께 부산포 해전에 참여하여 전사한 정운(鄭運)의 경우, 해전에 참여했음에도 불구하고 그림은 육전으로 잘못 묘사되어 있다. 이순신 장군이 선조 임금에게 올린 장계에 따르면, 정운 장군은 해전을 마치고 배를 돌려 돌아올 무렵에 왜적의 철환을 맞고 전사하였다. 이를 통해 『동국신속삼강행실도』에 소개된 모든 내용이 실록과 같은 수준으로 신뢰할 정도는 아님을 알 수 있다.

이순신 장군이나 정운 장군 모두 왜적을 통쾌하게 무찌른 이야기도 많은데, 굳이 전사한 장면만을 부각하여 소개한 것은 아쉬움으로 남는다. 물론 이러한 현상은 영웅의 활약을 숨기고 싶은 조선 조정의 의도가 반영된 결과이다.

▲ 정운이 적진으로 돌진하다가 전사하였다.

▲ 정운돌진(鄭運突陣)
[한문과 한글 언해본]

鄭運突陣	정운돌진	정운이 적진으로 돌진하다
원문	判官鄭運 靈巖郡 人廉潔 有膽略 壬辰倭亂衝突賊陣 射殺五十餘賊中丸而死今 上朝旌門	
언해	판관 뎡운은 녕암군 사룸이라 념결호고 담긔와 모략이 잇더니 임진왜난의 도적 딘의 뻐터 돌려드러 쉰나믄 도적을 뽀와 주기고 텰환 마자 죽다 금 샹됴애 졍문호시니라	
번역	판관인 정운(鄭運)은 영암군 사람이다. 청렴하고 결백하며 담력과 계략을 지녔는데, 임진왜란 때 왜적의 진영을 꿰뚫고 달려들어 오십여 명의 왜적을 쏘아 죽이고 탄환을 맞아 전사하였다. 지금의 임금께서는 정문을 내리셨다.	

- 출처: 『역주 동국신속삼강행실도』, 세종대왕기념사업회

적퇴치담 계열의 이순신 전설

이순신 장군과 관련된 적 퇴치 전설은 매우 많지만, 대부분 역사적 사실이 아님에도 불구하고, 일반인들은 역사적 사실로 치부하는 경우가 대부분이다. 실제로 거북선이 철갑 잠수함이었다는 황당한 전설도 20세기 초에는 신문 기사와 아동용 도서를 통해 역사적 사실인 것처럼 소개되었다. 이처럼 이순신 장군과 거북선 이야기는 민족 자긍심을 고양(高揚)하는 촉매로 기능하고 있다.

최근에는 임진왜란 당시 이순신 장군이 신호연을 활용하여 함대를 지휘했다는 전설이 부각되고 있다.[26] 실제로 오늘날 통영의 장인들에 의해 신호연 수십 종이 전승되어 왔기 때문에 신빙성이 매우 높긴 하지만, 신호연을 활용하여 전투했다는 명확한 내용을 공신력 있는 사서에서 확인할 수 없으므로 역사적 사실로 볼 수는 없다.

이순신 장군이 명량 해전에서 바다 밑에 미리 쇠줄을 설치하고 왜선들이 쇠줄에 걸려 전복되면서 큰 피해를 주었다는 전설도 공신력 있는 사서에서 그 근거를 확인할 수 없다. 이순신 장군이 부녀자들을 남장시켜 서로 손을 잡고 둥그렇게 원을 만들며 강강술래를 하자, 이를 본 왜적들이 우리 군사가 많은 줄로 오인하고 달아났다는 전설도 사서에서 근거를 찾을 수 없다.

이처럼 이순신 장군과 관련된 적 퇴치 전설들이 대부분 사료에서 근거를 찾을 수 없는 전설에 불과함에도 역사적 사실로 오인하는 사람들이 많은 까닭은 이순신 장군의 활약을 그린 소설, 드라마, 영화 속에서 이러한 전설들을 생생하게 재현하고 있기 때문이다. '매체 설화'에 의해서 전설이 역사로 변화한 것이다.

26 인천하늘고등학교 신호연 전설 탐구

2014년 10월 8일
KBS 뉴스

신호연 연구 다큐멘터리

▼ 신호연을 활용하여 명령을 전달하는 장군선(상상도)

▼ 장군선의 신호를 중계하는 사후선 (상상도)

매체 설화, 전설을 역사로 만들다

전통 만들기, 복원에서 창제까지

모조품이 만들어 낸 역사

　기념비와 동상과 같은 현대 기념물보다는 문화재인 유물(遺物)이 상상의 공동체를 결속하는 힘이 강력하다. 박물관을 건립하는 일이 결국 민족주의를 형성하고 유지하는 것과 관련이 있는 것도 이 때문이다. 아쉽게도 임진왜란 때 활약했던 유물은 거의 남아 있지 않으므로, 유물을 재현한 모조품을 제작하는 수밖에 없다. 하지만 모조품 제작이 자칫 문화재 복원으로 둔갑해서 역사를 왜곡할 수도 있기 때문에 주의해야 한다.

　현재 행주산성 대첩 기념관에 전시된 화차는 1978년 11월 22일 행주산성을 방문한 대통령의 지시에 의해 급히 복원된 모조품이다. 1978년 당시에는 행주산성 전투와 관련된 변이중 화차 전설을 인지하지 못한 상태였기 때문에, 문종이 개발한 총통기 화차와 신기전기 화차가 모조품으로 재

▲ 총통기와 신기전기 화차를 묘사한 행주산성 전투 장면(상상도)

> 좀더 자세히

매체 설화, 행주산성 화차 전설을 역사로 만들다

1978년 박정희 정부에서는 채연석 박사에게 화차 모조품 제작을 의뢰하였다. 그가 『국조오례의서례(國朝五禮儀序例)』, 「병기도설(兵器圖說)」에서 신기전과 문종 화차의 도면을 최초로 발견하여 역사학회에서 발표한 것으로 알려졌기 때문이다. 채연석 박사는 문종 화차 두 종류를 제작하였다.

사실, 문종 화차 도면을 최초로 발견한 사람들은 행주산성 전투에 화차를 만들어 보냈다는 전설의 주인공 망암 변이중 선생의 후손들이다. 1958년 『망암집』을 펴내면서 『국조오례의서례』, 「병기도설」을 추가하였기 때문이다.

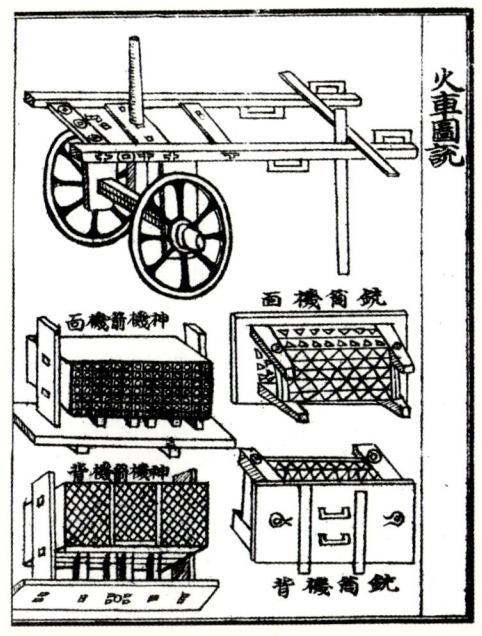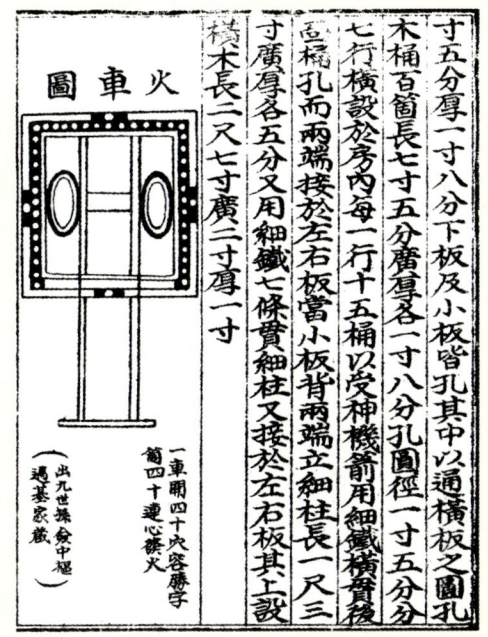

▲ 『망암집(望菴集)』에 가필된 문종 화차(좌)와 변이중 화차 도면(우)

변이중 본인 또는 당대의 인물이 남긴 직접 사료가 없으며, 간접 사료 역시 공신력 있는 사료로 볼 수 없음에도 불구하고, 많은 사람들이 변이중의 화차를 역사적 사실로 인식하는 데 기여한 것은 다름 아닌 언론 매체였다.

1930년 2월 4일자 동아일보 기사에서 최남선은 변이중의 화차를 탱크에 비유했고, 1934년 12월 29일자 동아일보 기사에서 이윤재는 탱크와 기관총에 비유하는 과장된 기사를 보냄으로써, 변이중 화차 전설이 역사적 사실로 변화하기 시작하였다. 그 뒤 언론 뉴스 보도와 KBS 역사 다큐멘터리에 소개되면서 역사적 사실로 발전하게 되었다.

현되었다. 이때부터 행주산성 전투의 승리는 로켓 무기인 신기전 덕분이었다는 역사 왜곡이 시작되었다. 지금도 여전히 각종 매체를 통해 행주산성 전투에 신기전 화차를 사용하여 왜군을 물리쳤다는 과장된 내용이 유통되고 있다. 모조품이 역사를 창조한 것이다.

추정이 시작되는 순간, 복원을 멈추라

상상의 공동체를 유지하기 위해 민족 자긍심을 고양하는 방법 중 하나는 유물을 활용하는 것이다. 유물을 통해 전통을 만들어 내는 방법으로는 복원(復原), 준(準) 복원, 재현(再現), 창제(創製)가 있다. 복원은 석굴암과 같이 유물의 일부라도 남아 있어야 가능한 개념임에도 일반인은 물론 학자들조차 '복원', '준 복원', '재현', '창제'를 엄격하게 구분하지 않고 모두 '복원'으로 통칭하고 있다. 복원, 준 복원과 추정 재현은 역사학의 영역이지만, 상상 재현과 창제는 문화 콘텐츠의 영역이다.

'복원(復原)'은 원래대로 회복하는 것이라는 의미이기 때문에 반드시 실물이 남아 있어야 하며, 기록과 도면이 모두 있어야 한다. 실물이 남아 있지 않으면 '추정(conjecture)'에 불과하고, 추정이 시작되는 순간 복원의 가치는 크게 떨어진다. 기념물과 사적지의 보존, 복원을 위한 국제 헌장(베니스 헌장, 1964) 제9조에서는 추정이 시작되는 순간 복원은 멈추어야 하며, 불가피하게 변형했을 경우 그 흔적을 남겨야 한다고 명시하고 있다.

> **좀더 자세히**
>
> **기념물과 사적지의 보존, 복원을 위한 국제 헌장(베니스 헌장, 1964) 제9조**
>
> Article 9.
>
> The process of restoration is a highly specialized operation. Its aim is to pre-serve and reveal the aesthetic and historic value of the monument and is based on respect for original material and authentic documents. It must stop at the point where conjecture begins, and in this case moreover any extra work which is indis-pensable must be distinct from the architectural composition and must bear a contemporary stamp. The restoration in any case must be preceded and followed by an archaeological and historical study of the monument.

[표 1-6] 복원의 5단계 수준과 조건(김평원, 2021)

특징	수준	조건
역사학	복원(復原)	• 실물이 일부 남아 있으며 기록과 도면이 모두 있는 경우 • 실물이 일부 남아 있으며 기록만 있는 경우 • 실물이 일부 남아 있으며 도면만 있는 경우
역사학	준(準) 복원	• 실물은 없지만 공신력 있는 상세한 기록과 도면을 근거로 한 경우
역사학	추정 재현(再現)	• 실물은 없지만 비교적 충실한 기록과 도면을 근거로 한 경우 • 실물은 없지만 비교적 충실한 기록을 근거로 한 경우 • 실물은 없지만 비교적 충실한 도면을 근거로 한 경우
문화 콘텐츠	상상 재현(再現)	• 실물도 없고 빈약한 기록과 도면을 근거로 한 경우 • 실물도 없고 빈약한 기록을 근거로 한 경우 • 실물도 없고 빈약한 도면을 근거로 한 경우
문화 콘텐츠	창제(創製)	• 실물도 없고 신빙성 없는 설화를 근거로 한 경우 • 실물도 없고 현대의 과학적 지식을 토대로 상상력을 발휘한 경우

- 출처 : 김평원(2021), "정조(正祖) 대 거북선[龜船]의 구조에 관한 연구", 『한국과학사학회지』 43(1), 33-77.

제9조

복원 과정은 고도로 전문화된 작업이다. 복원 작업의 목표는 기념물의 미학적, 역사적 가치를 보존하고 드러내는 것이며 원본 자료와 진품 문서에 대한 존중을 기반으로 한다. 추정이 시작되는 순간에 복원은 멈춰야 하며, 불가피하게 변화를 주는 추가 작업을 할 때에는 건설 설계도와 구별해서, 그 흔적을 남겨야 한다. 어떤 경우든 복원은 기념물에 대한 고고학적, 역사적 연구가 선행되어야 하고 뒤이어 이루어져야 한다.

실물이 많이 파손되어 완벽한 복원이 불가능한 상태일지라도 공신력 있는 관찬 사료에 상세한 도면과 기록이 남아 있는 경우에는 전문가 집단의 검증을 통해 복원으로 인정받을 수 있다. 수원 화성의 경우 상당 부분을 현대에 다시 건설할 수밖에 없었지만 『화성성역의궤(華城城役儀軌)』라는 국가 건설 백서가 남아 있었기 때문에 유네스코 세계 문화유산으로 등재될 수 있었다.

▲ 『화성성역의궤(華城城役儀軌)』에 수록된 서북공심돈 설계도

◀ 수원 화성 서북공심돈의 현재 모습 (정조 대의 원형을 거의 그대로 유지하고 있음)

실물이 없어도 준(準) 복원으로 인정받기

실물은 남아 있지 않지만 공신력 있는 관찬 사료에 상세한 기록과 도면이 있다면 '준(準) 복원'으로 인정받을 수 있다. 거중기(擧重機)의 경우 『화성성역의궤』에 상세한 도면이 남아 있기 때문에, 이를 근거로 실물을 제작할 경우 준(準) 복원으로 인정받을 수 있다.[27]

27 하나고등학교 거중기 탐구

2011년 9월 19일
KBS 뉴스

거중기 연구 다큐멘터리

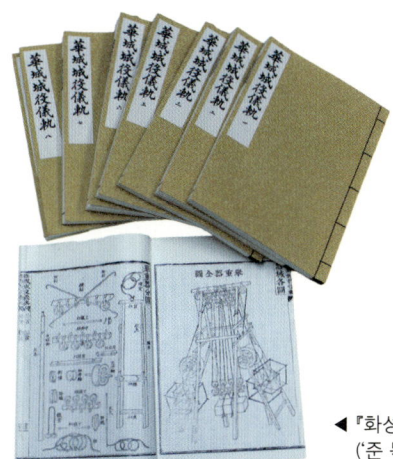

◀ 『화성성역의궤』에 수록된 거중기 도면
('준 복원'의 근거)

◀ 수원 화성 박물관 앞에 '준 복원'된 거중기(擧重機)

전통 만들기, 복원에서 창제까지

재현(再現)과 창제(創製)

실물이 남아 있지 않고, '준 복원' 수준이 가능할 정도로 상세한 기록이나 도면이 없을지라도, 관찬 사서와 같은 공신력이 있는 사료에 어느 정도의 기록과 도면이 남아 있다면 '추정 재현(再現)'이 가능하다.

조선 초기 자격루나 조선 후기 정조 대에 제작한 통제영 거북선과 전라 좌수영 거북선 등은 비록 상세한 기록과 도면이 부족하여 완벽한 복원은 불가능하겠지만 사료를 근거로 '추정 재현'할 수 있다.

하지만 실물도 없고, 도면도 없는 상태에서 빈약한 기록을 근거로 유물을 제작할 경우는 '상상 재현' 수준에 불과하며, 엄밀히 말해 모조품을 제작하는 수준에 불과하다. 임진왜란 당시의 거북선을 제작하는 것과 행주산성 전투에 사용했다는 변이중 화차를 제작하는 것이 대표적인 '상상 재현'이다.[28]

28 마포고등학교 행주산성 화차 탐구

2010년 9월 5일
KBS 뉴스

통진고등학교
화차 연구 다큐멘터리

▲ 변이중 후손들에 의해 장갑차 형태로 상상 재현된 화차의 전투 장면(상상도)

창제(創製)는 신빙성 없는 설화를 근거로 현대의 과학적 지식을 토대로 상상력을 발휘하여 제작하는 것이다. 임진왜란 당시 진주성 전투에 정평구가 발명한 비행체가 사용되었다는 전설을 근거로 제작한 비거(飛車)가 대표적인 창제이다.[29]

29 인천하늘고등학교 비거 탐구

비거 연구 다큐멘터리

▲ 정평구가 발명했다는 비거를 창제한 상상도

[표 1-7] 유물 복원의 수준과 사례(김평원, 2021)

사례	실물	사료			복원의 수준	비고
		도면	기록	설화		
수원 화성	△	○	○		복원	유네스코 세계 문화유산
문종 화차(신기전기)	×	○	○		준 복원	관찬 사료를 통해 복원에 준하는 타당한 추정
문종 화차(총통기)	×	○	○		준 복원	
거중기	×	○	○		준 복원	
자격루 시보 장치	×	×	○		추정 재현	
거북선	×	○	○		추정 재현	1795년 정조 대 거북선
	×	×	○		상상 재현	1592년 이순신 거북선
	×	×	△		창제	1413년 임진강 거북선
변이중 화차	×	×	△	○	상상 재현	1958년 발행 개인 문집 (사료적 가치 낮음)
비거	×	×	×	○	창제	문화 콘텐츠

- 출처 : 김평원(2021), "정조(正祖) 대 거북선[龜船]의 구조에 관한 연구", 『한국과학사학회지』 43(1), 33-77.

02

거북선 내부 구조 논쟁 탐구

거북선의 재현과 창제

거북선의 재현을 둘러싼 논쟁

거북선 내부 구조 논쟁사(論爭史)

거북선 내부 구조 논쟁의 쟁점

거북선의 재현과 창제

추정 재현만 가능한 조선 후기 거북선

 '거북선'은 '고유어+한자어'로 구성되어 있으므로, 순 우리말인 '거북 배'로 표현하거나 한자어인 '귀선(龜船)'으로 표현하는 것이 옳다. 하지만 이미 '거북선'이라는 말이 가장 널리 사용되고 있고, 표준국어대사전까지 등재되었으므로 '귀선'으로 명칭을 되돌리기에는 이미 시기를 놓치고 말았다.[30]

 '귀선'으로 기록되어 있음에도 오늘날 대부분 '거북선'으로 지칭하고 있는 군선이 사서에 처음 등장한 것은 조선 태종 13년(1413년) 대마도 정벌을 위해 거북선과 가상 왜선이 서로 싸우는 모의 해전 훈련을 태종이 지켜보았다는 『태종실록』의 기록이다. 그 뒤 1592년 임진왜란 당시 이순신 장군에 의해 거북선이 창제되어 실전에 투입되었음은 주지의 사실이다.

 임진왜란이 끝난 후에도 거북선은 19세기 후반까지 계속 개조되면서 계승되었다. 조선 초기 거북선과 조선 후기 거북선은 실전에 사용된 적은 없고, 조선 중기 임진왜란 당시에 건조한 거북선만이 실전에서 사용되었다.

 거북선은 목선이므로 지금까지 남아 있는 배가 단 한 척도 없

30 거북선
임진왜란 때 이순신이 만들어 왜군을 무찌르는데 크게 이바지한 거북 모양의 철갑선. 세계 최초의 철갑선으로, 등에는 창검과 송곳을 꽂아 적이 오르지 못하게 하였고, 앞머리와 옆구리 사방에는 화포를 설치하였다.
– 출처 : 표준국어대사전

좀더 자세히

직접 사료와 간접 사료
 역사적 사실로 인정받기 위해서는 사료(史料)가 있어야 한다. 사료는 '직접 사료'와 '간접 사료'가 있는데, 준 복원 수준으로 인정받기 위해서는 무엇보다도 '직접 사료'가 남아 있어야 한다. '직접 사료'란, 당사자 또는 당대인이 사실이라고 믿고 기록한 것이다. 아쉽지만 거북선의 내부 구조에 관한 직접 사료는 매우 빈약하기 때문에 '복원'과 '준 복원' 모두 불가능하다.

으며, 배에 탑재했던 유물도 발견될 가능성이 거의 없어서 '복원'은 불가능하다. 과거 임진왜란 당시의 해전 유물을 발굴하려는 시도가 전혀 없었던 것은 아니었지만, 1992년 '별황자총통 발굴 조작 사건'으로 인해 해군사관학교의 명예만 실추되고 말았다. 우리에게는 너무나도 친숙한 거북선이지만 거북선 구조에 관한 상세한 직접 사료는 남아 있지 않기 때문에, 거북선의 내부 구조를 '준 복원'하는 것조차 불가능하다.

좀더 자세히

별황자총통 발굴 조작 사건

충무공 해전 유물 발굴단이 1992년 한산도 인근 해저에서 별황자총통을 인양하여 국보 제274호로 지정하였으나, 모조품을 만들어 일부러 바다에 빠트린 후 발굴한 것으로 조작한 사실이 1996년에 발각되었다.

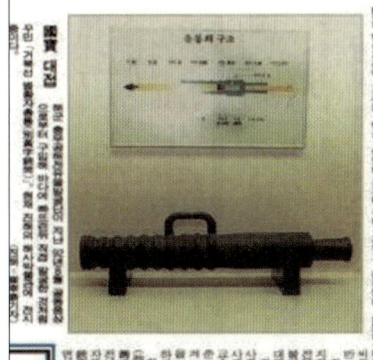

거북선의 재현과 창제　71

조선 후기 정조(正祖, 1752-1800) 대의 거북선들은 1795년(정조 19년) 규장각에서 펴낸 간접 사료인 『이충무공전서(李忠武公全書)』의 '귀선지제(龜船之制)'의 기록과 도면을 근거로 '추정 재현'이 가능하다.[31]

『이충무공전서』는 왕명에 의해 이순신과 관련된 자료를 모아 편찬한 관찬 사료이기 때문에, 현재까지 발견된 사료 중 이순신과 거북선과 관련된 가장 공신력 있는 사료이다. 따라서 '추정 재현'은 조선 후기 거북선만 학술적으로 가능할 뿐이며, 조선 초기나 조선 중기, 조선 후기 거북선 모두 '복원'하거나 '준 복원'하는 것이 불가능하다. 그나마 『이충무공전서』가 있어 '추정 재현'이라도 가능한 것이다.

임진왜란 당시의 거북선을 타당하게 '상상 재현'하기 위해서는, 기준이 되는 조선 후기 정조 대의 거북선들부터 타당하게 '추정 재현'해야 한다. 하지만 사람들의 관심은 이순신 거북선 원형에 집중되었을 뿐, 1795년 당시 실물로 존재했던 통제영 거북선과 전라 좌수영 거북선을 추정 재현하는 연구들은 별 주목을 받지 못하였다.

31 『이충무공전서(李忠武公全書)』
정조가 윤득공에게 명하여 이순신이 쓴 글과 관련 문건들을 총 망라하여 편집 간행한 것으로, 원집 8권 6책과 부록 6권 2책, 총 14권 8책으로 구성되었다.

32 출처
『李忠武公全書』, "卷首·圖說" 龜船之制, 155, 161 (서울대학교 규장각한국학연구원 소장, 奎 457)

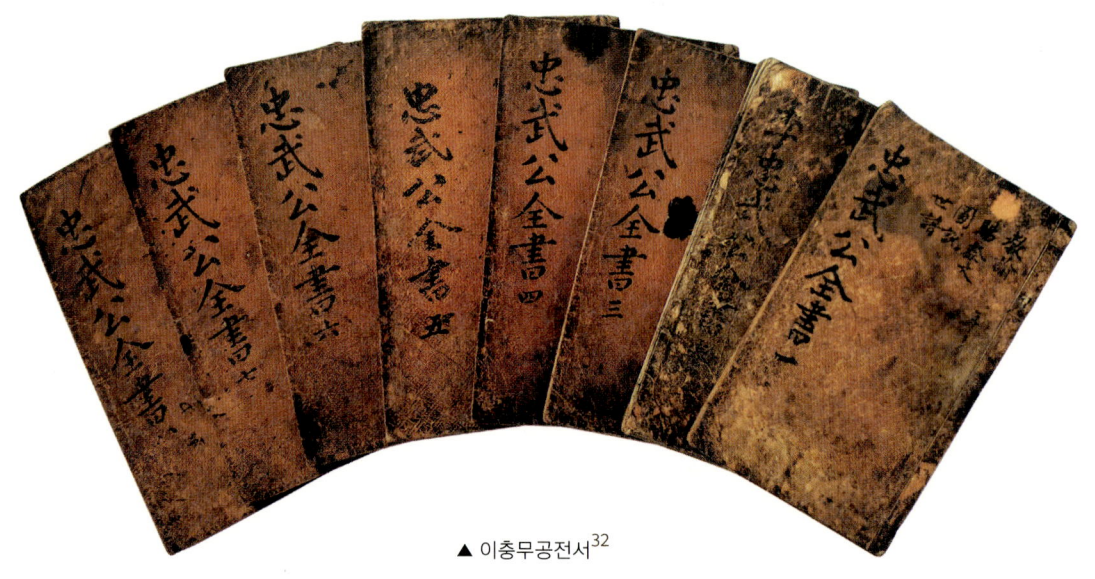

▲ 이충무공전서[32]

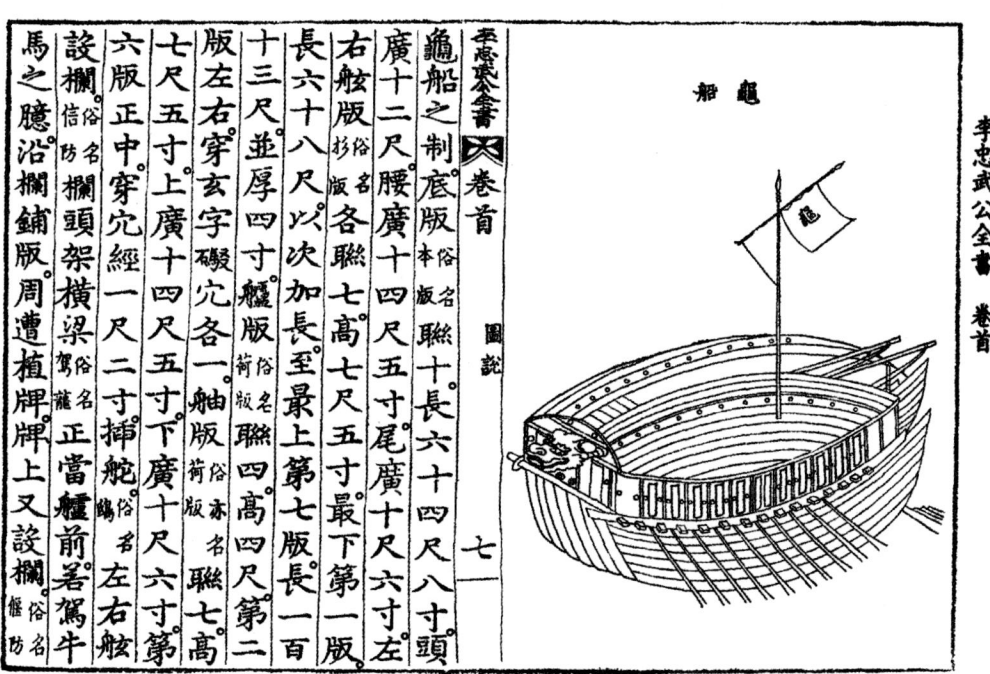

▲ 『이충무공전서(李忠武公全書)』 '귀선지제(龜船之制)'의 통제영 귀선도

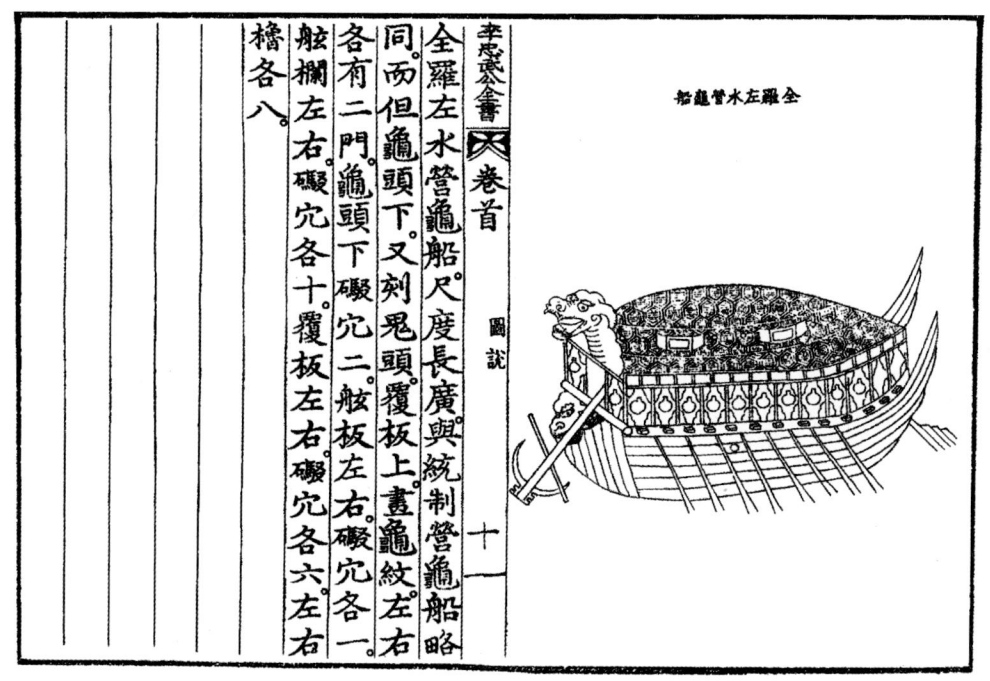

▲ 『이충무공전서(李忠武公全書)』 '귀선지제(龜船之制)'의 전라 좌수영 귀선도

상상 재현만 가능한 임진왜란 당시 거북선

거북선은 민족적 자긍심을 고양하는 실체로서 이순신 장군을 소재로 한 드라마나 영화가 세상의 주목을 받을 때마다 거북선 역시 주인공이 되었다. 거북선은 유물이 없으므로 오늘날 사람들이 인지하고 있는 임진왜란 당시의 거북선은 드라마나 영화의 세트나 교과서 또는 위인전 삽화에 의해 만들어진 허상에 불과하다.[33]

거북선의 존재는 역사적 사실이지만 오늘날 사람들이 인식하고 있는 거북선의 이미지는 후대 사람들에 의해 '만들어진 전통'이다. 루이 다비드의 그림들이 나폴레옹을 영웅으로 만든 것과 마찬가지로, 우리들 머릿속에 남아 있는 거북선의 이미지는 있는 그대로의 사실이 아니라 각종 매체에 의해 창조된 이미지일

33 거북선이 등장한 영화와 드라마
① 영화 〈성웅 이순신〉, 1962
② 영화 〈성웅 이순신〉, 1971
③ 영화 〈난중일기〉, 1977
④ MBC 드라마 〈임진왜란〉, 1985년 10월 14일~1986년 4월 15일.
⑤ KBS 드라마 〈불멸의 이순신〉, 2004년 9월 4일~2005년 8월 28일.
⑥ 영화 〈천군〉, 2005
⑦ 영화 〈명량〉, 2014
⑧ 영화 〈한산: 용의 출현〉, 2022
⑨ 영화 〈노량: 죽음의 바다〉, 2023

창제 — 조선 초기
임진강 거북선
- 파주시 창제(2023)
1413년

상상 재현 — 조선 중기
임진왜란 당시 거북선
-김평원의 상상 재현(2022)
1592년

뿐이다.

실물이 남아 있지 않은 거북선을 모형이나 실물로 제작하는 것은 엄청난 비용을 투자했더라도 '재현'에 불과하다. 빈약한 사료를 근거로 했기 때문이다. 지금 시점에서 『이충무공전서』에 기록된 조선 후기 거북선을 재현하는 작업은 '추정 재현'이며, 이를 근거로 다시 200여 년의 시간을 거슬러 올라 1592년 임진왜란 당시의 거북선을 추정하는 것은 '상상 재현'일 뿐이다.

'추정'은 부족한 사료를 보완하는 추론 과정이 요구되기 때문에 학술적 영역에 포함되지만, '상상'은 누구나 참여할 수 있는 문화 콘텐츠의 영역이다.[34]

34 문화 콘텐츠(文化 contents)
아직 명확한 개념이 정립되지는 않았지만, 기존 인문학을 바탕으로 디지털 매체를 통하여 제공되는 각종 영화, 애니메이션, 게임, 방송, 음악, 문학, 에듀테인먼트, 광고 등을 통틀어 지칭하는 의미로 사용된다.

▼ 거북선 재현 및 창제의 성격

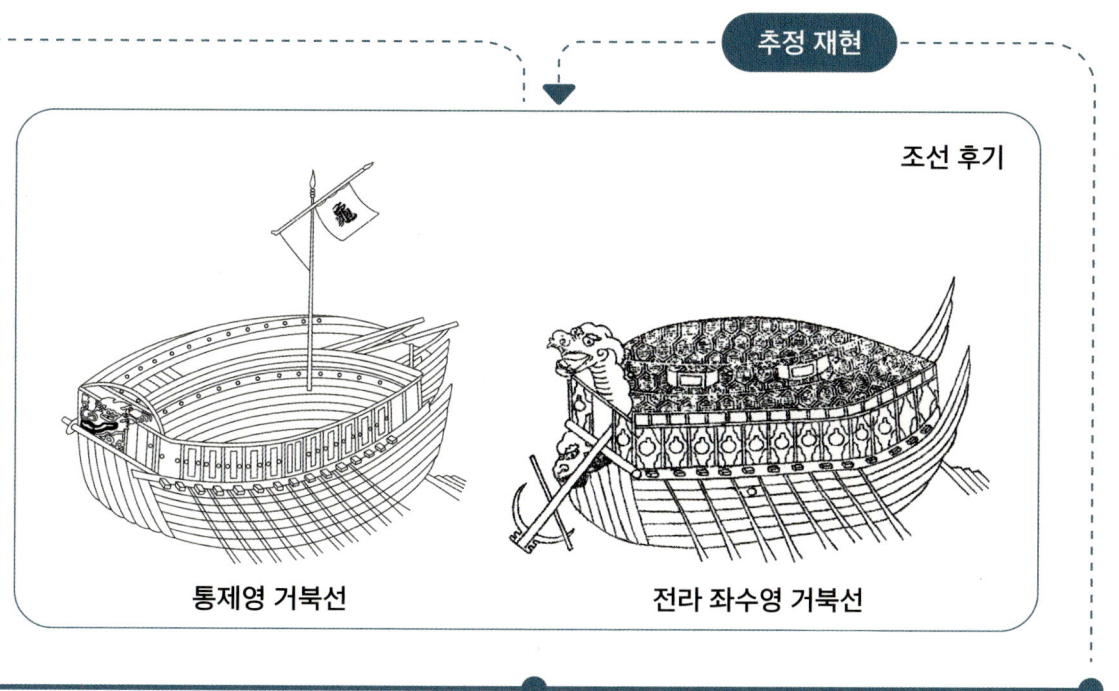

창제에 불과한 조선 초기 임진강 거북선

경기도 파주시에서는 조선 시대 초기의 거북선을 재현하여 임진강에 띄우는 프로젝트를 진행하였다. 파주시 측에서는 고증을 거쳐 거북선을 재현했다고 발표했지만, 1413년 조선 태종 때의 임진강 거북선을 추정하는 작업은 '창제(創製)'에 불과하다. 상상하여 재현한 임진왜란 당시의 거북선을 근거로 다시 170여 년을 거슬러 올라가 상상하는 단계를 거쳤기 때문이다.

임진왜란 당시의 거북선이나 조선 초기 거북선을 재현하는 사업과 『이충무공전서』에 수록된 도면을 분석하여 재현하는 사업은 구분해야 한다. 임진왜란 당시 이순신 거북선을 '상상 재현'하거나 조선 초기 임진강 거북선을 '창제'하는 사업은 대중을 대상으로 한 '문화 콘텐츠'의 영역이며, 공신력 있는 관찬 사료를 근거로 조선 후기 거북선을 '추정 재현'하는 것은 학술적인 영역이기 때문이다.[35]

조선 후기 통제영 거북선이나 전라 좌수영 거북선을 추정하여 재현할 때에는 사료에 충실해야 하며, 현대의 공학적 지식이나 실험 고고학(Experimental archaeology)적 결과를 근거로 추론하거나 과학적 상상력을 동원하는 것을 최대한 자제해야 한다.[36]

35 파주시의 임진강 거북선 사업
파주시가 조선 최초 거북선을 관광 상품으로 추진하려는 목적은, 항공 우주 도시를 지향하는 진주시가 '비거(하늘을 나는 수레)'를 관광 상품으로 만들려는 목적과 동일하다. 진주시는 역사적 근거가 미약한 비거의 관광 상품화를 우려하는 시민 단체의 반대로 논쟁이 격화되었으나, 파주시는 큰 문제 없이 사업이 추진되었다.

36 실험 고고학
　　Experimental archaeology
유물의 모조품을 만들어 과거 유물을 사용했을 인간들이 했음직한 방법에 따라 실험하면서 가설을 검증하는 방법

[표 2-1] 거북선 실물 재현 사업의 성격과 수준

대상	성격	수준
통제영 거북선	역사학	추정 재현(再現)
전라 좌수영 거북선	역사학	추정 재현(再現)
이순신 거북선	문화 콘텐츠	상상 재현(再現)
임진강 거북선	문화 콘텐츠	창제(創製)

거북선의 재현을 둘러싼 논쟁

거북선 관련 3대 쟁점

1970년대부터 시작된 거북선과 관련된 논쟁들은 『이충무공전서』에 기록된 통제영 거북선과 전라 좌수영 거북선을 추정하여 재현하는 과정이 아니라, 임진왜란 당시의 이순신 거북선을 상상하여 재현하는 과정에서 벌어졌다. 임진왜란 당시 거북선에 관한 다양한 논쟁들은 철갑선 논쟁, 용머리 논쟁, 내부 구조 논쟁 등이 주된 쟁점이었다.

임진왜란 당시 사용했던 거북선의 구조와 형태에 관련된 사항들이 공신력 있는 직접 사료에 명확하게 기록되어 있지 않으므로, 새로운 직접 사료가 발견되기 전까지 논쟁은 계속될 것이다.[37]

37 거북선 상상 재현의 근거
조선 후기 통제영 거북선이 이순신 장군이 제작한 거북선 원형에 가깝다는 기록이 있으므로, 상상 재현은 통제영 거북선으로부터 출발해야 한다.

[표 2-2] 거북선 관련 3대 논쟁

논쟁		가설	근거
철갑선 논쟁	장갑설	나무에 도추(송곳날)를 고정	임진왜란 당시 기록
	철갑설	철엽에 철첨을 고정	19세기 서양인들이 철갑선으로 소개함
용머리 논쟁	일자 목설 (자라목)	용머리에서 화포를 발사	통제영 거북선 형태
	기역자 목설 (잠망경)	용머리에서 연기를 내뿜음.	전라 좌수영 거북선 형태
내부 구조 논쟁	2층 구조설	격군과 전투원이 같은 층	기록이나 내부를 묘사한 이도(裏圖)가 없으므로 확인 불가
	3층 구조설	격군과 전투원이 다른 층	
	반 3층 구조설	일부는 2층, 일부는 3층	

철갑선 논쟁

『한국과학사학회지』의 첫 번째 논문도 거북선 철갑에 관한 것일 정도로 거북선 관련 논쟁 중에서 가장 먼저 사람들의 관심을 끈 것은 철갑선 논쟁이었다.[38] 처음에는 철갑설이 우세했으나 공신력 있는 사료에서 명확한 근거를 찾을 수 없기 때문에 현재 학계에서는 장갑설을 정설로 보고 있다.

오늘날 각종 거북선 모형과 드라마나 영화에서 재현한 거북선은 철갑설에 따라 제작되었는데, 대부분 육각형 철판을 씌우고 철침을 꽂은 방식으로 묘사하고 있다. 하지만 조선 후기 『이충무공전서』에서는 전라 좌수영 거북선 지붕에 거북 무늬를 그려 넣었다고만 언급했을 뿐, 철갑은 물론 칼이나 송곳을 꽂았다는 내용조차 없다.[39] 이 때문에 지붕에 꽂았던 칼이나 송곳은 임진왜란 당시 실전에서는 필요했겠지만, 조선 후기로 가면서 점차 소멸한 것으로 추정된다.

하지만 표준국어대사전조차 거북선을 세계 최초의 철갑선이라고 뜻풀이할 정도로 일반인들에게는 철갑설이 정설인 것처럼 인식되고 있다. 거북선 철갑선 논쟁과 관련해서는 당분간 철갑설과 장갑설이 계속 경쟁할 것이다.

38 출처
박혜일, "이순신귀선(李舜臣龜船)의 철장갑(鐵裝甲)과 이조철갑의(李朝鐵甲) 현존 원형과의 대비", 『한국과학사학회지』 제1권 제1호 (1979), 27–45쪽.

39 출처
『李忠武公全書』, 卷首, 圖說, "今統制營龜船 盖出於忠武舊制".

▲ 철갑설로 재현한 경상남도 거북선

▲ 장갑설로 재현한 여수시 거북선

용머리 논쟁

용머리 형태에 관한 논쟁은 결국 거북선 용머리의 용도에 관한 논쟁으로 볼 수 있다. 용머리에서 화포를 쏘았다면 자라목(일자 목) 형태여야 하며, 연기를 내뿜었다면 용머리가 굴뚝 역할을 해야 하므로 잠망경(기역자) 형태여야 한다. 내부로 연기가 역류하지 않아야 하기 때문이다.

용머리 형태에 관한 논쟁은 조선 후기 사료에서 일자 목 형태의 통제영 거북선과 기역자 목 형태의 전라 좌수영 거북선이 공존하고 있으므로 어느 한쪽으로 결론을 내릴 수 없다. 용의 입에서 포를 쏘았다는 임진왜란 당시 기록을 통해, 처음에는 화포를 쏘기 위해 일자 목 형태였으나, 조선 후기로 가면서 연기를 내뿜는 기역자 목 형태로 변화한 것으로 추정된다.

조선 후기에 이르러서는 용머리 형태와 화포 발사의 관계도 불투명해졌다. 『이충무공전서』에 따르면 통제영 거북선은 일자 목 형태임에도 화포를 발사하는 것이 아니라 연기를 내뿜는 것으로 설명이 되어 있기 때문이다. 심지어 용머리가 없는 거북선 그림이 이순신 종가에서 발견되기도 하는

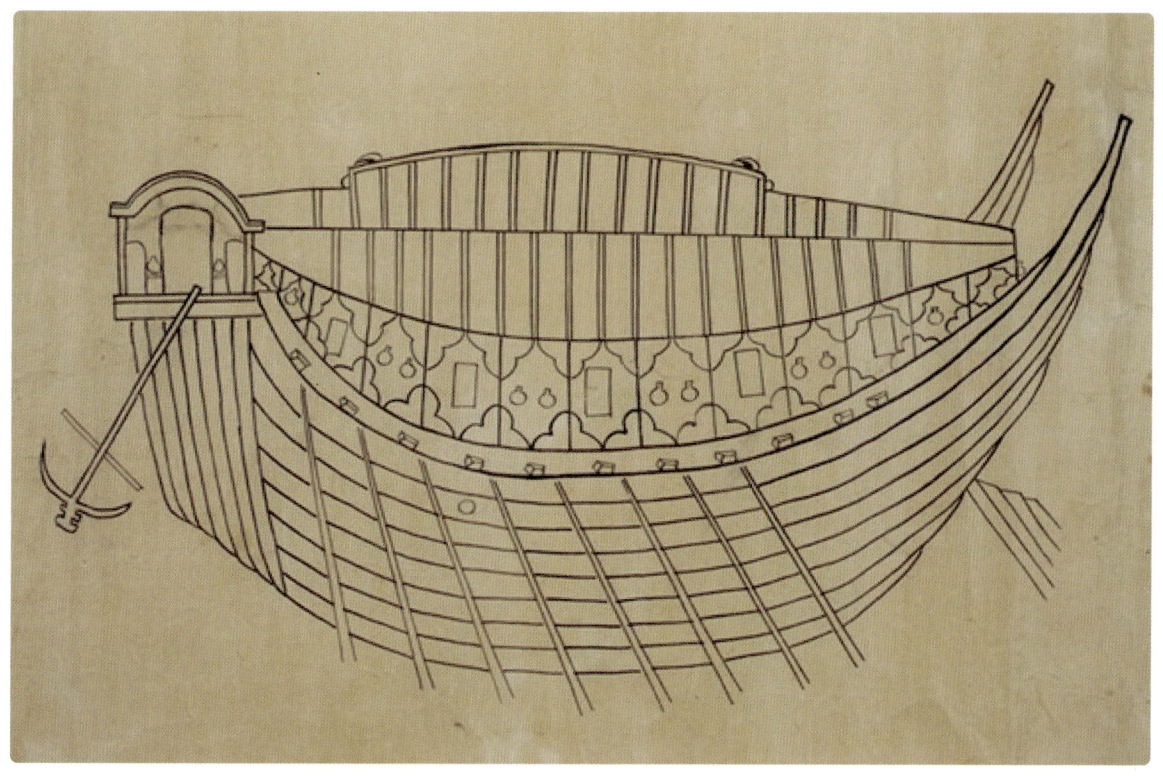

▲ 이순신 종가에서 소장하고 있는 용머리 없는 귀선도

등, 용머리의 기능과 위치 등에 관해서는 확실하게 결론을 낼 수 없다.

내부 구조 논쟁

지금까지 알려진 이순신 거북선 관련 기록을 통해 거북선의 내부 구조를 파악하는 것은 불가능하며, 거북선의 이도(裏圖)가 발견되지 않는 한 논쟁은 계속될 수밖에 없다. 『이충무공전서』와 비슷한 시기에 간행된 『정리의궤(整理儀軌)』의 경우 내부 공간의 구성 정보를 총체적으로 묘사할 수 있는 이도가 있었으나,[40] 군이 군선의 내부를 묘사한 이도를 남기면서까지 군사 기밀을 공개

40 출처

『整理儀軌』 39冊, "城役圖", (프랑스 국립 도서관 소장)

외도만으로는 포루의 내부 구조를 알 수 없다.

이도를 통해 포루의 내부 구조를 정확하게 파악할 수 있다.

▲ 수원 화성 포루의 외도(外圖)와 이도(裏圖)

할 리가 없기 때문에, 앞으로 거북선 이도를 발견할 가능성은 없을 것이다. 따라서 새로운 사료가 발견되지 않는 한, 거북선 내부 구조를 복원하는 것은 불가능하며 '추정 재현' 또는 '상상 재현'만 가능할 뿐이다.

외도만으로는 서북공심돈의 내부 구조를 알 수 없다.

이도를 통해 서북공심돈의 내부 구조를 정확하게 파악할 수 있다.

▲ 수원 화성 서북공심돈의 외도(外圖)와 이도(裏圖)

거북선 내부 구조 논쟁사

거북선 내부 구조 논쟁의 시기 구분

흔히 학술 논쟁은 학회에서 학자에 의해 진행되는 것이지만, 거북선 구조에 관한 논쟁은 학자가 분명하게 드러나지 않은 채, 선후 관계가 모호하게 전개되어 왔다. 지난 반세기 동안 계속된 거북선 내부 구조 논쟁은 임진왜란 당시의 거북선을 상상 재현하는 사업을 둘러싼 헤게모니(Hegemony)

[표 2-3] 거북선의 내부 구조 논쟁사(김평원, 2022)

패러다임	시기	연도	출처	가설
노 젓기 패러다임	성립기	1934	언더우드 논문	2층 구조설
		1969	현충사 1/6 축소 모형	2층 구조설
		1974	김재근 논문	2층 구조설
	제1차 논쟁기	1976	남천우 논문	3층 구조설
		1977	김재근 저서	2층 구조설
		1978	해군 1차 거북선	2층 구조설
		1986	여수시 돌산 거북선	2층 구조설
		1989	정광수 저서	반 3층 구조설
		1990	서울특별시 거북선	2층 구조설
	제2차 논쟁기	1995	장학근 논문	3층 구조설
		1996	최두환 저서	3층 구조설
		1999	해군 2차 거북선	2층 구조설
		2007	이원식 논문	2층 구조설
		2010	정진술 논문	반 3층 구조설
		2019	정진술 발표문	3층 구조설
		2011	경상남도 거북선	3층 구조설
		2014	여수시 거북선	2층 구조설
		2014	홍순구 논문	3층 구조설
		2018	채연석 논문	3층 구조설
도 젓기 패러다임	새로운 논쟁	2021	김평원 논문	후퇴(setback) 처리된 분할 층 구조

경쟁, 즉 주도권 경쟁으로 파악할 수 있다. 거북선 구조 논쟁의 역사는 ① 성립기, 2층 구조설이 정설인 ② 제1차 논쟁기, 3층 구조설이 정설인 ③ 제2차 논쟁기로 구분할 수 있다.

1934년 언더우드에 의해 시작된 거북선 구조에 관한 관심은 1974년 김재근의 논문에 의해 학설이 성립되었다. 제1차 논쟁기는 1976년 남천우에 의해 3층 구조설이 제기되었으나, 1995년까지 2층 구조설이 헤게모니를 잡고 있었던 시기이다. 제2차 논쟁기는 1995년 이후 기존 2층 구조설이 흔들리면서 3층 구조설로 헤게모니가 이동한 시기이다.

* 개인 연구자의 도면은 주요 학술지에 게재된 주요 논문을 기준으로 연도를 반영함.
** 실물 제작 거북선은 해군사관학교와 주요 지방자치단체의 사업을 중심으로 정리함.
*** 음영으로 표시한 것은 같은 시기의 정설과는 상반된 주장을 한 대표적인 경우를 표시한 것임.
**** 필자의 2021년 논문에서 정리한 내용을 일부 수정한 것임(제2차 논쟁기 시작 시점을 수정).

추진 방식	거북선의 내부 구조		
	1층	2층	3층
오어[oar] 젓기	격군	전투원	
오어[oar] 젓기	격군	전투원	
오어[oar] 젓기	격군	전투원	
노 젓기		선실 + 격군	전투원
노 젓기	선실	격군 + 전투원	
노 젓기	선실	격군 + 전투원	
노 젓기	선실	격군 + 전투원	
노 젓기	선실	격군	전투원
노 젓기	선실	격군 + 전투원	
노 젓기	선실	격군 + 사부	전투원
노 젓기	선실	격군	전투원
노 젓기	선실	격군 + 전투원	
노 젓기	선실	격군 + 전투원	
노 젓기	선실	격군	전투원
노 젓기	선실	격군 + 전투원	전투원
노 젓기	선실	격군 + 전투원	전투원
노 젓기	선실	격군 + 전투원	
노 젓기	선실	격군 + 전투원	전투원
노 젓기	선실	선실 + 격군	전투원
도 젓기	선실	격군은 중앙에서 도(櫂)를 젓고, 전투원은 2층과 분할 층 이용	

- 출처 : 김평원(2021), "정조(正祖) 대 거북선[龜船]의 구조에 관한 연구", 『한국과학사학회지』 43(1), 33-77.

언더우드의 2층 구조설

거북선에 관한 연구는 미국인 선교사이자 연희전문학교 교수인 언더우드(Horace Horton Underwood)가 1934년에 발표한 조선의 배에 관한 출판물이 국내외의 관심을 끌면서 시작되었다.[41]

언더우드는 『이충무공전서』의 도면을 참조하여 1층에서 '오어[oar]'를 젓고, 2층에서는 포를 쏘는 구조로 거북선 내부를 추정하였다. 언더우드는 조선에서 태어났지만 학창 시절을 미국에서 보냈기 때문에, 거북선의 추진력을 얻는 방식은 고대 로마 갤리선(Galley)의 구조를 참조한 것으로 보이며, 포를 쏘는 방식은 근대 서양의 전열함 구조를 참조한 것으로 추정된다.

41 호러스 호턴 언더우드(Horace Horton Underwood)

연희전문학교(현재 연세대학교)를 설립한 호러스 그랜트 언더우드(Horace Grant Underwood)의 아들로, 연희전문학교 3대 교장이다. 한국 이름은 원한경이다.

42 출처

Horace H. Underwood, Korean Boats and Ships (Seoul: Chosen Christian College, 1934).

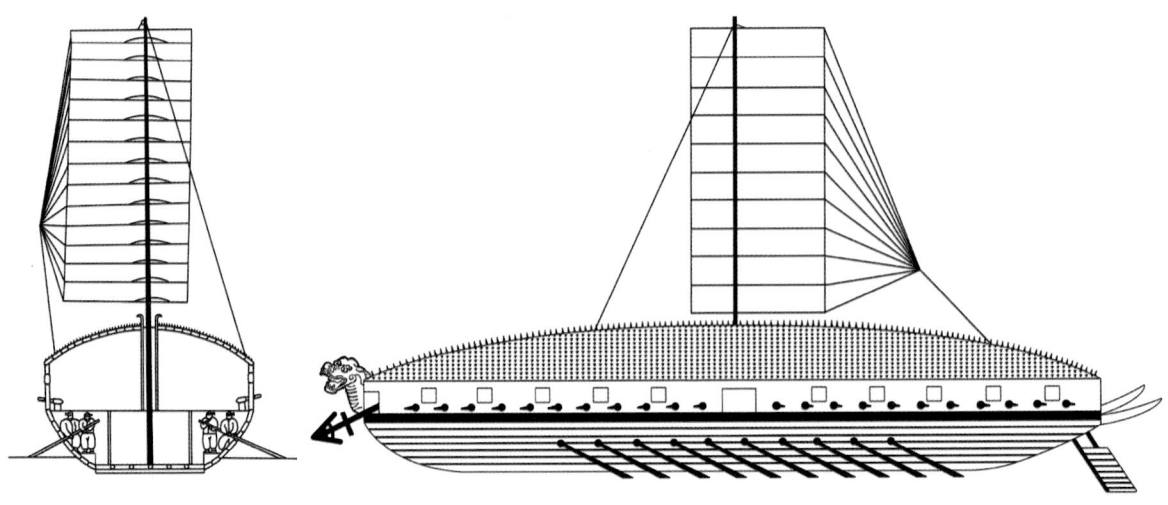

▲ 언더우드가 추정한 거북선 2층 구조 [출처: 언더우드(1934)][42]

오어는 오늘날 조정 경기에서도 사용하는 방식으로서 물 속에 오어를 넣어 물살을 밀어낸 다음, 오어를 빼서 다시 원위치로 되돌아가는 것을 반복하면서 추진력을 얻게 된다. 영화 〈벤허〉에서는 로마군 갤리선에 승선한 노예들이 힘겹게 오어를 젓는 동작을 묘사하고 있는데, 언더우드의 도면에 묘사된 격군 그림도 갤리선에서 노를 젓는 노예들과 동일하다.

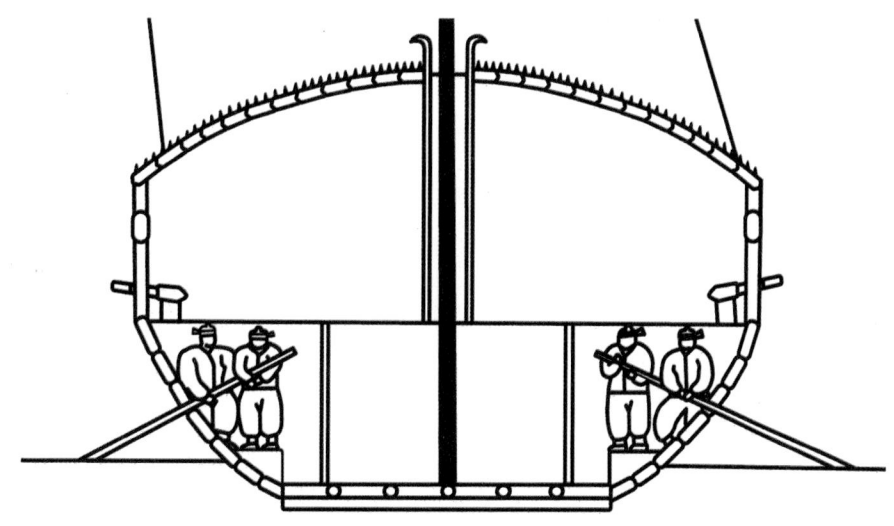

▲ 언더우드가 묘사한 오어를 젓는 격군들

▲ 영화 <벤허>에서 묘사한 갤리선 내부

1969년 현충사 대형 거북선 모형

언더우드에 의해 거북선 연구 성과가 발표된 후 해방과 한국 전쟁을 거치면서 점차 거북선에 대한 관심이 확산되었으며, 1960년대부터 각종 거북선 모형들이 언더우드가 추정한 모형을 토대로 제작되기 시작하였다. 이처럼 초창기에는 역사학자나 조선 공학자에 의해 거북선이 연구된 것이 아니라 모형 제작자에 의해 거북선 재현이 주도되었다.

1969년, 충남 아산 현충사에서 전시할 목적으로 제작한 거북선 모형은 학자와 장인들이 함께 모여 언더우드가 제시한 2층 구조설을 1/6 축소 모형으로 재현하였다.[43] 현충사 거북선 모형은 조선 공학자 김재근 서울대 교수를 중심으로 한 고증 위원회에서 설계하고, 서울대 미대 김세중 교수팀에서 제작한 것이다.[44]

현충사 거북선 모형의 지붕은 철갑설을 반영하여 철판에 철심

43 1969년 거북선 모형 재현 참여자
김재근(서울대 조선항공학과 교수)
최영희(국사편찬위 편사실장)
조성도(해사 교수)
강만길(고대 교수)
김세중(서울대 미대 교수)
조인복(국방사학회)
김용국(국방사학회)
낭원식(국방사학회)
출처: 『중앙일보』, 1969. 3. 25.

44 김세중 교수(1928~1986)
서울대 조각과를 1회 졸업한 후 서울대 미대 교수로 재직하면서 광화문 충무공 이순신 장군 동상을 제작하였다. 현충사 거북선 모형 제작에도 참여하였으며, 국립현대미술관의 건립에 참여하면서 과로가 누적되어 사망하였다. 김남조 시인의 남편이기도 하다.

▲ 현충사 거북선 모형.(1969)

을 꽂았으며, 용머리 형태는 기역자로서, 화포를 쏘는 것이 아니라 연기를 뿜는 방식으로 재현하였다. 가장 중요한 내부 구조는 1층에서 오어를 젓고, 2층에서 포를 쏘는 방식으로 설계하였다. 결국 현충사 거북선 모형은 언더우드의 2층설 도면을 거의 그대로 반영하여 제작한 것으로 평가할 수 있다. 새롭게 추가한 것이 있다면 언더우드의 도면에는 없었던 지붕 쪽 출입구를 하늘을 향해 열고 닫는 방식으로 재현하였다는 점이다. 이 문은 『이충무공전서』의 전라 좌수영 거북선 도면을 참조한 것이다.

1974년 김재근의 2층 구조설

1974년 김재근은 현충사 거북선 모형 설계를 주도한 경험을 바탕으로, 『이충무공전서』에 수록된 전라 좌수영 거북선의 형태를 기본으로 하고, 통제영 거북선의 치수를 적용한 2층 구조 거북선에 관한 논문을 발표하였다.[45] 이로써 모형 제작 수준에 불과했던 거북선 구조에 관한 연구는 학술적인 논의가 가능한 수준에 이르게 되었다.

이렇게 거북선 2층 구조설은 우리나라 조선 공학의 창시자로 평가받고 있는 김재근 교수에 의해 권위를 얻게 되었고, 이때부터 영화 세트와 각종 교과서, 위인전 삽화는 이 모형을 기반으로 제작되었다. 공동체가 기억할 수 있는 거북선의 이미지를 창출하기 시작한 것이다.

이처럼 조선 공학자 김재근 교수, 해군사관학교 조성도 교수, 거북선 모형 제작자 이원식은 1960-70년대 이순신 거북선 원형 설계 분야에서 정부는 물론 각종 매체를 통해 거북선의 이미지를 자발적으로 수용한 대중으로부터 암묵적인 권위를 얻게 되었다. 그들이 의도하지는 않았겠지만 거북선 재현 설계 분야의 주도권[헤게모니]을 장악한 것이다.[46]

45 김재근의 2층 구조 거북선 논문
金在瑾, "龜船의 造船學的 考察", 『大韓民國學術院論文集』 13 (1974), 19-50.

46 헤게모니(Hegemony)
헤게모니는 이탈리아 혁명가 안토니오 그람시(Antonio Gramsci, 1891-1937)가 제시한 개념으로 대중들의 자발적인 동의를 얻어 정당성을 확보할 때 획득할 수 있는 주도권을 말한다. 국가 차원뿐만 아니라 다수의 동의를 얻으려고 경쟁하는 집단 간 주도권 싸움을 파악할 때도 유용한 개념이다.

> **좀더 자세히**
>
> ### 대한민국 조선 공학의 창시자 김재근 교수
>
>
>
> **대한민국을 조선 강국으로 이끈**
>
> 우리나라 조선 공학의 창시자로 독자적인 선박 설계 기술 정립
> 잊혀져가던 고대 선박 기술사 집대성한 선박 역사학의 개척자
>
>
>
> 故 김재근(金在瑾)
> 서울대 명예 교수 (1920~1999)
>
> **학력사항**
> - 1943.09 　　　　　　　경성제국대학 이공학부 기계 공학과 졸업
> - 1954.03 ~ 1955.02 　　미국 MIT 조선 공학과 연구원(Visiting Fellow)
> - 1968.02 　　　　　　　서울대학교 대학원 공학박사
>
> **경력사항**
> - 1949.03 ~ 1985.02 　　서울대학교 조선 공학과 조교수, 부교수, 교수
> - 1951.11 ~ 1970.10 　　대한조선학회 창립이사, 회장
> - 1966.04 ~ 1999.04 　　대한민국 학술원 회원(자연과학부 회장, 학술원 부회장 역임)
>
> **포상**
> - 1972.08, 1985.02 　　국민훈장 동백장(1972) 국민훈장 모란장(1985)
> - 1993.05 　　　　　　5.16 민족문화상(산업부문)
> - 1995.05 　　　　　　한국과학기술 도서상
>
> 출처 : 한국과학기술한림원 과학 기술 유공자 지원 센터 <대한민국 과학 기술 유공자>

1976년 남천우의 3층 구조설과 노 젓기 패러다임

47 남천우의 3층 구조 거북선 논문
南天祐, "龜船構造에 대한 再檢討", 「歷史學報」 71 (1976), 146.

　1976년 남천우, 당시 서울대 물리학과 교수가 2층에서 노를 젓고 3층에서 포를 쏘는 것으로 추정한 3층 구조설을 제시함으로써, 거북선 구조 논쟁이 시작되었다.[47] 남천우는 2층 구조설을 주장하는 김재근, 조성도, 이원식을 역사학회 발표회에 초청하여 '서양식 노[oar]'와 '한국식 노(櫓)'라는 어젠다를 설정한 후, '한국식 노'는 1층에서 앉아서 젓지 못함을 논파하면서 3층 구조설을 주장하였다.

　남천우의 3층 구조설의 핵심은 한국식 노를 젓는 공간은 2층

이며, 포를 쏘는 공간은 3층이라는 점이다. 3층 구조로 인해 무게 중심이 높아져 발생하는 복원력 약화 문제는 배의 폭을 넓게 하여 해결하려고 하였기 때문에 남천우가 제시한 거북선 도면은 배의 폭이 매우 넓었다. 노 젓기 방식을 '한국식 노'와 '서양식 노로 구분하자는 남천우의 주장은 사료를 근거로 한 것이 아닌 사견에 불과하였으나, 별다른 이견 없이 학계에 수용이 되었다.

남천우의 3층 구조설은 단순한 학술적 논쟁으로 볼 수도 있으나 정부의 거북선 모형 복원 사업을 주도하면서 다수의 암묵적인 동의를 얻고 있었던 2층 구조설 인사들을 구체적으로 지목하여 반론을 제기했다는 점에서 거북선 구조에 관한 주도권[헤게모니] 경쟁으로 평가할 수 있다. 거북선 구조 논쟁은 거북선을 매개로 인문(한국사), 자연(물리), 공학(조선 공학)이 융합된 논의가 시작되었다는 점에서 한국 과학사 측면에서도 의미가 있다.

1976년 한국과학사학회에서도 3층설을 주장한 남천우의 사회로 거북선을 주제로 한 쟁점 토론회를 열어 다수의 동의를 얻기 위해 경쟁하는 2층 구조설과 3층 구조설의 헤게모니 경쟁에 사람들의 관심을 집중시켰다. 이때부터 거북선 내부 구조에 관한 학설은 김재근의 2층 구조설에 남천우의 3층 구조설이 도전하는 양상으로 알려지게 되었다.

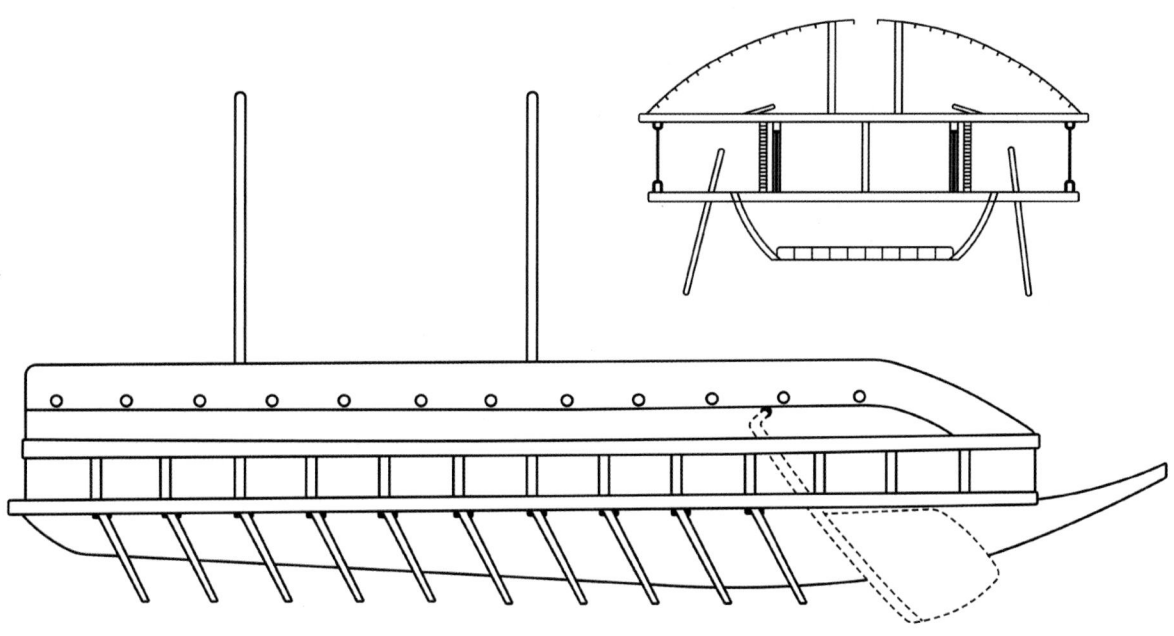

▲ 남천우가 추정한 3층 구조 거북선 [출처: 남천우(1976)]

김재근의 수정된 2층 구조설

남천우가 3층 구조설을 주장한 다음 해인 1977년, 김재근도 기존의 서양식 노 젓기 방식에서 한국식 노 젓기 방식으로 수정한 새로운 2층 구조설을 제시하였다.[48] 김재근의 새로운 2층 구조설에서는 1층을 선실이나 창고로 보았으며, 2층은 한국식 노를 젓거나 포를 쏘는 공용 공간으로 추정하였다.

김재근의 수정된 2층 구조설에 따르면 포를 쏘는 병사들과 노를 젓는 격군들이 한 공간에서 활동해야 하기 때문에 3층 구조설을 지지하는 학자들의 비판을 받게 되었다.

흔히 김재근의 2층 구조설에 대해 남천우가 3층 구조설을 제시하면서 거북선 내부 구조 논쟁이 시작된 것으로 알고 있지만, 학회의 발표 일자와 논문이나 저서의 출판 연도를 기준으로 볼 때는 오히려 그 반대이다. 1976년에 남천우가 제시한 3층설에

48 출처

金在瑾,「朝鮮王朝軍船研究」, (서울: 一潮閣, 1977), 129.

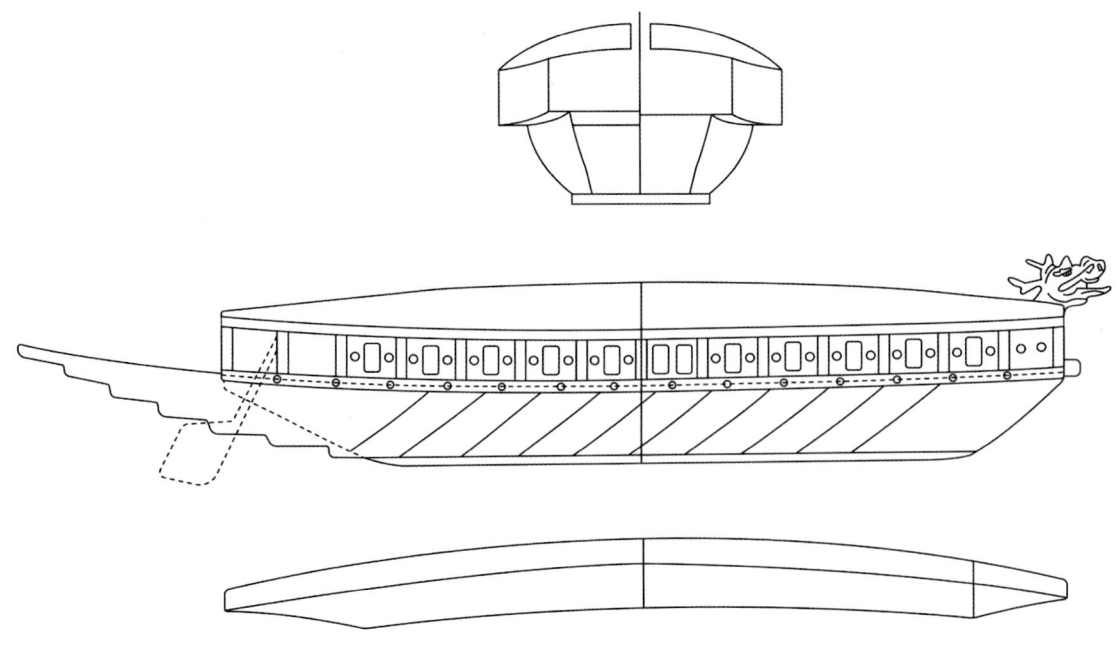

▲ 김재근이 추정한 2층 구조 거북선 [출처: 김재근(1977)]

대해, 김재근이 기존 언더우드의 2층설을 수정한 새로운 2층설을 1977년에 제시하면서 본격적인 거북선 구조 논쟁이 시작되었다고 보는 것이 타당하다.

김재근은 논문 발표 이전에 자신의 연구 성과에 대해 발표하거나 기록으로 남기지 않았으므로, 그가 남천우의 발표 이전에 한국식 노 젓기에 관해 연구하고 있었는지 아니면 남천우의 발표를 참조한 것인지 여부는 불분명하다. 하지만 남천우와 마찬가지로 김재근과 이원식 역시 거북선의 노 젓기 방식에 대한 고민이 있었던 것만은 분명한 것 같다.

제1차 거북선 구조 논쟁

김재근은 남천우가 제시한 3층 구조설에 끌려가지 않고 무대응으로 일관하면서 헤게모니를 방어하였다. 남천우 역시 김재근이 자신의 논리에 말려들지 않을 수 없을 정도로 강력한 논거를 제시하지 못했고, 결국 거북선 구조를 둘러싼 헤게모니 경쟁은 감정적으로 비화하게 되었다. 1차 거북선 구조 논쟁이 감정적으로 격화된 이유는 김재근이 '서양식 노'를 '한국식 노'로 수정한 시점이 남천우의 발표를 듣기 전으로 나중에 출판한 저서에서 설명한 데 반해, 남천우는 학회 발표와 논문 출판 일자를 근거로 자신의 발표를 들은 후라고 주장하기 때문이다.[49]

남천우는 역사학회에서 발표하고 한국과학사학회의 쟁점 토론을 진행했다는 사실적 근거가 있는 반면에, 김재근은 이원식과의 연구 과정을 설명한 회고록밖에 없어 정확한 진실을 파악할 수는 없다. 아무튼 김재근은 '한국식 노'에 관한 남천우의 우선권 주장에 적극적으로 반박하지 않았다.

49 남천우의 주장

"1977년에 김재근이 《조선왕조군선연구》(일조각, 1977)라는 책을 저술하였는데 그는 거기에서 또 남천우의 논문을 표절하였으며 노를 한국식 노로 바꾸겠다고 하면서, 남천우의 논문에 대한 언급은 하지 않았을 뿐 아니라 오히려 그렇게 견해를 바꾸게 된 동기와 시기가 모두 남천우의 논문 발표 1년 전인 1975년에 경험한 몇 가지 사건들 때문이라고 구차하게 주장하고 있는 것이다."

- 출처 : 남천우(2010), 『임진왜란 산책』, 미다스북스.

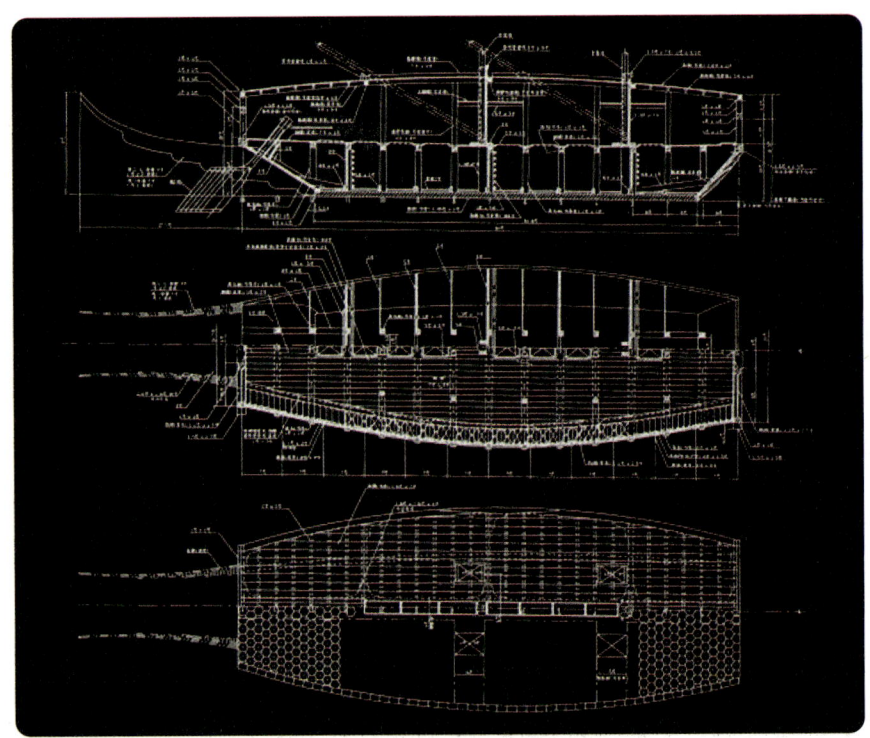
▲ 1978년 거북선 국가 표준 설계 도면(해군사관학교 1차 제작 거북선 도면)

▲ 1999년 해군사관학교 2차 제작 거북선

이러한 소극적인 대응이 2층 구조설을 대표하는 학자들의 작고 후, 2차 거북선 구조 논쟁을 다시 일으키게 하는 원인이 되었다.

'한국식 노'에 관한 쟁점을 누가 먼저 제시했는가에 관한 헤게모니 경쟁은 거북선 모형을 제작하는 수준이 아니라 많은 예산이 투입되는 거북선 실물을 제작하는 국면에서 본격화되었다.

1978년 해군은 조성도 해군사관학교 교수를 중심으로 김재근의 수정된 2층 구조설을 반영한 '국가 표준 설계 도면'을 발표하고, 1979년 거북선 실물을 최초로 제작하여 해군사관학교에 전시하였다.

이렇게 최초의 거북선 실물이 2층 구조설을 주장했던 조성도 교수의 주도로 제작됨으로써 그 뒤 다양한 기관에서 제작한 모형이나 실물은 '국가 표준'이라는 권위를 선점했던 해군 거북선을 따라 2층 구조로 제작되었다.

1989년 정광수는 2층 구조 안에 부분적으로 3층 구조를 취하고 있는 반 3층 구조 거북선 도면을 그의 저서에서 제시하였다. 정광수는 반 3층 구조라고 언급하지 않았지만, 2000년대 이후에는 2층 구조설과 3층 구조설을 절충하는 논리로 반 3층 구조설이 소개되었다.[50]

목선(木船)의 수명은 20년 정도에 불과하므로 해군사관학교에서는 1999년 거북선을 다시 제작하였는데, 당시까지 여전히 정설이었던 2층 구조설에 따라 제작되었다.

이렇게 제1차 거북선 내부 구조 논쟁은 헤게모니를 구축한 2층 구조설이 남천우에 의해 제기된 3층 구조설의 도전을 받았으나, 결국 2층설이 정설로 자리 잡으면서 마무리된 것으로 정리할 수 있다.

50 정광수의 반 3층 구조설

정광수(1989), 『삼가 적을 무찌른 일로 아뢰나이다』, 정신세계사, 341쪽.

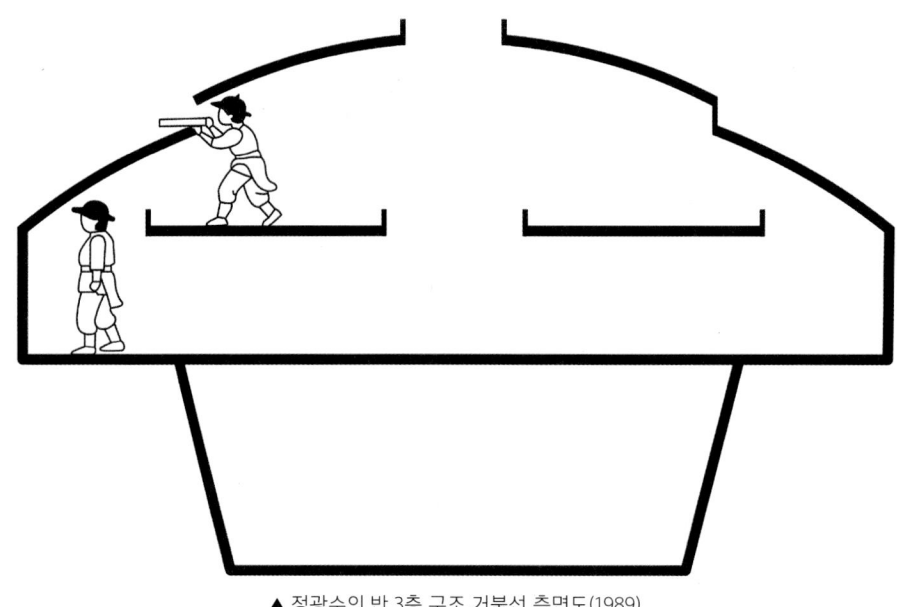

▲ 정광수의 반 3층 구조 거북선 측면도(1989)

제2차 거북선 구조 논쟁

    20년 넘게 정설이었던 2층 구조설은 김재근과 조성도 교수 작고 후 새로운 국면을 맞이하게 되었다. 기존에는 해군 내 거북선 연구자들이 조성도 교수의 2층 구조설을 따랐으나, 1993년 조성도 교수 작고 이후, 3층 구조설을 발표하기 시작한 것이다.

    1995년 장학근이 3층 구조설을 주장하는 학술 논문을 발표하면서 학술적인 측면에서 제2차 거북선 구조 논쟁이 시작되었다.[51] 1996년 최두환은 2층 공간을 선실과 격군들이 노를 젓는 공간으로 보았던 남천우의 3층 구조설을 수정하여, 1층은 선실과 창고로 활용하고, 2층 공간을 격군들이 활동하는 공간으로, 3층을 포를 쏘는 공간으로 내부 구조를 추정한 그림을 제시하였다.[52] 이처럼 1990년대 후반부터 2층 구조설의 헤게모니가 흔들리기 시작하였다.

    제1차 거북선 구조 논쟁 시기에는 한국과학사학회에서 주최한 한국 전통 과학 토론회가 촉매 역할을 했다면, 제2차 거북선

51 장학근의 3층 구조설
張學根, "軍船으로서의 原型龜船", 『昌原史學』第2輯 (1995), 277-302.
張學根, "戰場環境과 거북선 船型變化", 『軍史』51 (2004), 45-77.

52 최두환의 3층 구조설
崔斗煥, "임란시의 원형 거북선에 관한 연구", 『해양연구논총』 22 (1996), 125-126.

구조 논쟁 시기에는 드라마가 대중의 관심을 집중시키는 기폭제가 되었다.

KBS 드라마 〈불멸의 이순신〉에서는 2층 구조를 주장하는 참모와 3층 구조를 주장하는 참모의 논쟁을 '복원력'이라는 용어까지 언급하면서 상세하게 소개하였다.[53] 특히 3층 구조로 제작한 거북선이 복원력을 상실한 후 침몰하는 충격적인 장면은 많은 사람들의 관심을 집중시켰다.[54]

53 KBS 드라마, 〈불멸의 이순신〉
김탁환의 소설 『불멸』과 김훈의 소설 『칼의 노래』를 원작으로 제작한 역사 드라마

54 출처
KBS 드라마, 〈불멸의 이순신〉 (KBS한국방송, 2005. 3. 5 방송)

▲ 복원력을 상실하여 침수되기 시작하는 3층 구조 거북선

◀ 복원력이 약한 3층 구조 거북선

이렇게 KBS 드라마까지 3층 구조설의 단점을 부각하고 기존 2층 구조설의 장점을 부각하였음에도 불구하고, 2008년 경상남도에서 설계한 거북선 실물은 처음으로 3층 구조설을 채택하였다. 3층 구조설이 처음으로 주도권을 잡게 된 것이다.

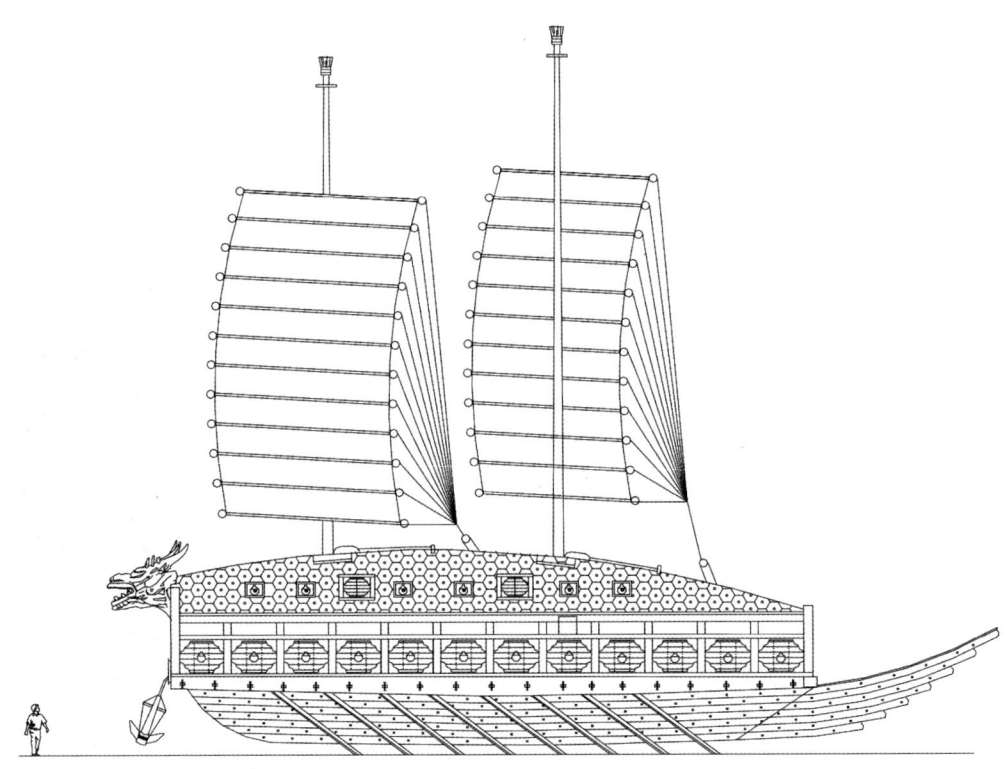

▲ 2008년 경상남도에서 재현한 3층 구조 거북선 측면도

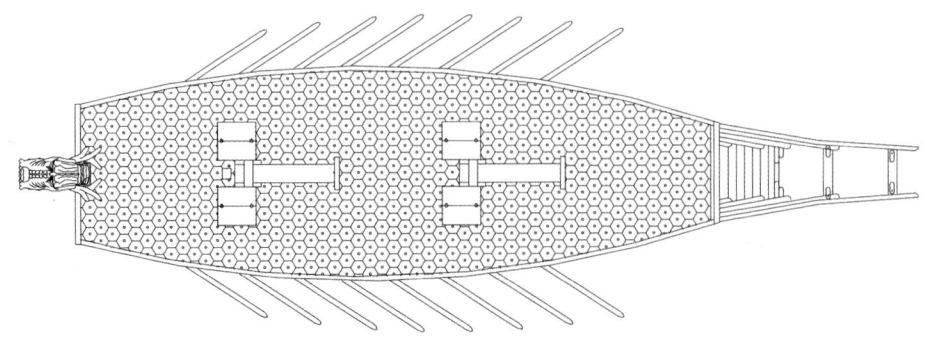

▲ 2008년 경상남도에서 재현한 3층 구조 거북선 평면도

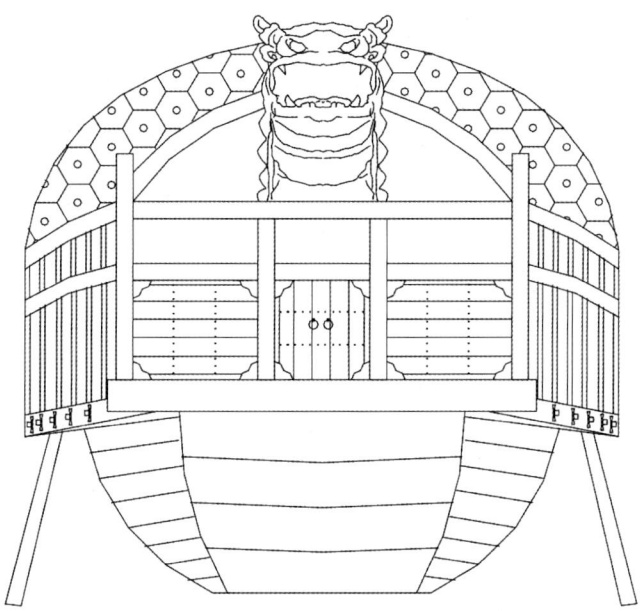

▲ 2008년 경상남도에서 재현한 3층 구조 거북선 정면도

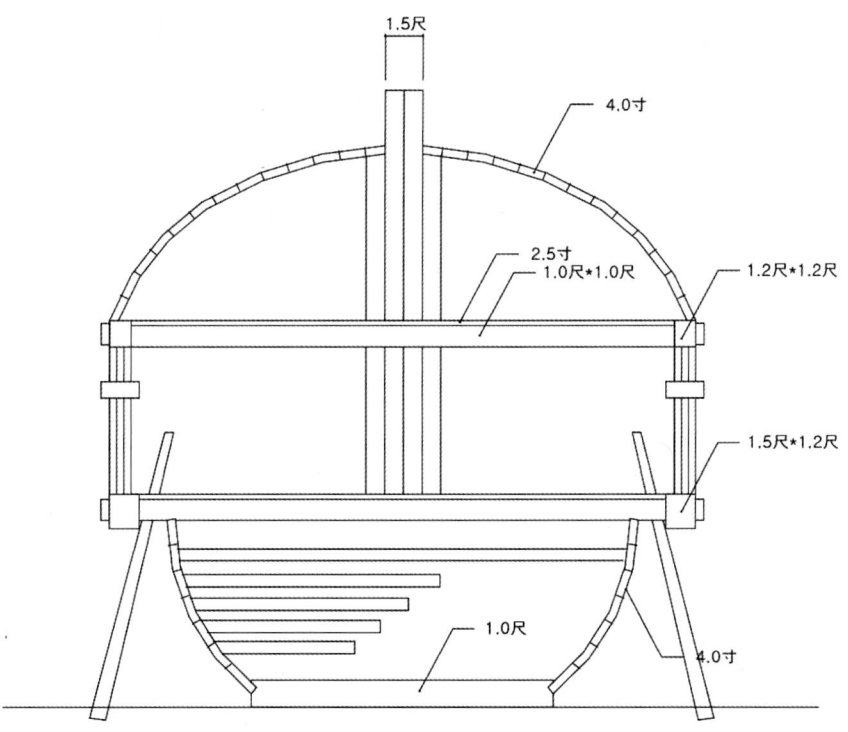

▲ 2008년 경상남도에서 재현한 3층 구조 거북선 단면도

거북선 내부 구조 논쟁사

3층 구조설의 승리로 끝난 제2차 거북선 구조 논쟁

이렇게 2000년대에 이르러 3층 구조설이 주도권을 잡게 되자, 2층 구조설 측의 이원식은 임진왜란 당시에는 2층 구조였지만 조선 후기로 가면서 3층 구조로 바뀌었다는 논리로 3층 구조설을 일부 수용하였다.[55] 이렇게 갑자기 3층 구조설이 주도권을 잡게 된 까닭은 제1차 거북선 논쟁의 양상과 관련이 있다.

1970년대 당시 2층 구조설을 대표했던 김재근, 조성도 교수가 남천우가 제기한 주장에 무대응으로 대처했기 때문이었다. 논쟁을 통해 논박을 주고받으며 논리를 발전시키지 못했기 때문에, 시간이 흐른 뒤 결국 제2차 거북선 구조 논쟁에서 3층 구조설에게 주도권을 빼앗기게 되고 말았다. 이러한 양상은 석굴암 복원을 둘러싼 논쟁에서도 유사하게 전개되었다.

55 이원식의 새로운 2층 구조설
이원식, "1592년 귀선(龜船)의 주요 치수 추정에 관한 연구" (한국해양대학교 박사학위논문, 2007); 윤환준, "거북선, 후대 이르러 변모", 「동아일보」 2008. 6. 2.

좀더 자세히

남천우에 의해 시작된 문화재 복원 사업을 둘러싼 헤게모니 경쟁

석굴암 원형과 거북선 원형 논쟁은 문화재 복원과 재현을 둘러싼 대표적인 헤게모니 경쟁 사례이다. 두 사례 모두 기존 헤게모니에 남천우가 도전하면서 논쟁이 시작되었다.

1차 논쟁에서는 기존 헤게모니를 대표하는 학자들(김재근, 황수영)이 남천우가 설정한 어젠다인 '한국식 노'와 '광창(光窓)'에 무대응하거나 적극적으로 반박하지 않았다. 이러한 소극적인 대응이 대표 학자들이 작고한 후, 2차 논쟁을 유발하게 되었고, 결국 남천우의 논리를 발전시킨 후배 학자들이 기존 헤게모니를 빼앗는 양상으로 전개되었다. 하지만 남천우의 주장만으로 해결할 수 없는 의문점들이 계속 누적되면서, 헤게모니 경쟁이 앞으로 계속될 것으로 전망된다.

논쟁 종류	1차 논쟁	2차 논쟁
거북선 원형 논쟁	김재근, 조성도, 이원식 ↔ 남천우	이원식 ↔ 장학근, 정진술, 홍순구, 채연석
석굴암 원형 논쟁	황수영, 신영훈, 문명대 ↔ 남천우	성낙주 ↔ 강우방, 유홍준, 이태녕

2008년 경상남도에서 건조한 거북선이 3층 구조로 재현된 이후부터, 2층 구조설 측도 적극적으로 거북선 재현 사업에 참여하였다. 2014년 전라남도 여수시에서 제작한 거북선은 경상남도와는 반대로 다시 2층 구조로 회귀하면서 주도권 쟁탈전이 계속되었다. 지금도 계속되고 있는 '거북선 엉터리 복원' 논란은 거북선 내부 설계를 둘러싼 주도권 경쟁과 관련되어 있다.

거북선 실물을 재현하는 사업은 관련 사료를 검토하고, 이미 제작된 실물에서 발견한 문제점을 분석한 후 대안을 제시하는 방식을 취하게 된다. 1978년 해군이 최초로 거북선 실물을 제작한 이래로 많은 거북선 실물들이 나름 고증을 거쳐 제작되고 있음에도, 제작 후에는 '엉터리 복원' 논란이 끊이지 않고 있다.[56]

2층 구조로 실물을 재현하면 3층 구조를 주장하는 학자를 인용하면서 엉터리 복원임을 지적하는 보도가 나왔고, 반대로 3층 구조로 재현하면 2층 구조설 측의 주장을 근거로 비판하는 보도가 나오는 방식으로 언론사를 통한 주도권 쟁탈 경쟁이 한동안 계속되었다.

56 거북선 엉터리 복원 비판 기사

임당걸, "거북선 고증 잘못됐다", 「중앙일보」, 1987. 2. 2; 최상원, "짝퉁 복원 거북선, 바다 띄우면 물새고 꼬르륵", 「한겨레신문」, 2012. 9. 25; 이근영, "현존 거북선 모형은 '엉터리'…'명량'식으로 발포하면 배 뒤집혀", 「한겨레신문」, 2015. 10. 15; 이영재·김영균, "남해안 지자체마다 '이순신 사업' 열풍… 졸속 복원·중복 투자 예산 낭비 우려", 「국민일보」, 2015. 10. 13; 이천열, "해사 복원 거북선은 엉터리… 철저한 고증 거치지 않은 역사 왜곡", 「서울신문」, 2019. 4. 29.

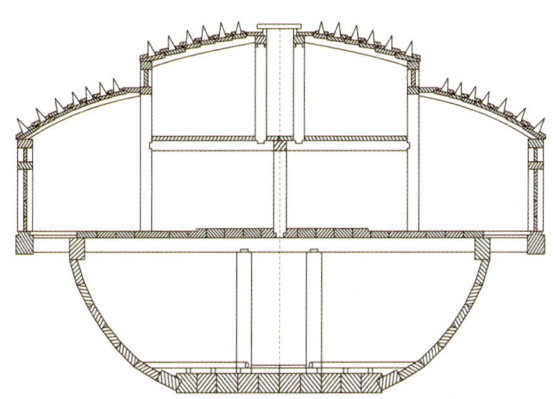

▲ 정진술의 반 3층 구조 거북선 단면도(2010)[57]

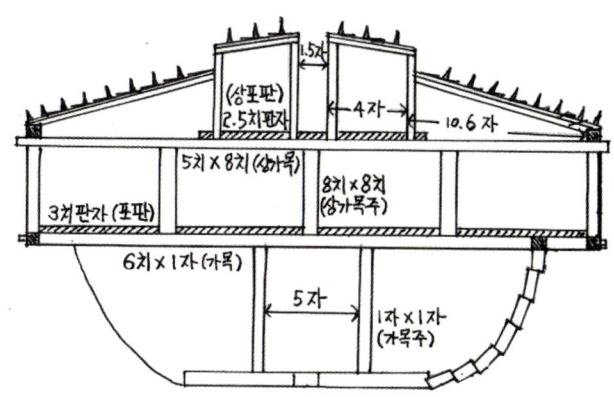

▲ 정진술의 3층 구조 거북선 단면도(2019)[58]

2010년대부터는 해양사 전문가 정진술, 그래픽 디자인 전문가 홍순구, 화약 병기 전문가 채연석 등이 새롭게 거북선 연구에 동참하게 되었다. 2010년 정진술은 반 3층 구조 거북선을 제시하였으나 거의 10년간 고민 끝에, 2019년에는 다시 3층 구조로 회귀하였다.[57][58]

홍순구와 채연석 모두 3층설을 지지함으로써 제2차 거북선 구조 논쟁은 3층설이 빠르게 헤게모니를 잡으면서 마무리되었다. 2014년 이후부터는 3층설이 정설로 인정받는 분위기 속에서 거북선의 지붕인 개판의 형태, 함포의 배치, 선미의 구조와 같은 세부적인 내용을 추론하는 양상으로 변하고 있다.

57 정진술의 반 3층 구조설

정진술, "조선후기 거북선의 구조 - 李忠武公全. 書 의 龜船圖說을 중심으로", 海洋文化硏究 4 (2010), 89-119.

58 정진술의 3층 구조설

정진술, 「임진왜란 시기 거북선의 복원을 위한 구조 탐색」, 『거북선과 충무공 이순신』. 2019년 충무공 학술 세미나 자료집, 해군사관학교 해양연구소 (2019)

59 홍순구의 3층 구조설

홍순구, "임진왜란 거북선의 선형과 내부구조", 「조형미디어학」 17:3 (2014), 83-91.

60 채연석의 3층 구조설

채연석, "함포(艦砲)의 배치를 중심으로 본 이순신 거북선의 구조 연구", 「한국과학사학회지」 40:1 (2018), 26-27.

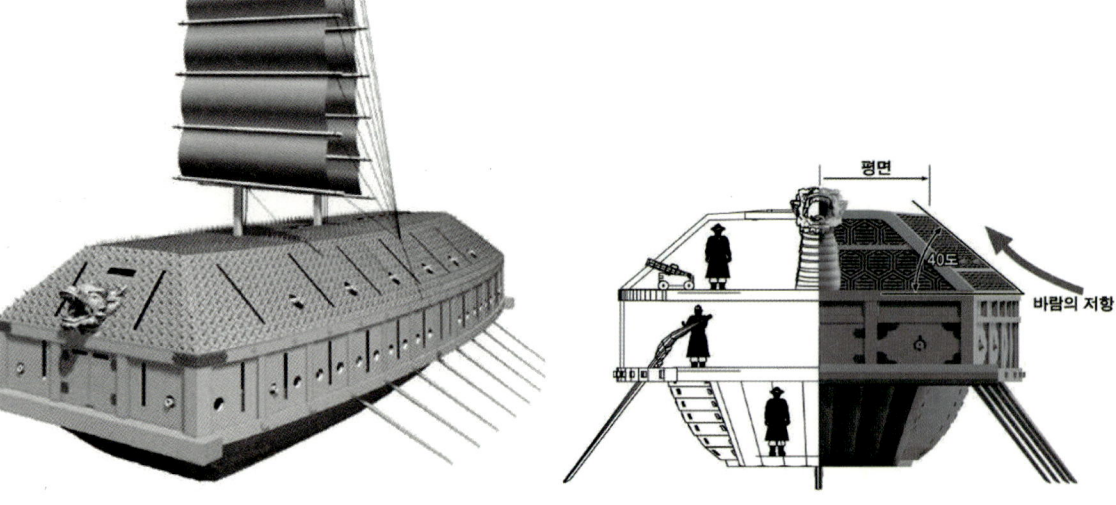

▲ 홍순구의 3층 구조 거북선(2014)[59]

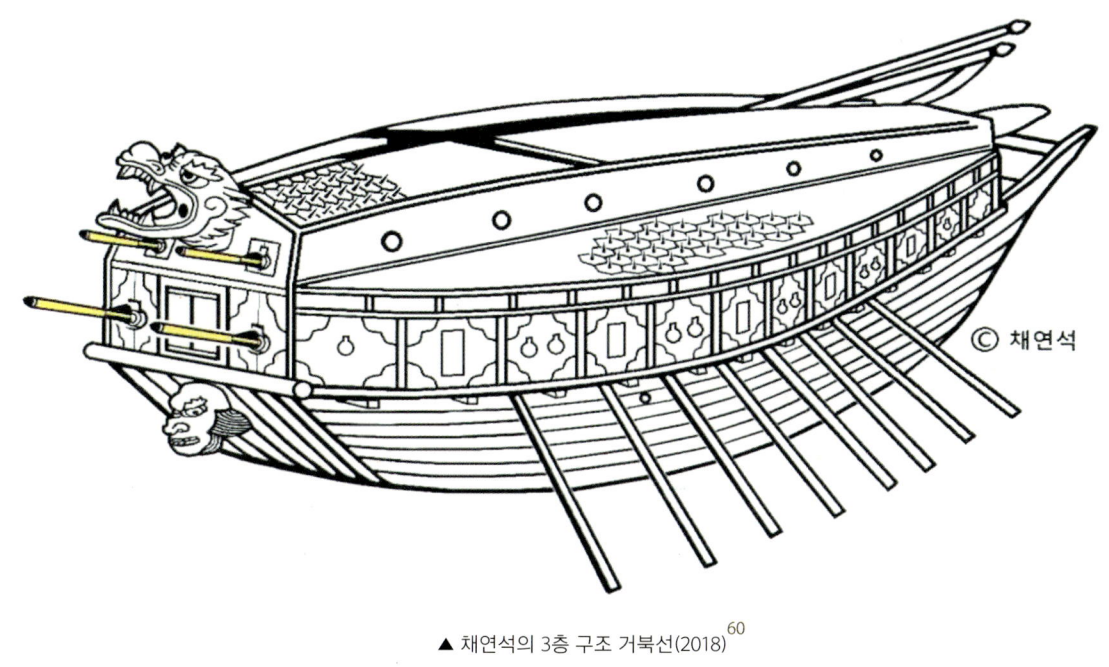
▲ 채연석의 3층 구조 거북선(2018)[60]

도젓기 패러다임의 등장 : 제3차 거북선 구조 논쟁의 가능성

제1차 거북선 논쟁에서 2층 구조설과 3층 구조설이 공통적으로 전제하고 있는 방식은 '한국식 노'이다. '한국식 노'라는 어젠다를 선점한 것은 남천우였고, 김재근과 이원식에 의해 한선의 특징을 고려한 구체적인 논의가 누적되면서 '한국식 노' 패러다임이 형성되었다. 1976년 이후 계속된 거북선 구조 논쟁은 '한국식 노'라는 패러다임 내에서, 격군과 전투원의 활동 공간을 해석하는 견해의 차이로 종합할 수 있다.

거북선 내부 구조에 관한 제1차 논쟁은 학문 공동체를 중심으로 진행되었지만, 제2차 논쟁은 개인 또는 지방 자치 단체별로 산발적이고 느슨하게 전개되었다. 이 과정에서 양측의 주장을 절충한 양시론(兩是論)에 해당하는 반 3층 구조설이 제시되기도 하였지만, 2층 구조설이나 3층 구조설과 대등하게 경쟁할 수 있는 가설로 인정받지는 못하였다. 반 3층 구조설의 경우 정광수나 정진술이 학술 논문을 통해 기존 2층 구조설이나 3층 구조설을 비판하면서 논쟁한 적이 없었기 때문에, 김재근의 2층 구조설과 남천우의 3층 구조설처럼 어떤 학자가 반 3층 구조설을 주장했는지도 불명확하다.

    2020년대에는 2층 구조설과 3층 구조설이 모두 인정하고 있는 '한국식 노 젓기'에 대한 전제가 흔들리기 시작하였다. 2021년 김평원은 2층 구조설과 3층 구조설에서 모두 인정하고 있는 기존의 '노(櫓) 젓기' 패러다임을 과감하게 버리고, '도(櫂) 젓기' 패러다임을 설정한 후 사료를 근거로 내부 구조를 해석한 논문을 『한국과학사학회지』에 발표하였다. 이는 2층 구조설과 3층 구조설을 모두 부정하는 양비론(兩非論)에 해당하는 논리이다. 기존에도 도를 저었을 것이라는 추측은 있었으나 학술 논문으로 공론화된 것은 이때부터이다. 이 책의 3장은 '도 젓기 패러다임'을 반영한 새로운 거북선 구조에 관한 내용을 다루고 있다.

    이처럼 거북선 구조 논쟁이 2층 구조설이 정설이었던 시기와는 전혀 다르게 변화하였기 때문에, 2022년 해군사관학교에서는 1999년에 제작한 2차 실물 거북선을 대체할 3차 실물 거북선을 제작하면서 많은 고민에 빠질 수밖에 없게 되었다. 3층 구조설이 정설인 분위기 속에서 기존 2층 구조를 계속 고집할 수만은 없게 된 것이다. 결국 해군사관학교 3차 실물 거북선은 2층설을 주장하는 학자와 3층설을 주장하는 학자들의 의견을 절충한 형태로 재현하게 되었다.[61]

61 해군사관학교 3차 거북선

해군사관학교에서는 1999년 제작한 2차 거북선이 조선 후기 거북선을 추정 재현한 것임을 인정하고, 임진왜란 당시 모습을 상상 재현한 3차 거북선을 제작하였다.
중요한 특징은 거북선의 지붕을 덮고 있는 개판을 기존 철판에서 나무로 교체하였는데, 기존 철갑설 대신 학계의 중론인 장갑설을 채택한 것이다. 내부 구조의 경우 일부는 2층 구조로, 일부는 3층 구조로 절충하여 재현하였다.

거북선 내부 구조 논쟁의 쟁점

2층 구조설과 3층 구조설의 헤게모니 경쟁

 2층 구조 거북선의 장점은 무게 중심이 낮아 복원력이 뛰어나다는 것이다. 돌격선의 특성상 적진을 빠르게 돌파하면서 방향을 급히 바꾸는 과정에서 복원력을 상실할 우려가 있기 때문에 복원력은 거북선 구조 논쟁에서 중요한 쟁점이 될 수밖에 없다.

 사료를 통해 확인할 수 있는 2층 구조설의 근거는 거북선 개판에 쇠못이나 칼과 송곳을 꽂았다는 이순신 장군의 장계이다. 상식적으로 적선보다 높이가 낮을 경우에 적이 뛰어내리지 못하게 하는 장치를 설치해야 하지만, 3층 구조 거북선처럼 왜선보다 비슷하거나 높은 경우 굳이 쇠못, 칼, 송곳을 꽂아둘 필요가 없다.

 2층 구조설의 단점은 '한국식 노'를 젓는 격군과 전투원이 같은 공간에서 섞여 있기 때문에 전투 효율성이 크게 떨어진다는 점이다. 2층 구조 거북선이 적과 교전할 때는 격군들이 전투원 뒤로 물러나 있어야 하고, 이동 중에는 전투원들이 격군 뒤에 물러나 있어야 한다. 이는 격군과 전투원을 분리시켜 이동하면서 공격이 가능한 판옥선보다 오히려 더 퇴보했다고 볼 수도 있으나, 훈련이 잘 된 군사들일 경우 전혀 불가능한 방법은 아니다.

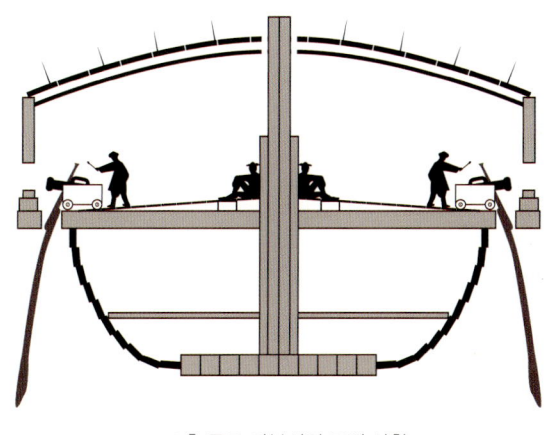

▲ 2층 구조 거북선의 포격 상황

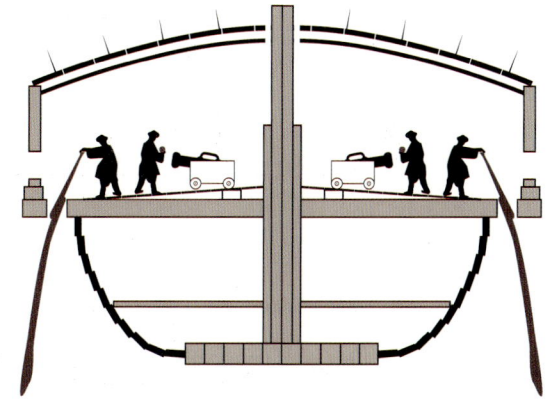

▲ 2층 구조 거북선의 이동 상황

2층 구조의 장점은 그대로 3층 구조의 단점이 된다. 3층 구조의 가장 심각한 문제점은 2층 구조에 비해 무게 중심이 높아 복원력이 약해진다는 점이다. 오늘날 조선 공학적 지식을 근거로 과거 거북선의 복원력을 분석한다는 점에서 한계는 있으나, 적선과 충돌을 피할 수 없는 거북선의 특성을 고려할 때 복원력 문제는 분명 중요한 쟁점이다. 거북선의 지붕에 철엽을 깔았다는 철갑설과 3층설을 동시에 반영한 거북선을 제작할 경우, 거북선의 무게 중심은 더욱 상승하여, 결국 복원력에 심각한 영향을 끼치게 된다.

거북선의 복원력과 관련된 직접적인 기록은 없으나 3층 구조인 판옥선이 복원력을 상실하여 전복된 사건은 이순신 장군이 선조에게 보고하는 장계에서 찾을 수 있다.[62] 기록에 따르면 전라 좌수영 소속 전선과 전라 우수영 소속 전선들이 전과를 올리려고 경쟁하다가 그만 아군끼리 충돌하여 측면 방패 판이 깨지게 되었다. 이때 방패 판이 소실된 쪽으로 적이 조총을 쏘자 군

62 『李忠武公全書』卷之三, 狀啓二, "右道加里浦統船將李慶集等, 乘勝爭突, 撞破賊船, 回還之際, 兩船相觸, 防牌散落, 人避賊丸, 偏集一邊, 逐致傾覆, 舟中人徐徐游泳登陸."

김태호는 웅포 해전의 전복 사고를 보고하는 이순신 장군의 장계와 난중일기의 기록이 상충하는 점을 근거로 전라 좌수영의 피해만을 보고하고 전라 우수영의 피해를 외면한 의혹을 제기한 바 있다. 김태호, 『그러나 이순신이 있었다』 (경기: 일상과 이상, 2014), 259-262.

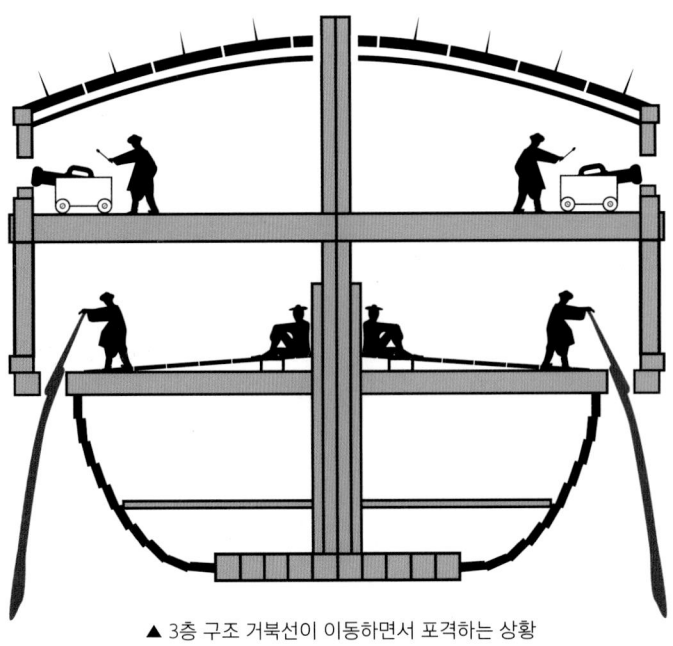

▲ 3층 구조 거북선이 이동하면서 포격하는 상황

사들이 반대쪽으로 갑자기 피하는 과정에서 복원력을 상실하고 전복되어 사망자가 발생하였다. 이처럼 실제 전투 상황 시 승조원들의 우발적인 행동과 무기의 배치에 따른 무게 중심의 변화까지 고려하면 2층 구조가 3층 구조보다 안정적임은 분명하다. 2층설이 오랫동안 정설로 인정받았던 이유도 바로 이 복원력 문제 때문이었다.[63]

3층 구조의 경우 복원력은 취약할 수 있으나 판옥선과 마찬가지로 격군과 전투원의 공간을 분리하여 전투 효율성을 극대화할 수 있다는 장점이 있다. 무엇보다도 기존 판옥선에 지붕을 덮는 구조로 간단하게 개조할 수 있다는 점이 3층 구조의 장점이다.

하지만 3층 구조설은 3층에 화포를 설치했다면서 왜 격군들이 있는 2층 공간에 포혈을 뚫었는가를 설명하지 못한다는 비판을 계속 받아왔다. 거북선이 판옥선 3층에 지붕을 올린 구조라면 격군들이 있는 2층 공간은 판옥선과 마찬가지로 방패 판으로 막혀 있어야 하지만, 현재 남아 있는 거북선 그림들은 2층 격군들이 있는 공간에도 포혈이 뚫려 있다.

63 판옥선의 복원력 문제

웅포 해전의 전복 사고를 보고하는 이순신의 장계에서 전선을 '統船'으로 표현하였지만, 사료에서 전선을 가리켜 '統船'으로 지칭하는 경우는 드물다. 민계식은 '統船'을 동음이의어인 '桶船'으로 판단하여, 판옥선보다 작은 배의 전복 사고로 평가하고, 판옥선의 복원력에는 문제가 없다고 주장한 바 있다.
민계식·이원식·이강복, 「임진왜란과 거북선」(서울: 행복한 에너지, 2017), 213.

하지만 '전라도 좌수사 이순신이 통선(統船) 4척과 거북선 1척으로 진용을 갖추고서 변란을 대비하고 있었다.'는 『고대일록』의 기록을 통해 '統船'이 판옥선에 해당하는 것임을 확인할 수 있다.
『孤臺日錄』卷之一, 壬辰, 七月 十九日 丙子.

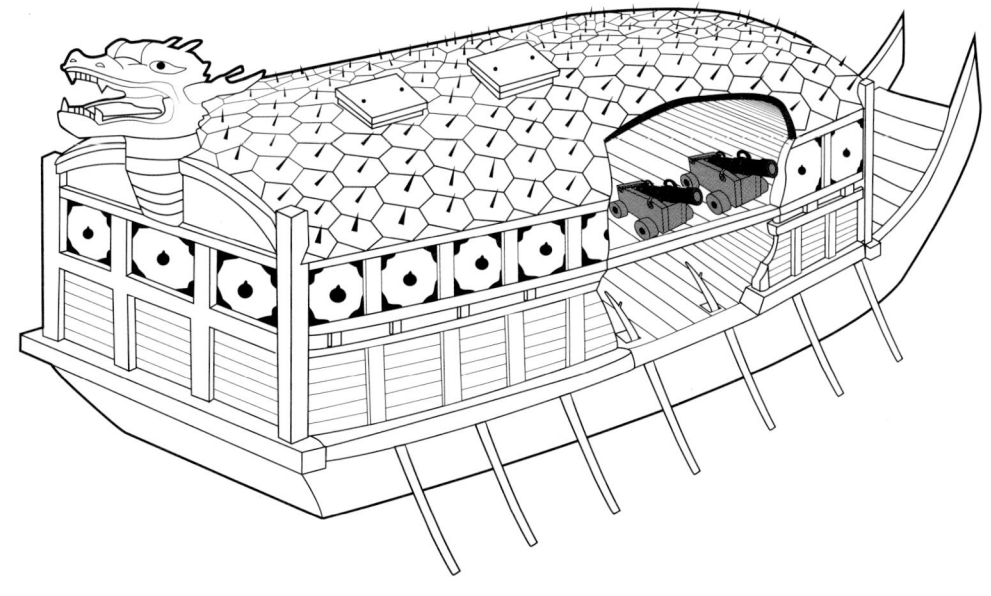

▲ 2층 격군 공간이 막혀 있는 구조

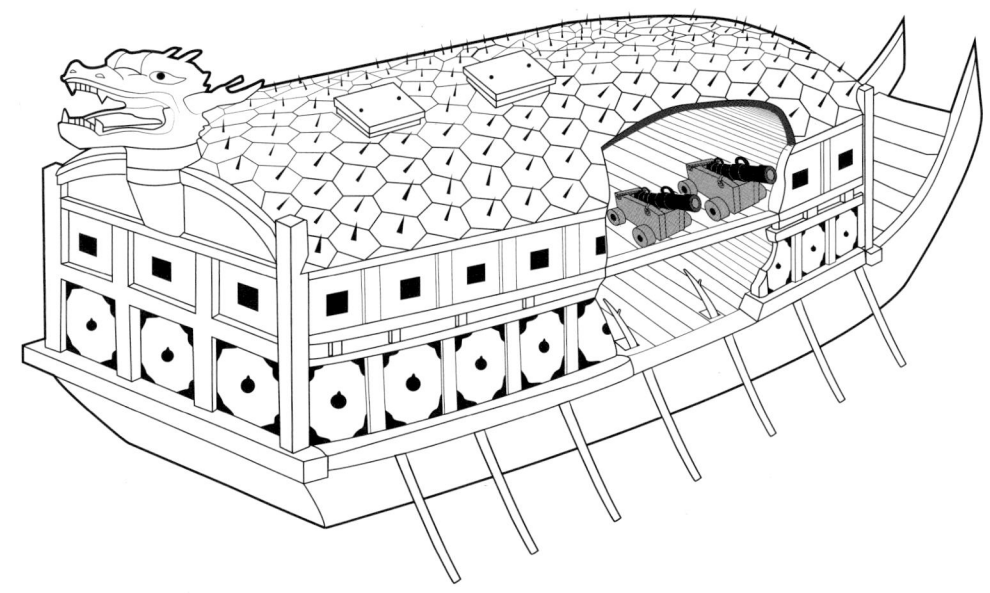

▲ 2층 격군 공간에 포혈을 뚫은 구조

특히, 「이충무공전서」에 묘사된 전라 좌수영 거북선의 2층 포혈은 통제영 거북선에 비해 지나치게 커서 대형 총통을 발사할 수 있을 정도이다. 이 포혈의 용도를 설명하는 가설로는 격군들이 활동하는 공간에도 대형 포가 있는 것처럼 위장하기 위한 환풍 구멍으로 보는 견해가 우세하였다. 하지만 전라 좌수영 거북선의 2층 포혈의 용도는 사료로 입증할 수 없으므로 명확하게 결론을 내릴 수 없다.[64]

64 2층 포혈의 용도

포혈로 위장한 환풍 구멍이라는 설명은 남천우에 의해 처음으로 제기되었고 채연석도 같은 주장을 하였다.

2층 구조와 3층 구조 거북선의 복원력

복원력은 일반인들에게는 생소한 개념이었으나, 세월호 침몰 사건을 통해, 잦은 개조로 무게 중심이 높아지면 복원력이 약해진다는 지식이 널리 알려지게 되었다. 복원력의 개념을 복잡한 수식 없이 최대한 간단하게 정리하면 다음과 같다.

① 복원력은 기울어진 배를 원래대로 되돌리는 힘이다.

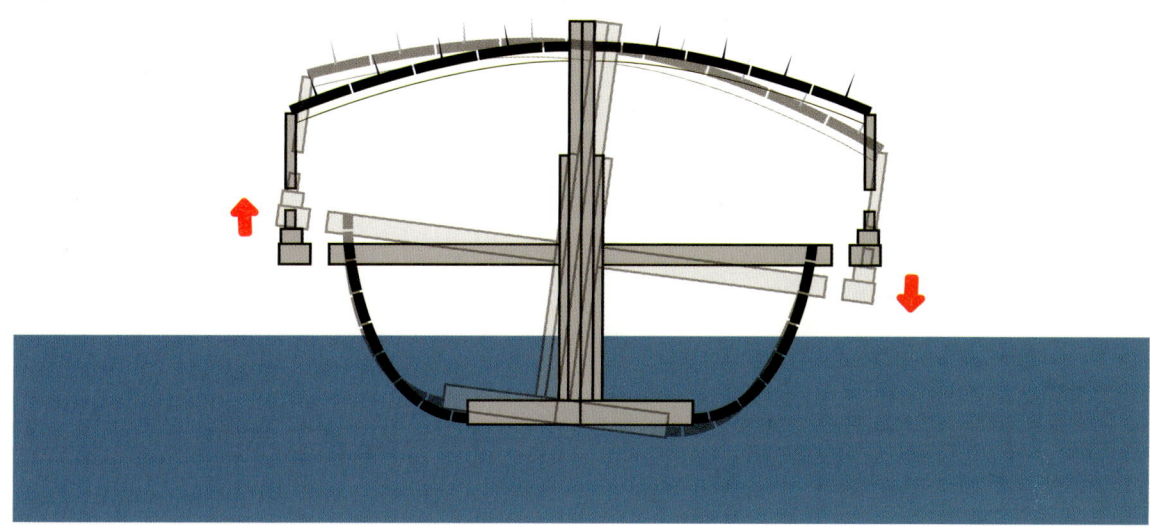

▲ 복원력 : 기울어진 배를 원래대로 되돌리는 힘

② 배는 중력과 부력이 균형을 이루면서 물에 떠 있게 된다.

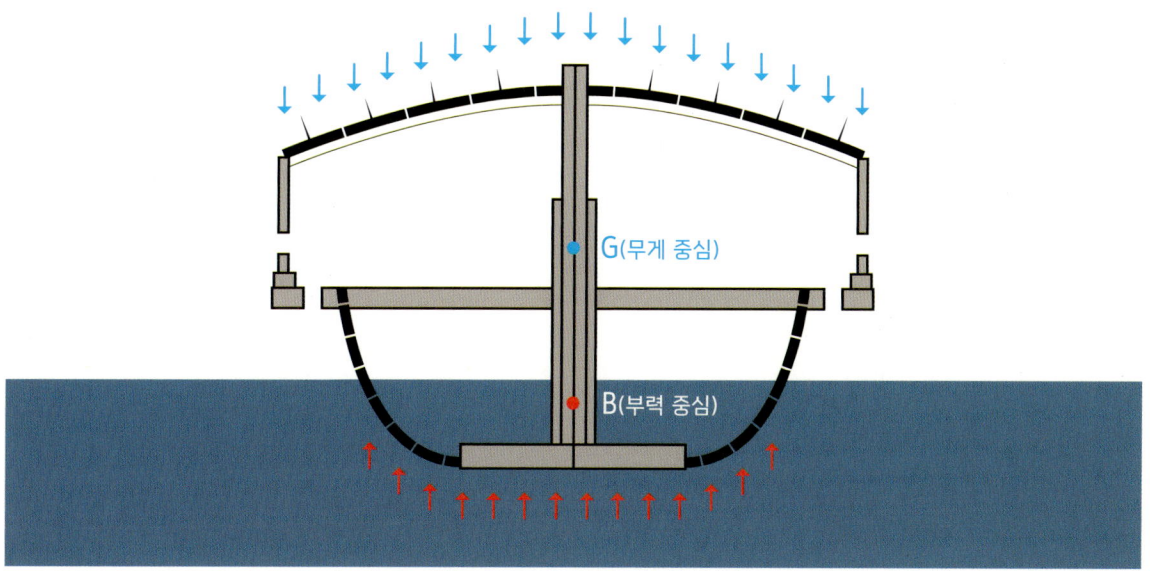

▲ 배가 뜨는 원리 : 중력과 부력의 균형

③ 배가 기울어지면 무게 중심(G)은 그대로지만, 부력 중심(B)이 기울어지는 쪽으로 이동하게 된다.

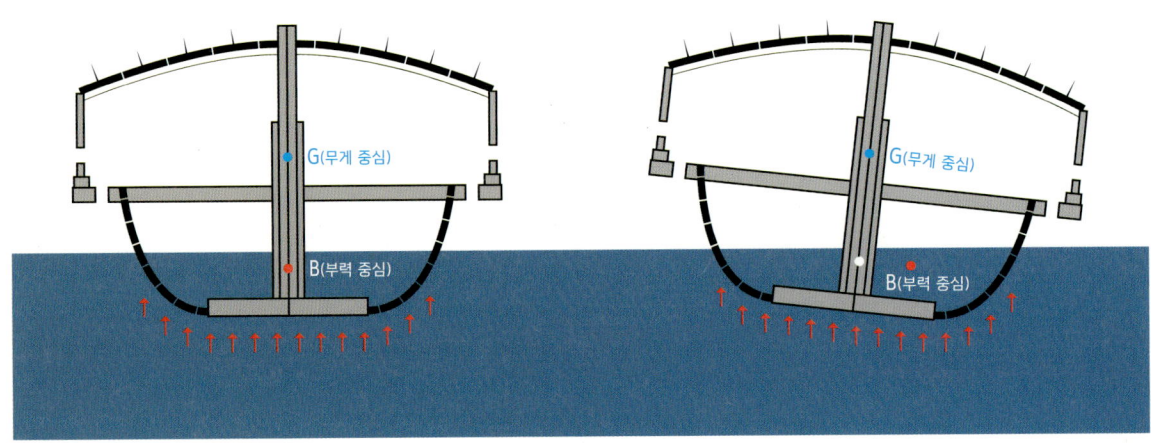

▲ 무게 중심은 그대로, 부력 중심은 기울어지는 쪽으로 이동

④ 무게 중심(G)과 부력 중심(B) 사이의 수평 거리가 복원력의 크기이다. 배가 많이 기울어질수록 더 큰 복원력이 작용하게 된다.

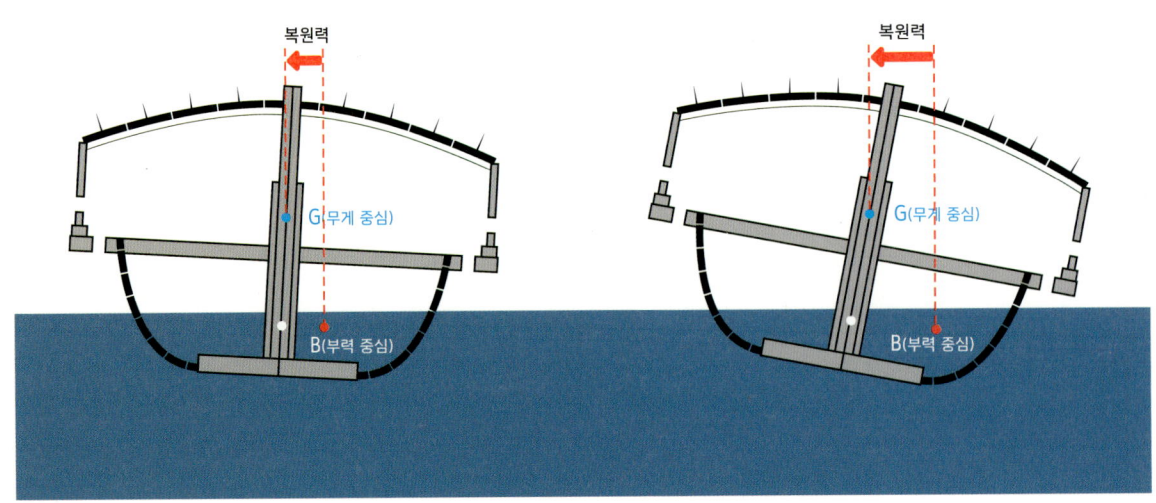

▲ 복원력의 크기 : 무게 중심(G)과 부력 중심(B) 사이의 수평 거리

⑤ 2층 구조 거북선과 3층 구조 거북선을 비교하면, 무게 중심(G)이 낮은 2층 구조 거북선이, 3층 구조 거북선에 비해 무게 중심(G)과 부력 중심(B) 사이의 거리가 더 길다. 2층 구조 거북선에 더 큰 복원력이 작용하는 것이다.

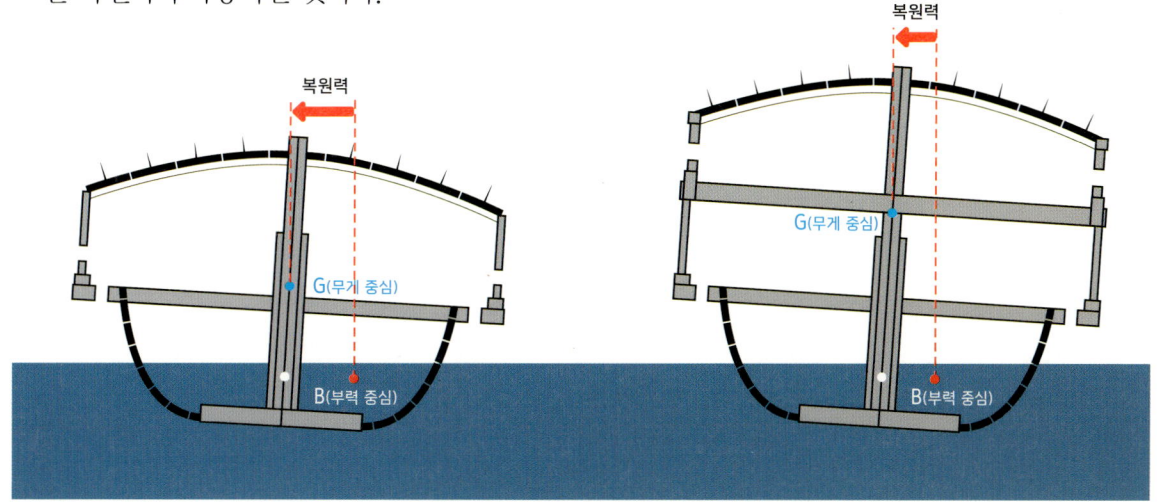

▲ 무게 중심(G)이 낮은 2층 구조가 3층 구조보다 복원력이 큼

⑥ 메타센터(M)는 부력 중심(B)에서 수직으로 올린 직선과 거북선의 무게 중심(G)에서 올린 직선이 만나는 지점으로 회전 중심이 된다.

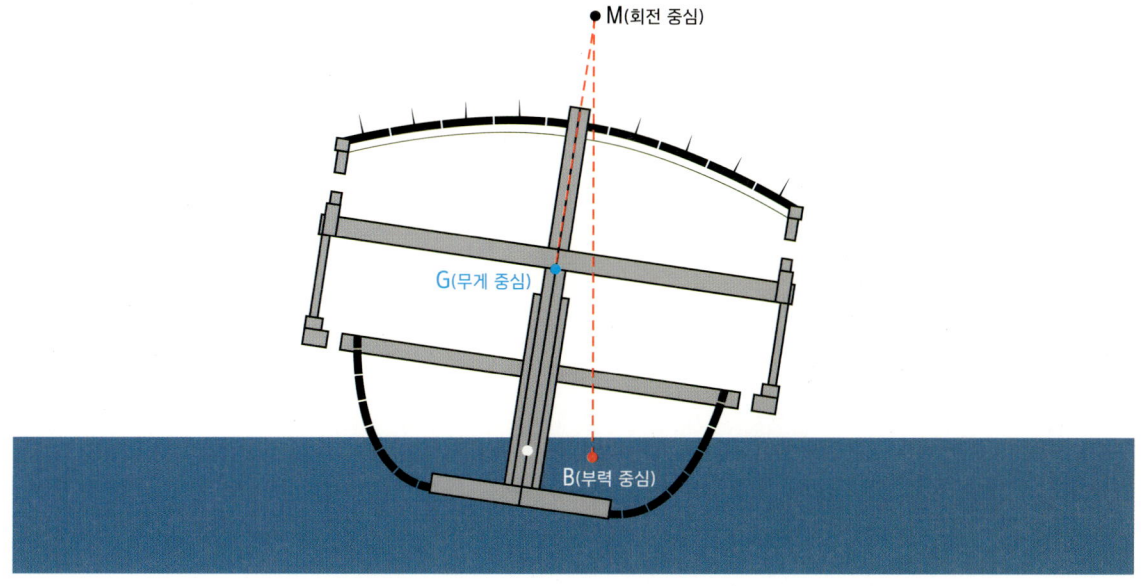

▲ 메타센터(Metacenter) : 떠 있는 물체가 기울어진 상태에 있을 때의 중심

거북선 내부 구조 논쟁의 쟁점

⑦ 메타센터(M)에서 무게 중심(G) 값을 뺀 거리를, GM이라고 한다.

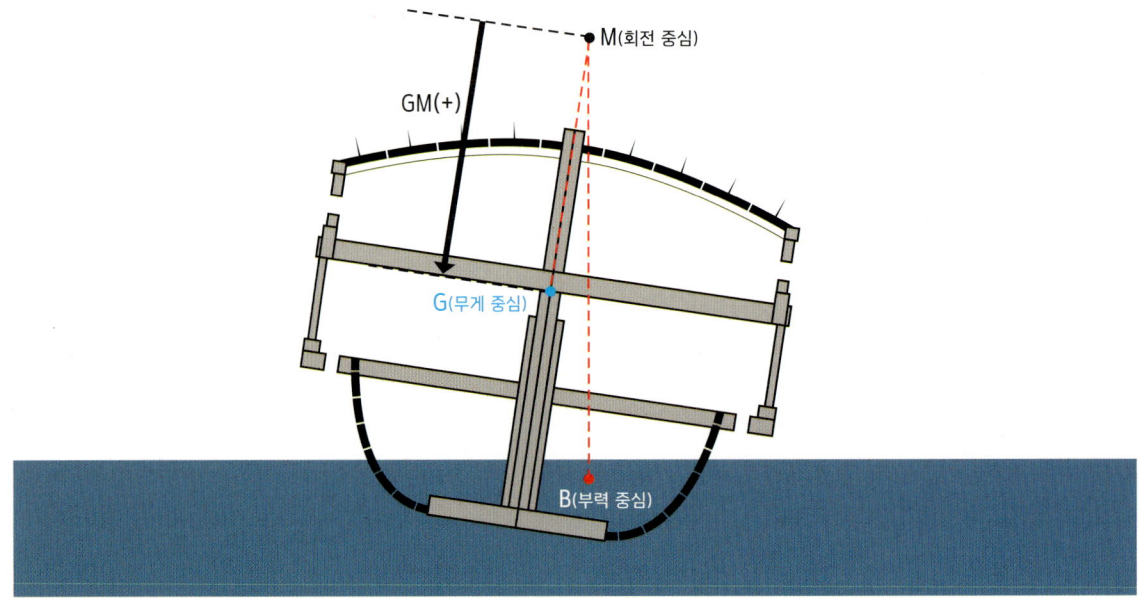

▲ GM = M(메타센터) - G(무게 중심)이 큰 경우

⑧ GM 값이 작으면, 배가 전복될 위험이 있다.

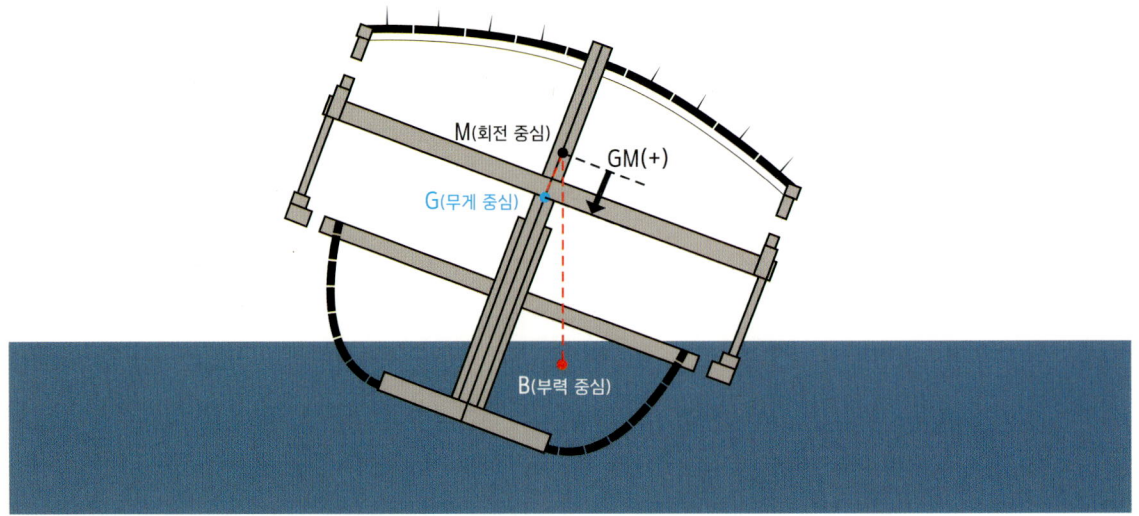

▲ GM = M(메타센터) - G(무게 중심)이 작은 경우

⑨ 무게 중심(G)이 메타센터(M)보다 더 높을 경우엔, GM 값이 마이너스이므로, 배는 복원력을 상실하고 전복된다.

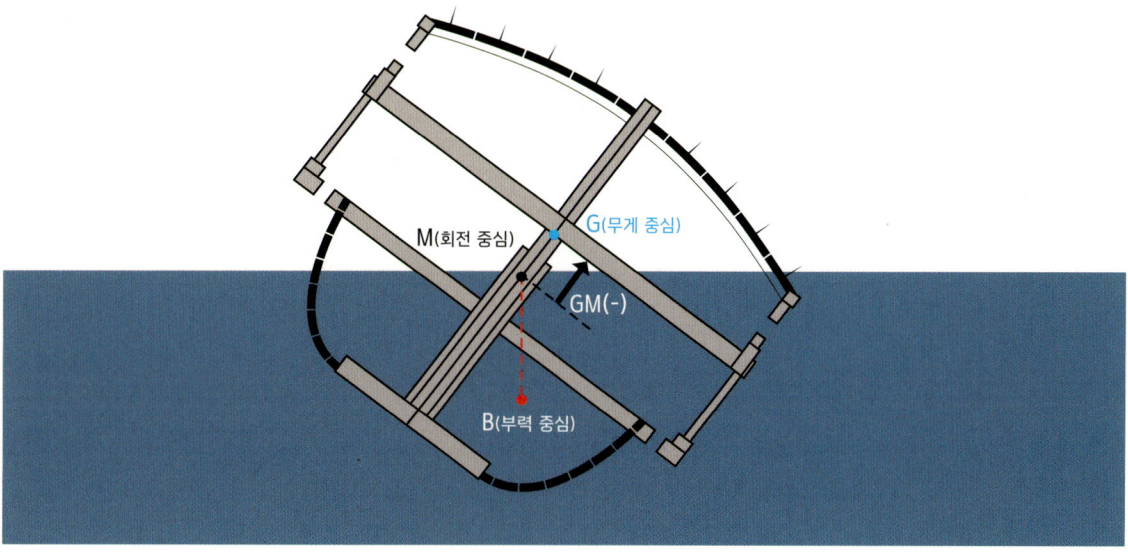

▲ GM = M(메타센터) - G(무게 중심)이 음수인 경우

> **좀더 자세히**
>
> ### 복층 전열함 구조 - 배의 무게 중심을 낮추는 방법
>
> 복원력을 크게 하려면, 배의 무게 중심(G)을 낮추어야 하고, 배의 폭을 넓게 해야 한다. 이처럼 선박에 작용하는 복잡한 힘을 고려한다면 3층 구조 거북선의 경우 선박의 폭이 매우 넓거나, 2층을 3층보다 더 무겁게 만들어 무게 중심을 낮추어야 한다.
>
> 2층에 무거운 화포를 배치하고 3층에 소규모 화포를 배치한다면 무게 중심이 낮아지게 되는데, 이 경우 이동할 때는 3층에서만 포격을 하고, 정지했을 때에는 2층과 3층에서 모두 포격이 가능한 전열함(戰列艦) 구조도 가능하다.
>
>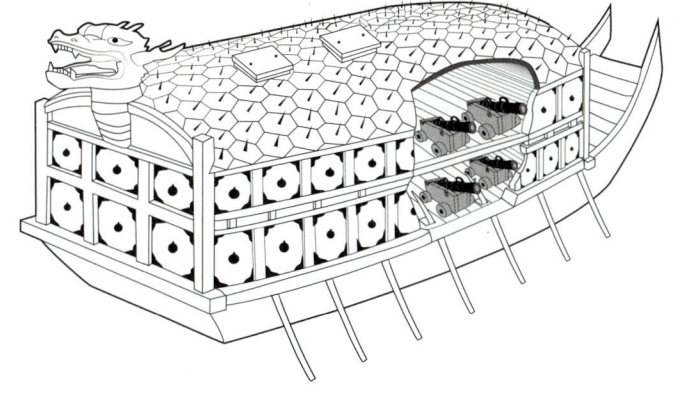
>
> ▲ 2층과 3층에서 모두 포격을 하는 전열함 구조

03

조선 후기 거북선의 추정 재현

통제영 거북선 관련 기록의 의문점

조총을 주무기로 하는 돌격선

통제영 거북선 방패 문

후퇴(setback) 처리된 분할 층 구조

중앙에서 도(櫂)를 젓는 구조

친숙한 전라 좌수영 거북선

전라 좌수영 거북선 1층 측면 포혈

통제영 거북선 관련 기록의 의문점

기록과 그림의 불일치 문제

정조(正祖, 1752~1800) 대 『이충무공전서(李忠武公全書)』의 권수(卷首) 도설(圖說) 편 '귀선지제(龜船之制)'에는 통제영 거북선의 외형을 상세하게 묘사한 그림과 함께 구체적인 수치까지 기록되어 있다.[65] 『이충무공전서』에 기록된 통제영 거북선 관련 제원은 18세기 후반 실제 통제영에 있었던 거북선 실물을 규장각 검서 유득공(柳得恭)의 감독 아래 직접 조사하여 기록했다는 점에서, 현재까지 거북선과 관련된 가장 공신력 있는 사료임에는 틀림이 없다.

하지만 『이충무공전서』에 기록된 통제영 거북선에 관한 내용에는 두 가지 큰 문제가 있다. 첫째는 기록과 그림이 일치하지 않는다는 점이고, 둘째는 화포를 쏠 수 있는 공간을 고려할 때 74개의 포혈은 지나치게 많다는 의문을 해결하기에는 설명이 충분하지 못하다는 점이다.

기록과 그림이 일치하지 않으면 보통 기록이 맞고 그림이 오류인 경우가 흔하지만, 반대로 그림이 맞고 기록이 잘못되었을 수도 있다. 같은 시대 다른 사서를 통해 교차 확인할 수 있는 경우에는 기록과 그림 중 어느 것이 맞는지 오류를 파악할 수 있다.

정조 대 펴낸 관찬 기록물 중 대표적인 그림 오류의 사례는 『이충무공전서』를 간행했던 1795년과 같은 해에 출간한 『원행을묘정리의궤』에 수록된 〈주교도(舟橋圖)〉를 들 수 있다.[66] 〈주교도〉는 한강 배다리의 전체 구조를 간략하게 묘사한 그림으로, 교각 역할을 하는 배의 앞뒤를 엇갈려 배치해야 함에도 일렬로 잘못 묘사하였다.

이러한 오류는 배다리 건설 지침인 『주교지남(舟橋指南)』에서

65 통제영 거북선

통제영은 1593년 임진왜란 당시에 창설되어 1895년까지 300여 년간 조선 수군을 총괄 지휘했던 곳이다.
따라서 통제영에서 제작한 거북선은 다른 수영에서 제작한 거북선들보다 임진왜란 당시 거북선의 원형에 더 가까웠을 것이다. 이러한 내용은 『이충무공전서』에도 기록되어 있다.

66 『원행을묘정리의궤(園幸乙卯整理儀軌)』

1795년 윤2월 9일부터 16일까지 수원 화성으로 행차하여 펼친 혜경궁 홍씨(정조의 어머니이자 사도 세자의 부인)의 회갑연 행사를 기록한 의궤이다.

36척의 교배선(橋俳船)을 앞과 뒤를 엇갈려서 배치해야 한다고 정확하게 기록하고 있기 때문에 확인이 가능하다.

67 출처
『園幸乙卯整理儀軌』 "卷首·圖式", 「舟橋圖」, 29b-30a (규장각 한국학연구원 소장, 奎 14532).

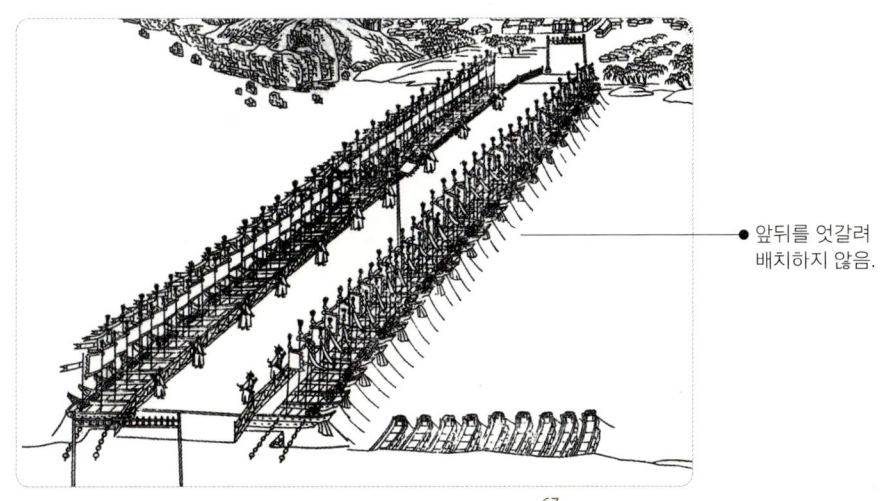

● 앞뒤를 엇갈려 배치하지 않음.

▲ 『원행을묘정리의궤』 권수, <주교도(舟橋圖)>[67]

좀더 자세히

『주교지남(舟橋指南)』

배다리 건설 계획에 해당하는 지형 분석 2개 항목, 현대의 조선 공학에 해당하는 하부 구조 설계 4개 항목, 현대의 교량 공학에 해당하는 상부 구조 설계 3개 항목, 상판 안전 시설 설계 2개 항목, 건설 행정 규정 4개 항목 등 모두 15개 항목으로 구성되었다.

항목	분야	내용
1	지형 분석 (건설 계획)	배다리를 놓을 위치 (노량진 나루터)
2		강물의 넓이 (다리 길이)
3	하부 구조 설계 (조선 공학)	배의 선택 (평저선)
4		배의 수효 (60척)
5		배의 높이 (예비 부력의 측정)
6	상부 구조 설계 (교량 공학)	종량(縱梁): 보(거더) 설치 공법
7		횡판(橫板): 바닥판 설치 공법
8	상판 안전 시설 설계	잔디 깔기 (충격 흡수)
9		난간 (안전 시설)
10	하부 구조 설계	닻을 내리는 일
11	건설 행정	자재의 보관 (일련 번호 부여)
12		배를 운용하는 관리 감독 체계
13		상벌 (안전 규칙과 처벌)
14		배를 소집하는 방법
15	상부 구조 설계 (교량 공학)	선창 다리: 부판(浮板) 다리

아래 그림은 〈주교도〉를 『주교지남(舟橋指南)』을 근거로 다시 수정한 그림이다.

▲ 교배선의 앞과 뒤를 교차로 배치한 모습(상상도)

> **좀더 자세히**
>
> ### 배다리의 연결 방법
>
> 정약용이 설계한 배다리는 종량과 종량 사이를 칡 끈으로 느슨하게 결합하여, 마찰로 에너지를 소산시키도록 유도하고 있다. 극단적인 상황에서 칡 끈은 종량이 부러지는 것을 막기 위해 미리 끊어지게 된다.
>
>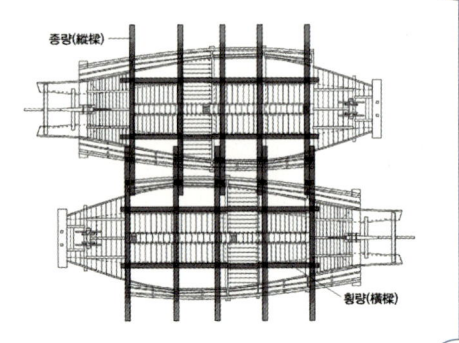

거북선 개판 포혈의 위치 문제

기록이 충분하지 않은 채 그림만 남아 있는 경우, 이를 확인할 다른 사료조차 없다면 그림 오류라고 단정짓지 말고 판단을 유보해야 한다.[68] 거북선 3층 구조설을 최초로 주장한 남천우는 통제영 거북선의 개판 포혈 위치가 포를 발사할 수 없는 위치이므로, 이를 『이충무공전서』를 편찬하는 과정에서 생긴 그림 오류로 추정하였다. 하지만 이러한 해석은 사료에서 근거를 찾을 수 없으므로 학계에서 수용할 수 없는 사견일 뿐이다.

68 판단 유보

설명과 그림이 일치하지 않을 경우, 애써 외면하거나 현대의 공학적 지식을 근거로 『이충무공전서』의 그림이 잘못되었다고 수정안을 제시할 수도 있다. 하지만 우선 일치하지 않는 내용 자체를 가감 없이 공론화해야 한다.

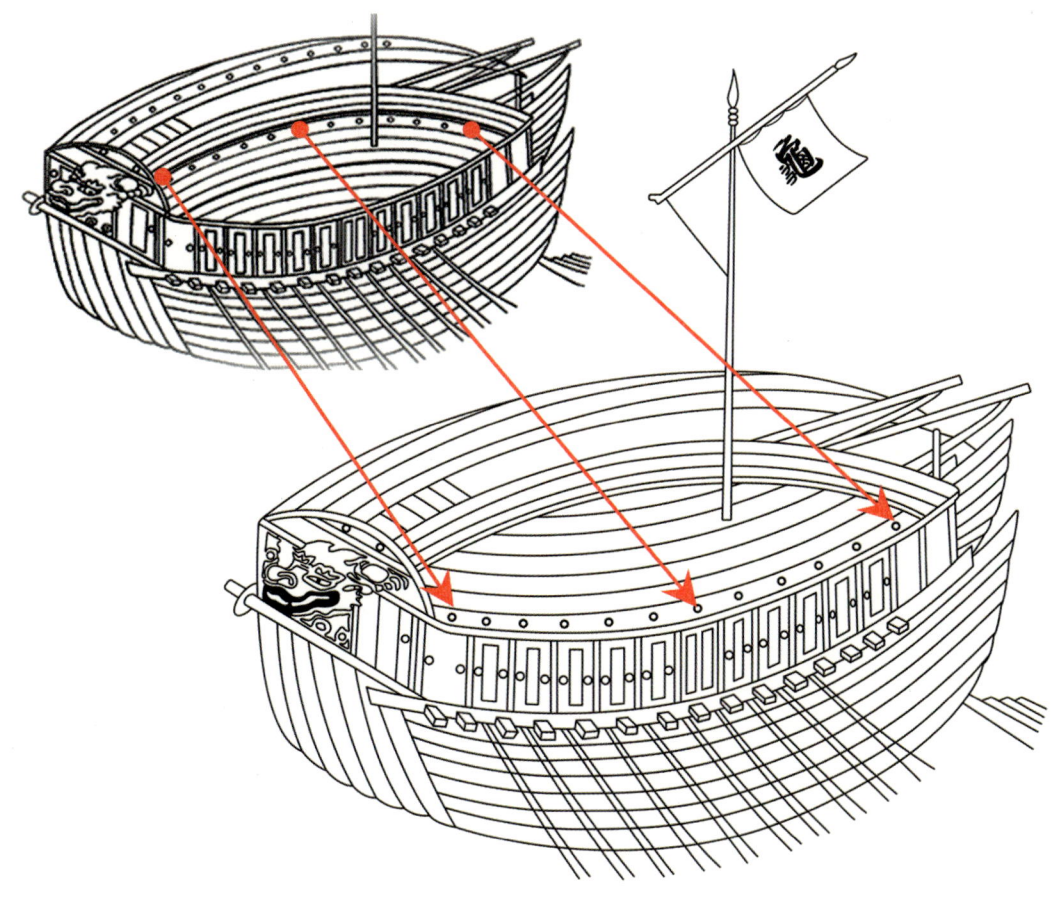

▲ 남천우에 의해 수정된 통제영 거북선 개판(지붕 판) 포혈

설명 오류 또는 설명 누락으로 추정되는 선수 부분

『이충무공전서』의 통제영 거북선 기록에는 배의 앞부분 하단에 해당하는 노판(속칭 하판)이 4개의 가로 판자로 구성된 것으로 설명하고 있으나, 그림에서는 7개의 세로 판자가 결합된 것으로 묘사되었다.

또 노판을 구성하는 4개의 판자 중에서 두 번째 판자 좌우에 현자포 구멍 한 개씩을 뚫었다고 설명하고 있으나, 그림에는 노판이 아니라 노판 위에 있는 패판에 두 개의 현자포 구멍이 뚫려 있다.

노판은 정면에서 물살을 가르면서 조파 저항을 받는 위치로 현실적으로 현자포 구멍을 뚫을 수 없기 때문에 기록보다는 그림이 더 타당한 것으로 추정할 수 있지만, 현재까지 발견된 사료만으로 그림과 설명이 일치하지 않는 이유를 명확히 밝힐 수는 없다.

『이충무공전서』를 간행하는 규장각 담당자가 '노판'이라는 용어를 잘못 해석했을 수도 있고, 원래는 '노판'과 '패판'을 따로 설명하였으나, 판각 과정에서 초고가 누락되어 노판이라는 용어 뒤에 패판에 관한 설명이 바로 연결된 것일 수도 있다.

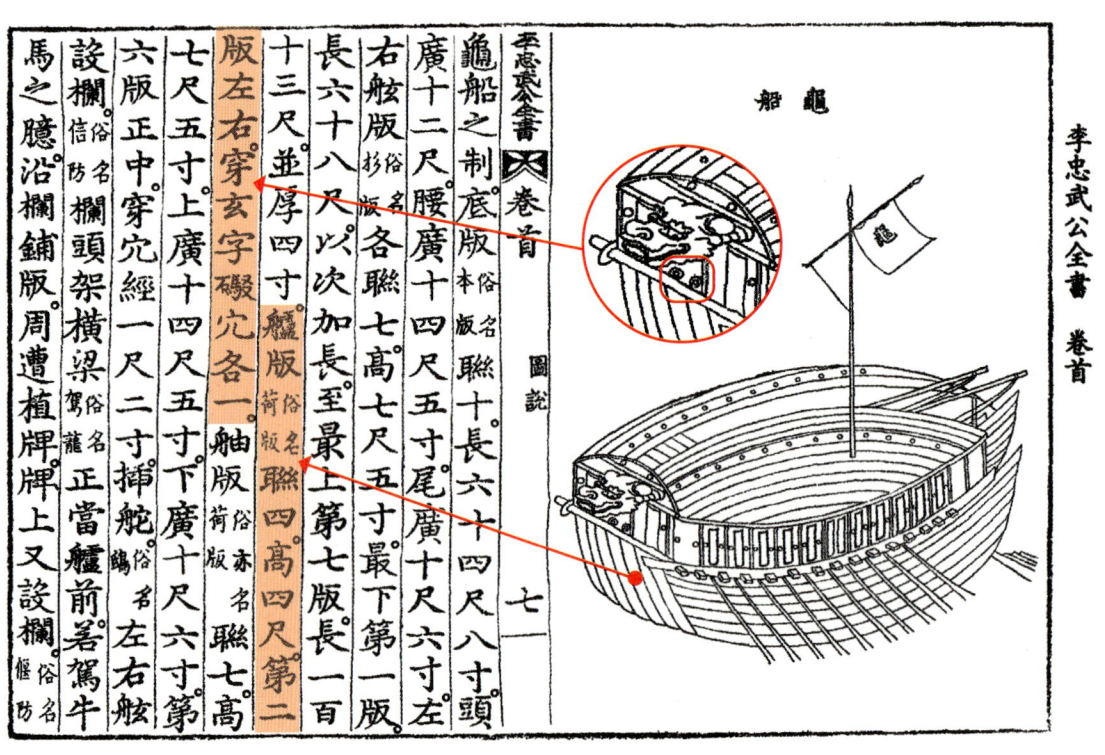

▲『이충무공전서』「통제영 귀선도」에서 설명과 그림이 일치하지 않는 부분

『이충무공전서』 통제영 거북선 그림에 표시된 현자포 구멍도 지나치게 2층 바닥에 붙어 있는데, 이 그림이 사실이라면 영화나 드라마에서 묘사했던 것처럼 동차(童車) 위에 포를 올려놓고 곡사 포격을 하는 것은 불가능하다.[69]

그림에 충실하게 거북선 포격 전술을 추정한다면 포를 바닥에 고정하고 근접한 적선에 직사 포격을 가하는 방식으로 운용했을 가능성이 크다.

69 동차(童車)

화포를 적재하여 화포 발사 시 충격을 뒤로 밀려나면서 흡수하도록 설계된 작은 수레이다. 움직일 동(動)자가 아니라 아이 동(童)자를 쓴 것으로 보아 아이를 태워서 밀고 다니는 네 바퀴 수레로부터 기원한 것으로 보인다.

▲ 동차에 장착된 현자총통(실물 재현된 통제영 거북선 내부)

지나치게 많은 포혈과 문

『이충무공전서』 통제영 귀선도에는 포혈과 문의 위치와 개수를 명확하게 기록한 내용과 함께, 모두 74개의 포혈과 26개의 문이 그려져 있다. 72개의 포혈은 'O'로 표시하고, 정면 거북 머리 하단에 있는 두 개의 현자포 포혈은 '◎'으로 표시하였다. 출입구로 추정되는 용머리 쪽 방패 판에 낸 문은 폭이 넓은 사각형(□)으로 표시하였고, 포혈 좌우 옆에 배치된 문은 폭이 좁은 사각(▯)으로 표시하였다. 영화나 드라마에서 보았던 장면처럼 거북선 뒤쪽에 포혈을 설치했다는 기록은 없다.

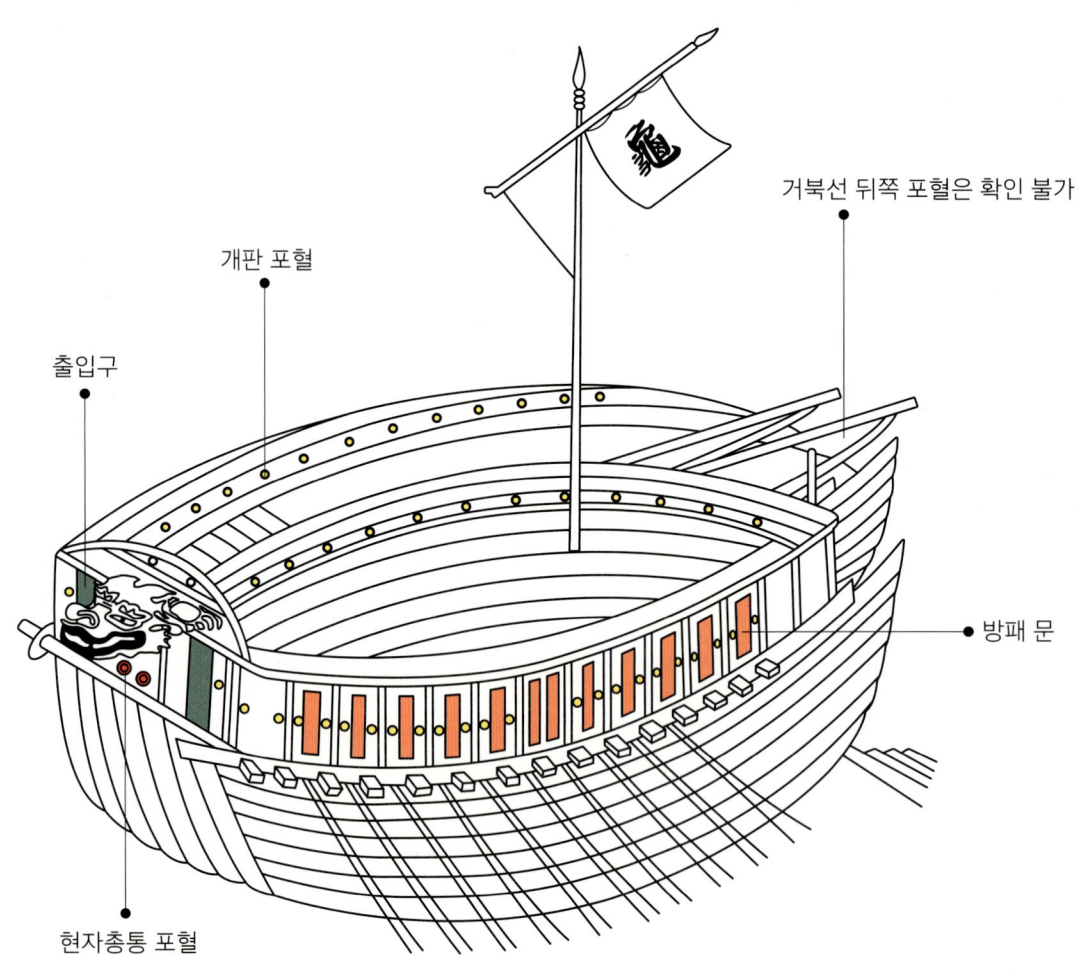

[표 3-1] 통제영 거북선의 포혈과 문 현황[70]

유형	형태	포혈의 위치						합계
		정면	정면 위	좌측	좌측 위	우측	우측 위	
포혈 (礮穴)	○(노랑)	2	2	22	12	22	12	72
	◎(주황)	2						2
문(門)	▯(주황)			12		12		24
	■(녹색)	2						2

이처럼 『이충무공전서』의 기록을 통해 통제영 거북선에 뚫려 있는 엄청난 개수의 포혈의 위치는 정확하게 확인할 수 있으나, 사용한 화포의 종류와 배치 방법을 구체적으로 확인할 수는 없다.

솔직히 74개의 화포를 운용하는 전열함으로 보기에는 거북선의 크기가 매우 작기 때문에, 포혈 대부분은 대형 공용 화기를 위한 것이 아니라 소형 개인 화기를 운용하기 위한 것으로 추정하는 것이 타당하다. 24개의 방패 문 역시 출입문으로 보기에는 너무 많기 때문에, 개폐 정도를 조절할 수 있는 방패 판 정도로 추정하는 것이 타당하다.

70 통제영 거북선 포혈 관련 기록

『李忠武公全書』 卷首, 圖說龜船之制, "左右牌各穿二十二礮穴, 設十二門, 龜頭上, 穿二礮穴, 下設二門門傍."

조총을 주무기로 하는 돌격선

공용 화기를 탑재한 거대 전열함
(戰列艦, ship of the line)

    18세기 후반에 활약했던 통제영 거북선을 무려 74개의 화포를 복층으로 배치하는 구조로 추정한다면 어떻게 될까? 공용 화기인 화포를 장전하거나 화포를 쏠 때 뒤로 밀려나는 공간을 고려했을 때, 그 규모는 서양의 전열함(戰列艦, ship of the line)과 다를 바 없다.[71] 물론 통제영 거북선 역시 서양에서 전열함이 활약했던 시기에 사용되었지만, 『이충무공전서』에 기록된 통제영 거북선의 제원을 고려했을 때 전열함 정도의 크기는 아님이 분명하다.

    하지만 여전히 많은 사람들이 거북선에서 사용하는 주무기가 대포라고 인식하고 있다. 이 때문에 통제영 거북선을 2층과 3층

> **71 전열함(戰列艦, ship of the line)**
> 17세기 중반부터 19세기 중반까지 서양에서 사용한 군용 범선으로 군함들이 선을 형성하여 포격하는 방식의 전술을 주로 사용하였다.
> 배들이 선을 이루어 포격을 주고받는 전투에서는 일반적으로 가장 큰 대포를 많이 탑재한 가장 무거운 배가 승리하였다.

▲ 전열함의 전투 장면 - 출처 : 영화 〈캐리비안의 해적〉

에서 모두 포를 발사할 수 있는 거대한 군선으로 추정하는 사람들도 있다.

74개의 포혈에 장착하는 화포를 『이충무공전서』에 언급된 현자총통(玄字銃筒)으로 가정할 경우, 2층 구조로 추정하는 것은 불가능하며, 결국 3층 구조로 추정할 수밖에 없다. 화포 발사에 필요한 공간을 확보할 수 없기 때문이다. 최근 거북선 연구자들이 통제영 거북선을 근거로 3층 구조설을 주장하는 것도, 공용 화기를 탑재하고 발사하는 데 필요한 공간과 배수량 등을 고려하였기 때문이다.

3층 구조 거북선의 경우 2층에서 노를 젓고 3층에서 포를 쏠 수 있기 때문에 이동하면서 공격할 수 있다. 2층과 3층에 모두 화포를 설치했다면, 이동하면서 공격할 때는 3층에서만 포격이 가능하지만, 정지 시에는 2층과 3층에서 모두 포를 발사할 수 있다.

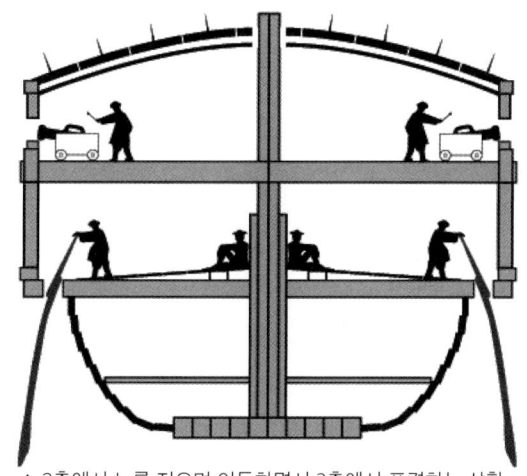

▲ 2층에서 노를 저으며 이동하면서 3층에서 포격하는 상황

▲ 정지 시, 2층과 3층에서 모두 포격하는 상황

한문 의역으로 인한 혼란

아쉽지만 거북선에 화포를 2층과 3층에 복층으로 배치하여 전열함과 같은 거대 함선으로 추정할 수 있는 근거를 사료에서 찾을 수는 없다. 관찬 사료를 통해 확인할 수 있는 명확한 사실은 통제영 거북선에서 화포를 다루는 병사는 고작 8명에 불과했다는 것이며, 『이충무공전서』에서 화포를 배치한다고 언급한 곳은 정면 거북 머리 하단에 뚫은 현자포 구멍 단 두 개뿐이라는 점이다.

따라서 임진왜란 당시 이순신 거북선에는 공용 화기인 총통을 위주로 탑재했겠지만, 조선 후기에 건조한 통제영 거북선에 뚫려 있는 72개의 수많은 포혈은 개인 화기인 조총(鳥銃)을 쏘기 위한 것으로 추정하는 것이 타당하다.

▲ 통제영 거북선에 설치된 포(礮)에 관한 기록

그렇다면 지금까지 많은 사람들은 왜 별 의심 없이 통제영 거북선에 공용 화기인 대포를 탑재했을 것이라고 생각했을까? 그 까닭은 1960년 시조 시인 이은상이 『이충무공전서』를 한글로 옮기는 과정에서 '포(礟)'를 '화포(火砲)'가 아닌 '대포(大砲)'로 번역했기 때문이다.[72] '화포'로 번역했을 경우 공용 화기인 대포에서부터 개인 화기인 승자총통(勝字銃筒)까지 모두 포함할 수 있지만, '대포'로 번역해 버리면 공용 화기로 단정해버리게 된다.

72 이은상(1903~1982)
민족과 조국 예찬을 담은 시조를 많이 발표하여, 시조를 부흥시킨 공로를 인정받는 시조 시인이다.

좀더 자세히

승자총통(勝字銃筒)과 핸드 캐넌[Hand Cannon]

탄환 또는 화살을 발사체로 사용하는 휴대용 화포인 승자총통(勝字銃筒)은 임진왜란이 발발하기 전인 1575년(선조 8) 전라 좌수사와 경상 병사를 역임한 김지(金墀)가 개발하였다. 승자총통은 조선에서 발명한 것이 아니라, 이미 서양과 아시아에서 널리 쓰이는 손에 들고 다니는 대포인 핸드 캐넌[Hand Cannon]류에 해당하는 화포이다.

핸드 캐넌은 13세기부터 중국에서 최초로 사용되었으며, 유럽으로 전파되어 14세기에는 유라시아 전역에서 널리 사용되었다. 15세기 유럽에서는 핸드 캐넌이 진화하여 화승총이 되었고, 16세기 이후에는 조총(鳥銃)으로 진화하였다.

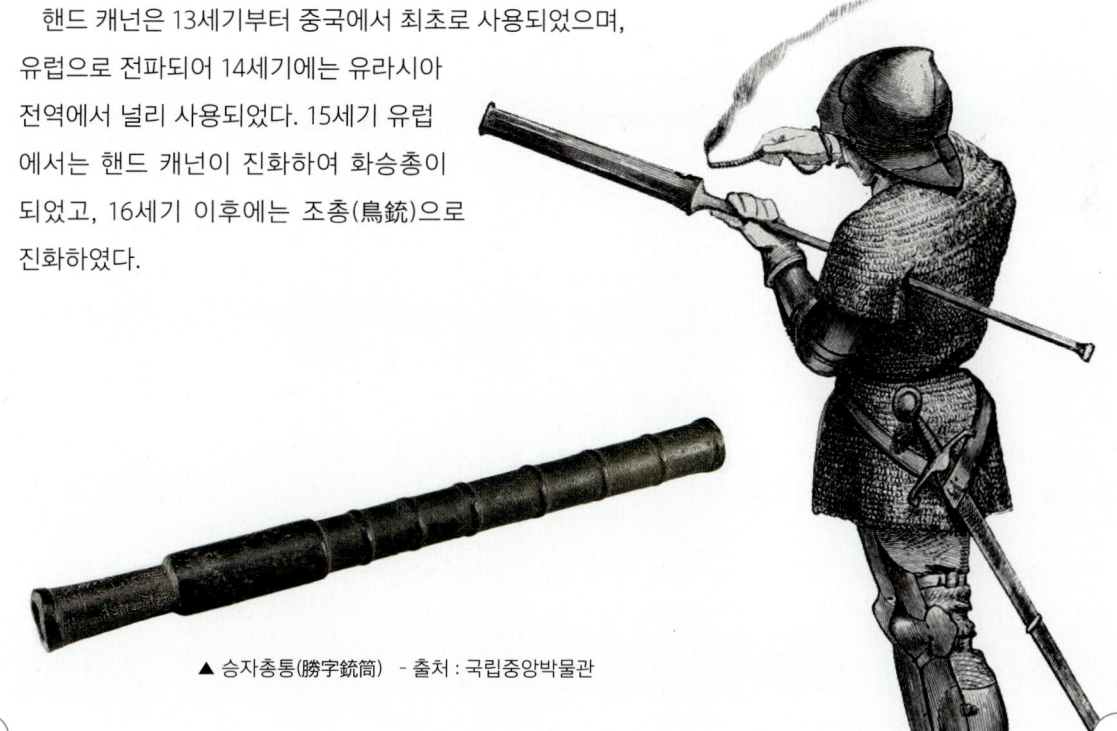

▲ 승자총통(勝字銃筒) - 출처 : 국립중앙박물관

조총을 주무기로 하는 돌격선

'돌 쇠뇌 포(礮)'자와 '대포 포(砲)'자는 이형동의자이지만, '포(礮)'는 투석기, 쇠뇌, 대포, 조총을 모두 아우르며 폭넓게 쓰이는 글자이므로, 사료에서 지칭하는 대상을 파악하기 위해서는 글자가 포함된 앞뒤 맥락을 꼼꼼하게 살펴야 한다.

이은상이 "納礮于衆穴, 粧放不絕"을 "모든 포혈에 대포를 대어 놓고 끊임없이 쟁여 쏜다."로 의역한 이후, 많은 사람들이 74개나 되는 모든 포혈에 대포를 장착하는 것으로 오해를 하게 되었다.

남천우도 별 의심 없이 대포로 번역하였고, 김재근은 포로 표현하기는 하였으나 내용을 분석하면 결국 공용 화기인 대포로 인식하고 있음을 확인할 수 있다.[73]

정리하면 포(礮)를 화포(火砲)로 보는 논리에는 큰 문제가 없지만, 포(礮)를 무조건 대포(大砲)로만 인식하는 것은 분명한 오류이다.

73 출처
남천우, 『유물의 재발견』 (서울: 학고재, 1997), 265. 김재근, 『우리의 배』 (서울대학교 출판부, 1996), 169.

[표 3-2] 포(礮)가 지칭하는 개념의 혼란

개념	근거
포(礮) = 화포(火砲)	화포(火砲)는 공용 화기인 대포류에서 개인 화기인 승자총통류까지 아우르는 개념
포(礮) = 조총(鳥銃) 포(礮) ≠ 대포(大砲)	포(礮)는 투석기, 쇠뇌, 대포(大砲), 조총을 모두 아우르는 개념 * 대포(大砲): 공용 화기

임진왜란 이후 우리가 보통 조총(鳥銃)으로 알고 있는 총은 일본에서는 '철포(鐵砲)'로 불렸다. 우리 사료에서는 보통 '鳥銃'으로 표기하는 경우가 일반적이지만 문헌에 따라 '철포(鐵砲)' 또는 '포(礮)'로 표기하기도 하였다. 『이충무공전서』에 적힌 '포(礮)'

가 조총(鳥銃)이었다는 것을 입증하기 위해서는 『이충무공전서』와 비슷한 시기에 출간한 사서에서 '포(礮)'가 '조총(鳥銃)'을 가리키는 것임을 입증할 수 있는 기록이 있어야 한다.

『이충무공전서』가 편찬된 시기(1795)와 비슷한 시기에 출간된 『연려실기술(燃藜室記述)』과 『강한집(江漢集)』에서는 명나라 수군과 왜군 수군이 전투하는 동일한 사건을 각각 기록하였는데,[74] 『연려실기술』에서 '鳥銃'으로 표기한 것을[75] 『강한집』에서는 '礮'로 표기하였다.[76] 결국 '礮'자는 조선 후기에 '火砲'는 물론 '鳥銃'을 가리키는 용어로 사용된 것이다.

74 『연려실기술(燃藜室記述)』

조선 후기 실학자 이긍익이, 약 30년에 걸쳐 기사본말체(紀事本末體)로 편찬한 조선시대 야사(野史)의 총서이다.

75 출처

『연려실기술(燃藜室記述)』 卷17, 宣朝朝故事本末, 水陸東征倭賊撤還.

76 출처

『강한집(江漢集)』 卷26, 跋尾, 詔制考, 平倭慰諭勅.

- 출처 : 비상교육(2012), 『중학교 역사부도』

◀ 나선(羅禪) 정벌(1652~1658년)에서 활약한 조선 포수

조총을 쏘는 조선 포수의 뛰어난 사격 능력은 나선 정벌 때 실전을 통해 입증되었다. 나선 정벌은 조선 효종 때 연해주 흑룡강 방면으로 남하하는 러시아에 대항하여 조선과 청나라 연합군이 두 차례에 걸쳐 벌인 전투로 조선과 청나라 연합군이 승리하였다.

[표 3-3] 18세기 후반 조총(鳥銃)과 포(礮)가 동일한 의미로 쓰인 사례

출처	1776년 『연려실기술』	1790년 『강한집』
원문	積善鱗集, 仰放鳥銃, 明兵出, 死力搏戰, 以長槍俯刺之, 墜水死者千數.	倭奴鱗集。從船下仰縱飛礮。明甲皆伏。倭奴交劒入船中。劒可數重。明甲揮矛俯刺之。墜水死者以千數。
해석	적선이 고기비늘같이 모여들어 위쪽을 향하여 조총을 쏘자 명나라 군사가 나와서 사력을 다하여 격투를 벌이고 몸을 숙이고 긴 창으로 찔러대니 물에 떨어져 죽은 자가 천을 헤아렸다.	왜노가 고기비늘같이 모여들어 배 아래에서 위쪽을 향해 포를 쏘아 올리자 명나라 군사가 모두 엎드렸고, 왜노가 칼을 휘두르며 배 안으로 들어왔는데 칼이 두어 겹은 될 것 같았다. 이에 명나라 군사가 창을 휘두르며 몸을 숙이고 찔러대니 물에 떨어져 죽은 자가 천 명을 헤아렸다.

개인 화기를 위주로 하는 조선 후기 거북선

1864년 고종이 통제사 이봉주를 통제영에 임명하면서 내린 교지에도 철포를 확인할 수 있는데, 이를 통해 조선 후기 거북선에는 총통이 아니라 조총을 주된 무기로 했음을 알 수 있다.[77] 통제영 거북선에서 사용한 주된 무기가 조총이었다는 명확하고 확실한 근거는 실제 통제영 거북선에 승선한 군인들의 구성을 통해 확인할 수 있다.

18세기 이후 수군의 인력 배치 현황을 기록한 『각영이정청등록(各營釐整廳謄錄)』 중 『양남수군 변통절목(兩南水軍變通節目)』에 따르면,[78] 숙종 32년(1706년) 당시 통제영 거북선 승선 인원 158명 중에서 활을 쏘는 사부(射夫)는 14명, 화포를 쏘는 화포장(火砲匠)은 8명, 조총을 쏘는 포수(砲手)가 24명, 노를 젓는 격군(格軍)이 100명으로 편성되어 있다.[79] 승선 인원의 대부분은 배의 추진력을 얻는 격군들이고, 전투원들은 조총을 쏘는 포수가 화포를 쏘는 화포장보다 세 배나 많았다.

77 출처
『承政院日記』高宗1年, 3月7日, "鐵砲龜艦, 每想李忠武偉功".

78 출처
『各營釐整廳謄錄』, "各營釐整廳謄錄", 서울대학교 규장각 한국학연구원 소장, 奎15062; 송기중, 『조선 후기 수군 연구』(경기: 역사비평사, 2019), 233.

79 출처
통제영 거북선에 장착된 노는 모두 20착이므로, 노 한 착에 5명의 격군이 배치된 셈이다.

통제영 거북선의 경우 포수 24명이 72개의 포혈을 이용하므로, 모든 포혈에 포수가 배치된 것이 아님을 알 수 있다.[80] 포수들은 적군의 위치에 따라 공격하기 용이한 포혈로 이동하면서 사격을 하는 방식으로 운용했을 것으로 추정된다. 거북선 지붕에 뚫린 포혈이 26개이고 승선한 포수가 24명이므로 2층에서 격군들이 노를 저으며 이동하는 동안, 포수들은 지붕에 뚫은 원형 포혈을 이용하여 조총 사격을 할 수 있었을 것이다. 물론 전투 상황에 따라 일부 포수들은 2층으로 내려와 활을 쏘는 사부와 함께 사격도 가능했을 것이다.

80 포수(砲手)

조선 후기 이후 포수는 총을 쏘는 사람이라는 뜻으로 의미가 축소되었다. 오늘날 표준국어대사전에서도 총으로 짐승을 잡는 사냥꾼이라는 의미로 설명하고 있다. 오늘날 군대에서는 포수를 야포에 포탄을 넣고 쏘는 포병의 주특기로 사용하고 있다.

[표 3-4] 통제영 거북선 승선 전투원 인원 배치 현황

역할	설명	인원
사부(射夫)	활을 쏘는 병사	14명
화포장(火砲匠)	화포를 쏘는 병사	8명
포수(砲手)	조총을 쏘는 병사	24명
격군(格軍)	노를 젓는 병사	100명

▲ 통제영 거북선의 지붕 포혈에서 조총을 쏘는 포수(상상도)

◀ 활은 곡사 궤적으로 쏘기 때문에 작은 총구를 통해 앉아서 쏘아야 하는 환경에서는 적을 조준하기 어렵다. 따라서 방패 문을 열고 서서 쏘는 자세로 적을 빠르게 조준한 후에 쏘아야 한다.

▼ 조총은 직사 궤적으로 쏘기 때문에 서서 쏠 때보다는 앉아서 쏠 때 총구가 하늘 방향으로 솟구치는 반동이 적다. 거북선 2층의 총구에 앉아서 쏠 수 있도록 포혈을 설치한 것도 이 때문이다.

▲ 통제영 거북선의 2층 공간에서 활을 쏘는 사부(射夫)와 조총을 쏘는 포수(砲手)(상상도)

이처럼 조선 후기 통제영 거북선에서 화포를 다루는 병사는 겨우 8명에 불과하였으며, 이들은 용머리 아래 현자총통 두 문을 담당한 것으로 보인다.[81] 거북선 한 척에 승선하는 화포장 8명이 각각 한 문의 현자총통을 운용할 수는 없다. 화포장 두 명이 승자총통 한 문을 운용한다고 가정해도 겨우 4문을 운용할 수 있을 뿐이다. 『이충무공전서』에 통제영 거북선 전면에 두 문의 현자총통 포혈을 설치했다고 언급되어 있으므로, 화포 한 문 당 4명의 화포장이 배치된 것으로 추정하는 것이 가장 합리적이다.

81 화포장과 포수의 차이

포수(砲手)를 조총이 아닌 화포를 쏘는 병사로 해석하고 화포장(火砲匠)을 화포를 쏘는 병사들을 지휘하는 장인(匠人)으로 볼 수 있다는 주장도 있을 수 있다. 하지만 임진왜란 이후 훈련도감에서 양성한 삼수병(三手兵)이 포수(砲手), 사수(射手), 살수(殺手)로 구성되었다는 점과, 17세기 중반 이후 조선군의 편제에서 사수와 살수의 비중을 줄이고 조총수인 포수를 중심으로 재편되었다는 점으로 볼 때, 조선 후기 수군에 편제된 포수 역시 조총수였음이 분명하다. 따라서 조선 후기 육군에서 주된 병종이 개인 화기를 사용하는 포수였음에도 불구하고 동일한 명칭인 포수가 수군에서는 화포수 역할을 했다는 논리는 타당하지 않다.

▲ 통제영 거북선 정면(상상도)

▲ 통제영 거북선 내부 현자총통 두 문을 조작하는 화포장 8명(상상도)

조선 후기 조총의 성능이 향상되면서 수군도 개인 화기를 주로 운용하는 방식으로 전술이 변화한 것으로 추정된다. 조선 후기 거북선에 승선했던 화포를 운용하는 병사의 수[8명]와 현자포혈의 수[2개]를 통해 거북선은 임진왜란 당시 다양한 총통들을 운용했던 돌격선에서 조선 후기에는 개인 화기를 주로 운용하는 방식으로 변화하였음을 추론할 수 있다. 이러한 사실은 사료를 통해서도 확인할 수 있다.

『증보문헌비고(增補文獻備考)』에 따르면 조선 후기 거북선 한 척을 운용했던 경기 수군의 경우 화포수가 단 한 명도 없었다.[82] 즉 경기 수영에서 제작한 거북선에는 공용 화기가 없었고 모두 조총만 사용한 것으로 추정할 수 있다. 전라 좌수영의 경우 화포수는 40명이었지만 포수는 146명으로 조총을 다루는 병사가 화포를 다루는 병사에 비해 3.65배 많았다.

전라 우수영은 화포수 42명에 포수 140명으로 포수가 화포수보다 3.33배 많았다. 황해 수군의 경우 화포수 10명에 포수 83명으로 조총을 다루는 병사가 화포수보다 무려 8배 이상 많았다. 화포수가 가장 많이 배속된 곳은 전선이 42척이나 배치된 경상 우수영으로 150명의 화포수가 배치되었다. 하지만 경상 우수영 역시 포수는 200명이나 배속되었으므로 역시 조총을 다루

[표 3-5] 18세기 후반 수영의 화포수와 포수의 배치 인원[83]

수영	화포수	포수
전라 좌수영	40명	146명
전라 우수영	42명	140명
황해도 수군	10명	83명
경상 우수영	150명	200명

82 『증보문헌비고(增補文獻備考)』

국가가 주도하여 편찬한 백과사전식 서적으로, 1770년(영조 46) 영조의 명으로 편찬한 『동국문헌비고(東國文獻備考)』를 증수, 보완한 것이다. 고종의 명으로 1908년 최종 간행된 판본은 모두 250권이며, 1894년 갑오개혁으로 인해 변화된 조선의 문물제도까지 반영되었다.

83 출처

『增補文獻備考』 卷120, 兵考; 정진술·이민웅·신성재·최영호, 『다시 보는 한국 해양사』(도서출판 신서원, 2008), 430-437.

는 병사가 화포를 다루는 병사보다 많다는 원칙에서는 벗어나지 않았다.

한국인이라면 누구나 수많은 함포를 배치하여 적을 화력으로 제압하는 웅장한 거북선의 모습을 원하겠지만, 현재까지 발견된 사료를 통해 조선 후기 군선에 많은 함포를 탑재했다고 주장하기에는 무리가 있다.

조선 후기에는 수군 무용론이 제기되었고 평상시에는 쓸모가 없는 군선을 조운에 겸용할 수 있도록 개조하자는 논의가 계속되었으며, 19세기 후반 이양선들이 출몰할 때에도 조선은 함포를 탑재한 군선으로 대항하지 못했다는 것이 우리가 인정하기 싫은 불편한 진실이다.

좀더 자세히

『각선도본(各船圖本)』

『각선도본(各船圖本)』은 조선 후기 전선(戰船), 병선(兵船), 조선(漕船)을 채색한 6장을 모은 도본이다. 상장(上粧)이 있는 전선(戰船) 그림 1장, 상장을 제거한 전선 그림 2장, 병선 그림 1장, 남부 지방의 조선(漕船) 그림 1장, 북부 지방의 조선 그림 1장으로 구성되어 있다. 『각선도본』은 평상시에는 쓸모가 없는 군선을 조운에 겸용할 수 있도록 개조하기 위한 도본으로 추정된다. 즉 군함을 화물선 겸용으로 개조하려고 만든 도본이기 때문에 조선 후기 수군의 약화를 상징하는 것으로도 볼 수 있다.

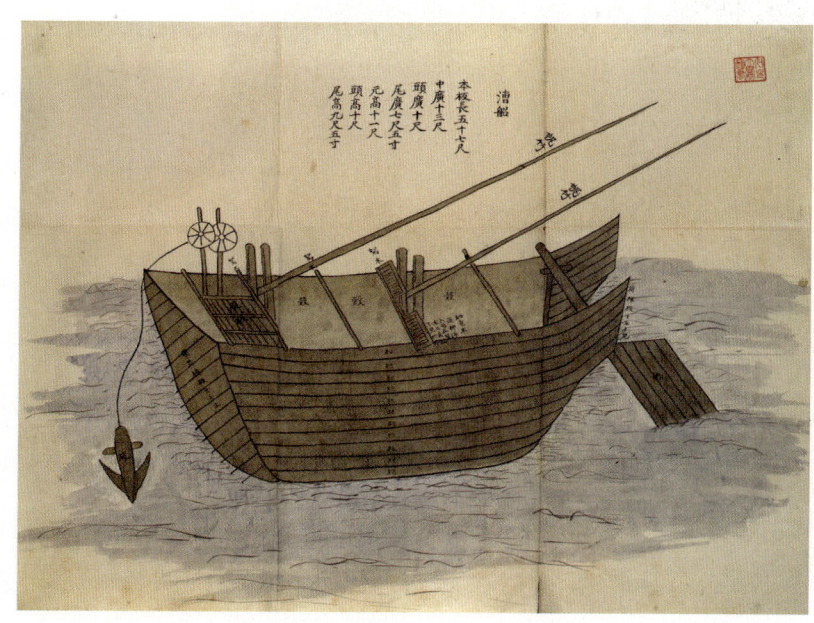

▲ 『각선도본(各船圖本)』에 수록된 조운선

통제영 거북선 방패 문

통제영 거북선 방패 문의 용도

지붕에 뚫은 포혈에서 조총을 발사하면서 발생하는 흑색 화약의 연기는 등배 구멍으로 쉽게 빠져 나올 수 있으나, 밀폐된 2층에서는 채광은 물론 조총 발사 후 발생하는 연기를 빼내는 시설이 필요하다. 통제영 거북선 총혈 주변에 많은 방패 문을 설치한 것은 이 때문이다.[84] 채광과 환기 목적 외에 방패 문을 통해서도 활을 쏠 수도 있는데, 격군이 노를 젓는 공간 사이에 있는 방패 문을 이용할 경우, 화포처럼 많은 공간이 필요 없기 때문에 이동하면서도 활을 쏠 수 있다.

84 통영시에 있는 실물 거북선

통영에는 거북선과 판옥선을 실물로 재현해서 전시하고 있다.

▲ 동차(童車)를 받침대 위에 올려놓은 장면. (방패 문을 모두 개방해도 통제영 거북선 내부는 상당히 어둡다.)

오늘날 재현한 통제영 거북선 내부에는 방패 문을 경첩을 활용한 여닫이 문으로 제작하였고, 방패 문을 화포를 발사하는 곳으로 해석하였다. 하지만 높이가 맞지 않자 화포를 장착한 동차를 다시 받침대 위에 올려 놓은 기형적인 모습을 연출하게 되었다.

통제영 거북선 방패 문의 용도와 개폐 방식은 기록으로 정확히 확인할 수는 없지만 채광, 환기, 활을 쏠 수 있는 각도를 모두 고려할 때 아래 두 가지 방식 중 하나를 채택했을 가능성이 높다.

▲ 통제영 거북선 방패 문의 개폐 방식 추정

◀ 2층 공간 방패 문에서 활을 쏘는 장면 (상상도)

▲ 모두 개방된 통제영 거북선의 방패 문(상상도)

전투 시, 노 젓기를 중지하고 활을 쏘는 첨격사부(添格射夫)

통제영 거북선에 승선한 사부(射夫)는 14명인데, 이들은 모두 2층 공간에서 격군들과 함께 섞여 있었을 것으로 추정된다. 거북선 개판에 뚫려 있는 원형 포혈은 조총을 쏘기에는 적합하나 활을 겨누기에는 부적합하기 때문이다. 하지만 통제영 거북선 2층에 있는 수많은 포혈과 방패 문을 고려한다면 사부 14명은 너무 적은 인원이다. 여기서 우리가 제기할 수 있는 합리적인 의문은 2층에서 노를 젓는 100명의 병사들이 전투 시에 노만 저었냐는 것이다.[85]

격군들은 노를 저을 수도 있지만 동시에 활을 쏠 수도 있었을 것이다. 거북선 격군들이 있는 2층 좁은 공간에서 격군들과 같은 공간에서 활동하면서 활을 쏘는 사부들을 가리켜 '첨격사부

85 사부와 첨격사부의 차이

현재까지 발견된 사료에서 사부(射夫)와 첨격사부(添格射夫)의 차이점을 명확하게 구별할 수 있는 근거를 확인할 수는 없다.

(添格射夫)'로 호칭한 것으로 보인다.

첨격사부는 '노를 젓는 일에 더해 활까지 쏠 수 있는 병사'를 의미하거나 '격군들 사이에서 활을 쏘는 사람'으로 해석할 수 있는데, 굳이 활을 쏘는 위치를 지정한 명칭을 따로 부여할 필요는 없다.

따라서 노를 젓다가 활도 쏠 수 있는 다목적 병사를 의미하는 것으로 추정된다. 조선 후기『만기요람(萬機要覽)』이나『여지도서』에서는 사부와 첨격사부를 명확하게 구분하였다.

『증보문헌비고』에 따르면 경상 우수영의 첨격사부는 무려 2,532명이고 경상 좌수영의 첨격사부는 911명이었다.[86] 이를 통해 18세기 초에 격군들에게도 사부와 포수 훈련을 겸하게 하자는 제안이 19세기에 이르러 경상도 지역 수군을 중심으로 포수가 아닌 사부에 한해 실제 실현된 것으로 추정된다. '첨격포수'는 존재하지 않지만 '첨격사부'라는 용어는 사용되었기 때문이다.[87]

통제영 거북선은 적선과 거리가 멀 때에는 포격 시 복원력에 큰 영향을 끼치지 않도록 전면에서만 현자총통을 발사하였다.

5명의 격군들이 노 한 착을 젓는 방식으로 빠르게 이동하여 적과 근접했을 때, 지붕 포혈에 배치된 포수들이 조총을 발사하고, 적과 더 가깝게 근접했을 때에는 2층에서 노를 저었던 일부 격군들까지 공격에 가담하는 방식으로 운용되었을 것이다.

이처럼 거북선에서 사용한 주된 무기를 조총과 활과 같은 개인 화기로 규정할 경우, 복원력에 큰 영향을 받지 않고 이동과 동시에 공격이 가능한 통제영 거북선을 타당하게 재현할 수 있다.

86 출처

『增補文獻備考』卷120, 兵考

87 첨격사부의 배치

조선 후기 통제영 본영에는 모두 144명의 첨격사부가 편성되었는데, 이들이 구체적으로 어떻게 배치되었는지를 기록으로 확인할 수는 없다. 필자의 판단으로는 격군과 사부가 한 공간에 있을 수밖에 없는 조선 후기 방패선, 해골선, 거북선 등에 배치된 것으로 보인다. 경상도 수군에서는 첨격사부와 사부를 구분하였으나 전라도 수군에서는 이를 구분하지 않은 것으로 보아 수군의 입역 방식의 차이와 관련이 있을 것으로 추정된다.

후퇴(setback) 처리된 분할 층 구조

조총을 조준하기 적합한 내부 구조

통제영 거북선의 내부 구조를 추론할 수 있는 단서는 『이충무공전서』에서 전투 시 군병들의 행동을 묘사한 기록뿐이다.[88] 이 기록에 따르면 전투원들은 포판 아래 1층에서 쉬고 있다가 전투 시에는 포 구멍으로 이동하여 쉬지 않고 포를 발사한다고 하였을 뿐, 노를 젓는 격군들에 대해서는 언급이 전혀 없다. 전투원들도 격군들이 있는 2층 포 구멍으로 이동하는지, 아니면 격군들과는 다른 공간인 3층 포 구멍으로 이동하는지 전혀 파악할 수 없다. 따라서 통제영 거북선에서 발사하는 포(礮)가 공용화기인 대포가 아니라 개인 화기인 조총이었다는 점을 고려하여, 내부 상황을 합리적으로 추론해야 한다.

통제영 거북선 그림의 개판을 자세히 살펴보면 개판의 포 구멍은 뒤로 물러나는 방식으로 후퇴(setback) 처리되었음을 알 수 있다. 후퇴 처리된 까닭은 거북선 개판에 설치된 포 구멍이 조총을 쏘기 위한 것이기 때문에 굳이 3층 공간을 확보하여 복원력에 악영향을 끼칠 필요가 없기 때문이다.

개판 포 구멍이 뒤로 물러나 지붕 가까이 설치하도록 후퇴 처리된 것은 그림 오류가 아니라 조선 후기 거북선의 중요한 특징으로 보아야 한다.[89] 조총 포 구멍은 뒤로 물러나 높은 곳에 설치해야 넓은 시야를 확보하고 적을 조준할 수 있기 때문이다.

따라서 통제영 거북선의 내부 구조는 2층이냐 3층이냐가 중요한 것이 아니라, 후퇴 처리된 분할 층 구조(setback & split level structure)가 핵심이다.

88 출처

『李忠武公全書』卷首, 圖說龜船之制, "軍兵休則處鋪版下戰則登鋪版上納礮于衆穴粧放不絶."

89 남천우 주장의 문제점

남천우는 개판의 포혈이 후퇴 처리된 통제영 귀선도를 『이충무공전서』를 편찬하는 과정에서 발생한 오류로 보고, 후퇴 처리된 포혈을 되돌려 3층 공간이 확실하게 존재하는 것처럼 해석하였다. 하지만 현대적 시각에서 과거의 사료를 오류로 해석하는 것은 문제가 있다.

> 좀더 자세히

건축학에서 본 후퇴 처리된 분할 층 구조

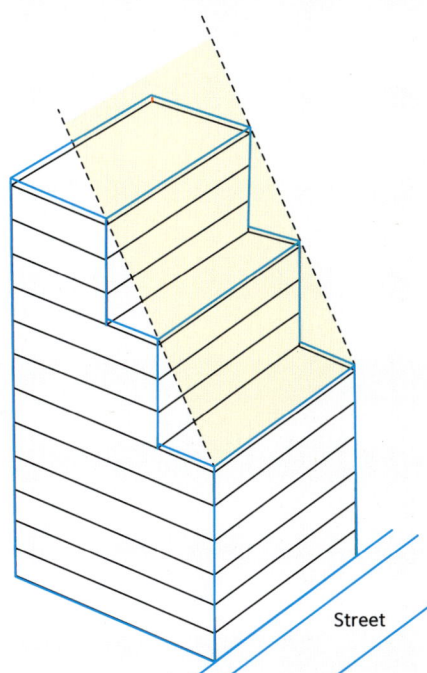

건축 분야에서는 건물의 위층을 아래층보다 조금씩 후퇴시켜 계단 모양으로 짓는 것을 '셋백(setback) 처리한다'고 표현하고 있다. 고대 피라미드나 초고층 빌딩들은 윗층으로 올라갈수록 층의 면적을 줄이는 셋백을 통해 중력 하중을 분산시켜 무게 중심을 낮추었다. 현대에서는 건물 사이의 일조권을 보장하기 위해 셋백을 건축법으로 규정하고 있다.

일조권 사선 제한이란 건물 높이 중 4m까지는 1m, 8m까지는 2m, 8m 초과 부분은 건물 높이 절반 이상을 대지 경계선에서 후퇴시켜 앞뒤 건물의 일조권을 보장하려는 것이다. 후퇴 처리하지 않은 건물들에 의해 일조·채광·통풍 문제가 발생할 경우 삶의 질이 저하되기 때문이다.

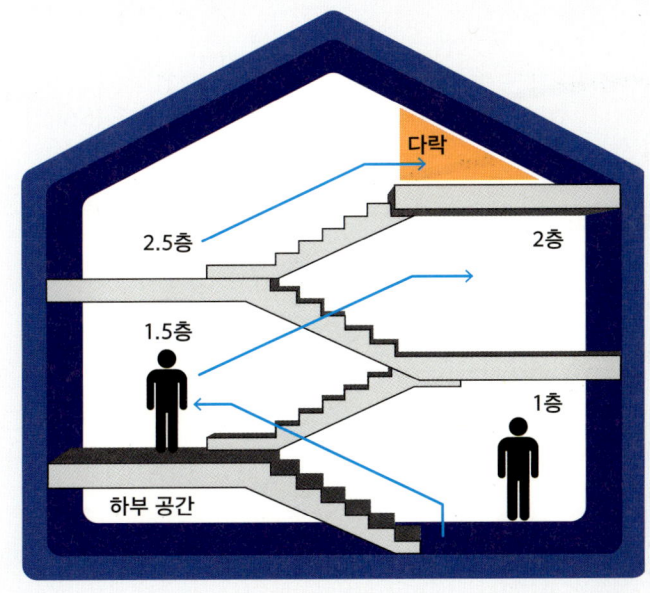

분할 층은 바닥을 반층씩 어긋나게 설계하는 건축 방식으로 우리 건축학계에서는 이를 '스킵 플로어(skip floor)'로 표현하고, 외국에서는 'split level structure'로 표현하고 있다. 후자가 더 적합한 표현이기 때문에 '분할 층'으로 번역하였다.

양비론(兩非論) : 2층 구조도 3층 구조도 아닌, 후퇴 처리된 분할 층 구조

거북선을 2층 구조로 추정했던 김재근은 조총을 쏘기 위한 공간을 분할 층으로 인정하지 않고, 2층 내에 포함할 수 있는 거대한 발판 또는 부분 갑판으로 보았다. 건물에 유추하면 다락방은 2층이 아니므로 1층 건물로 간주하겠다는 논리이다. 김재근이 이러한 입장을 고수한 까닭은 남천우의 3층 구조설과의 주도권 경쟁을 염두에 두고, 되도록 2층을 주된 공간으로 보고 나머지를 보조적인 공간으로 해석하려 했기 때문으로 추정된다.

하지만 다락방을 2층으로 인정하지 않든 1.5층으로 보든 2층으로 인정하든 가장 중요한 핵심은 '다락방 구조'라는 점이다. 따라서 기존 거북선 내부 구조 논쟁의 프레임에 갇혀, 2층 구조설 또는 3층 구조설 중에서 어디에 해당하느냐를 고민할 것이 아니라, '후퇴 처리된 분할 층 구조' 자체를 중요한 특징으로 간주해야 한다.[90]

90 양비론
필자의 주장은 2층 구조설과 3층 구조설을 모두 부정하는 양비론(兩非論)이다.

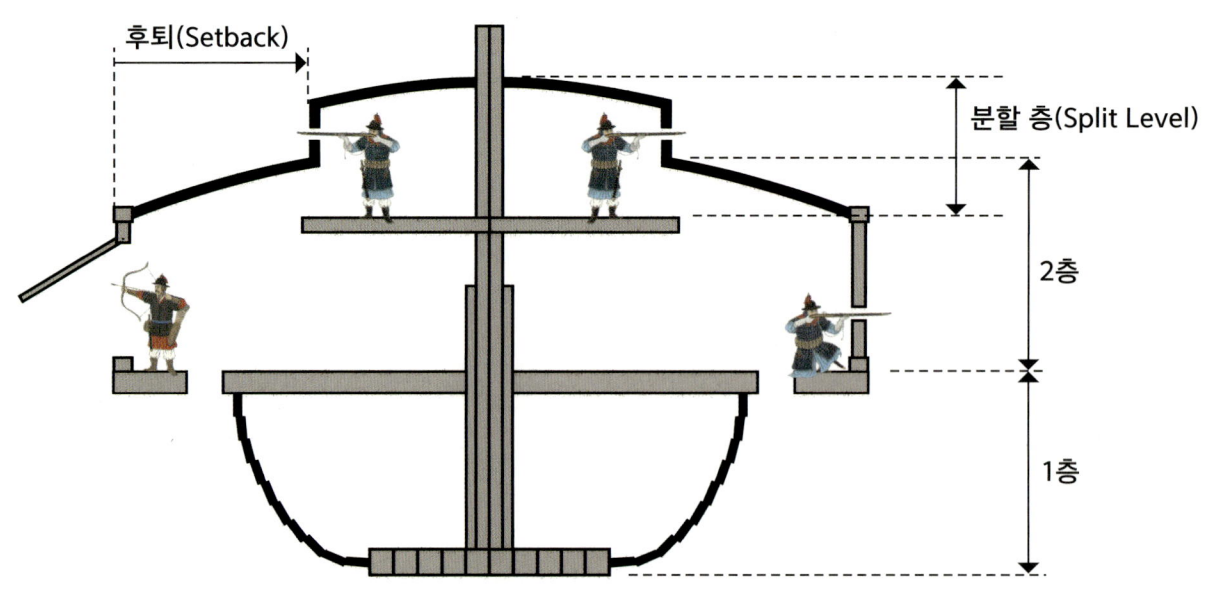

▲ 후퇴 처리된 분할 층 구조로 파악한 통제영 거북선

통제영 거북선에서 대부분의 총혈은 개인 화기용이고, 공용 화기는 정면 단 두 곳뿐이다. 통제영 거북선의 2층에 설치된 24개의 문은 개폐식 방패로서 전투원들을 보호하는 동시에, 환기와 채광을 위해 설치된 것으로 보인다. 통제영 거북선은 두 개의 돛과 격군 100명을 통해 빠른 속도로 적함에 돌격할 수 있었을 것이다.

원거리에서 적을 향해 돌격할 때, 적의 공격에 노출되는 부분은 정면밖에 없기 때문에 용머리 아래에 설치된 2문의 현자총통을 활용하여 포격할 수 있다. 적선에 근접했을 때에는 24명의 포수와 14명의 첨격사부들이 개인 화기로 집중 사격을 했을 것이다.[91] 통제영 거북선의 포혈과 문을 중심으로 전투원 배치를 추정하면 [표3-6]과 같다.

91 조선 후기 거북선의 실전 경험
통제영 거북선의 전투 상황은 추정일 뿐이며, 임진왜란 이후 조선 후기 거북선은 실전 경험이 없었고 정기적인 수군 훈련에만 참여했을 뿐이다.

[표 3-6] 통제영 거북선의 전투원 구성

유형	형태	수량	용도(추정)	인원(추정)
포혈(砲穴)	○	72	조총 구멍	포수(砲手) 24명
	◎	2	정면에 설치한 현자총통 2문	화포수(火砲手) 8명
문(門)	▯	24	활 공격, 환기와 채광	첨격사부(添格射夫) 14명
	□	2	정면에 설치한 승조원 출입구	

중앙에서 도(櫂)를 젓는 구조

노 젓기와 도 젓기의 차이

기존 2층 구조설과 3층 구조설 모두, 물고기의 꼬리지느러미처럼 물 밖으로 나오는 일 없이 물속에서 휘저으며 추진력을 얻는 '노(櫓)'를 서양의 '오어[oar]'와 구별하여 '한국식 노'로 명명하였다. 하지만 노 젓기 방식을 '서양식 노'와 '한국식 노'로 구분하는 논리는 타당하지 않다. '한국식 노'라는 개념이 성립하려면 '중국식'이나 '일본식'과 명확하게 구분이 되는 특징이 있어야 함에도 그 차이점을 발견하기 어렵기 때문이다.

한국식, 중국식, 일본식 노는 모두 서서 젓는 방식이며, 동아시아에서는 작은 배의 뒷면이나 측면에 서서, 노를 물속에 넣고 휘저어 추진력을 얻는 방식을 오래 전부터 공통적으로 사용해왔다.

서양에서는 앉아서 오어를 젓는 방식만 있었으나 동양에서는 서양의 오어에 해당하는 '도(櫂)'는 물론 서서 젓는 '노(櫓)'를 함께 사용한 것이다. '도(櫂)'는 '장(槳)'으로 적기도 하는데, 중국의 팔장선(八槳船)이 대표적이다.[92]

▲ 서서 노(櫓) 젓기

영미 문화권에서는 중국식을 '율로[Yuloh]'로, 일본식을 '로[Ro]'로 표현하지만, 표현 방식의 차이일 뿐 사실 똑같은 젓기 방식이다. 이처럼 '도'는 '노'와는 분명 다른 방식의 젓기이지만, 일반인들은 '노 젓기'와 '도 젓기'를 구분하지 않고 모두 '노 젓기'로 표현하고 있다. 남천우가 '한국식 노'라고 표현한 까닭도 이 때문이다.

92 출처

『古今圖書集成』, 經濟彙篇, 戎政典, 第97卷(戰鬪艦), "八獎船圖"

▲ 앉아서 도(櫂)를 젓는 팔장선(八獎船)

[표 3-7] 노(櫓)와 도(櫂)의 구분

종류	영문 표현	젓기 방식	남천우, 김재근 표현
노(櫓)	Yuloh(中國), Ro(日本)	물 밖으로 나오는 일 없이 물속에서 휘젓는 방식	한국식 노
도(櫂)	Paddle(小), Oar(大)	물을 저은 뒤, 물 밖으로 나와 처음 위치로 이동하는 방식	서양식 노

남천우가 '한국식 노'로 명명한 이후, 모든 거북선 연구자가 암묵적으로 동조한 거북선의 노 젓기 방식은 한선의 독특한 노 젓기 방식이 아니라 중국, 한국, 일본에서 모두 공통적으로 사용한 작은 배에 적용되는 동양식 노 젓기 방식에 불과하다. 따라서 '한국식 노'는 그냥 '노'로, '서양식 노'는 '도'로 구분하면 된다.

공신력 있는 사료를 통해 판옥선이나 거북선의 격군들이 어떠한 방식으로 노를 저었는가를 확인할 수 없는 상황에서, 동시대 명나라 군선들은 대부분 도를 젓는 방식이었다는 사실을 이제는 더 이상 외면할 수 없는 시점이 되었다.[93] 패러다임이 전환되어야 할 시점에 이른 것이다.

93 출처
『古今圖書集成』, 經濟彙篇, 戎政典, 第97卷(戰鬪艦), "叭喇唬船圖說", "樓船圖說"

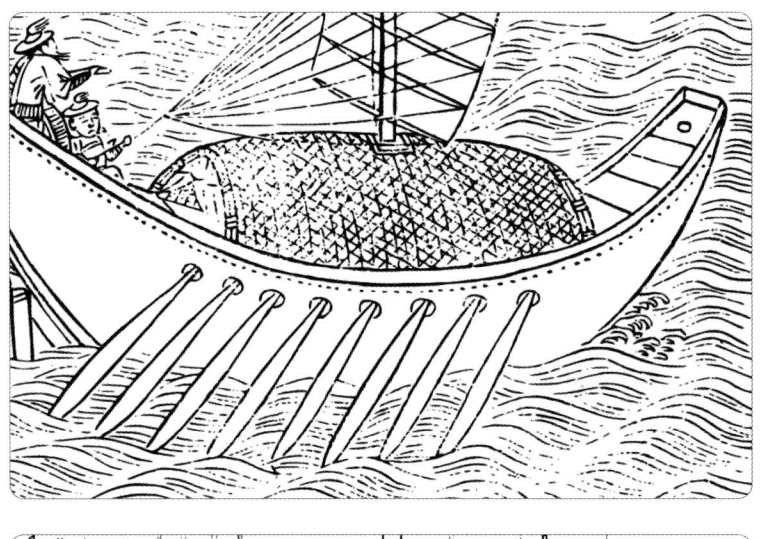

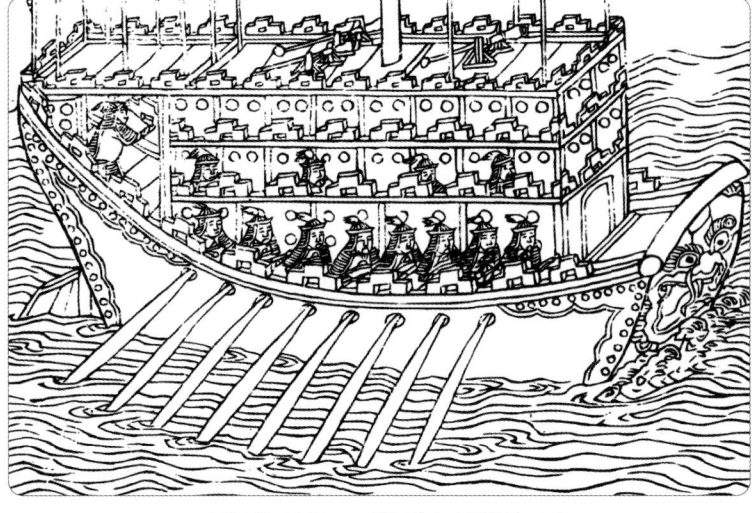

▲ 도를 젓는 것으로 묘사한 명나라 군선의 그림

노 젓기 패러다임에서 도 젓기 패러다임으로

'한국식 노'는 2층 구조설과 3층 구조설 양측에서 모두 인정하는 기정사실로서, 지난 반세기 간 이를 학술적으로 반박한 사례가 없었다.[94] '한국식 노'는 거북선 연구자들의 사고를 지배하는 패러다임으로 자리 잡았지만, 뒷받침할 수 있는 사서의 기록이 없는 상황에서 이를 사실로 단정해버리는 것은 문제가 있다.

'한국식 노'를 당연한 것으로 인식했을 때에는 무심코 지나칠 수 있겠지만, 『이충무공전서』에 수록된 통제영 거북선과 전라좌수영 거북선 그림이 '노'보다는 '도'에 가깝게 묘사되어 있음을 부정할 수 없다.

지난 반세기 간 두 차례의 거북선 구조 논쟁을 거쳐 3층 구조설이 정설이 된 지금, 격군과 전투원이 동시에 공간을 사용하는 것이 불가능한 '한국식 노' 패러다임의 한계를 솔직하게 인정하고, 다른 가능성을 열어둘 시점이 되었다. 2층 공간에서 격군과 전투원이 함께 활동할 수밖에 없는 상황을 합리적으로 설명하기 위해서는 물살을 휘젓는 '노'를 이용하는 것이 아니라, 물살을 밀어내는 '도'를 젓는 것으로 해석해야 한다.

'노'가 아니라 '도'를 사용하는 방식을 새로운 패러다임으로 가

> 94 노 젓기 패러다임에 문제를 제기한 선행 연구들
>
> 판옥선과 거북선에 '한국식 노'를 사용했다는 정설에 의문을 제기한 연구자가 전혀 없었던 것은 아니었다. 1995년 장학근은 2층에서 '도'를 젓는 방식으로 거북선 내부를 추정하였으나 다시 '노'를 젓는 방식으로 수정하였다. 김병륜은 『朝鮮漂流日記』와 『信行渡海船圖』를 근거로 조선의 군선에서도 앉아서 노를 젓는 방식이 가능했음을 밝힌 바 있다. 한호림은 서양의 오어를 젓는 방식으로 이순신 거북선을 상상 재현한 바 있다.

[표 3-8] 노(櫓)와 도(棹)에 따른 거북선 승조원 배치

추진 방식	거북선 승조원 배치
노(櫓) 젓기	격군과 포수 또는 사부가 한 공간에 뒤섞임. 현실적으로 불가능함.
도(櫂) 젓기	격군은 중앙에, 포수는 포혈에, 사부는 방패 문에 위치함.

능성을 열어둔다면 승조원의 2/3에 해당하는 수많은 격군들이 사용하는 공간을 배의 중앙으로 설정할 수 있다. 이렇게 되면 선박의 복원력이 향상됨은 물론, 격군과 포수 또는 사부가 동시에 한 공간을 공유하면서 각자의 임무를 효율적으로 수행할 수 있게 된다.

전투 상황에 따라 한쪽에서만 적과 교전할 경우, 100명이 넘는 격군들이 가운데에서 도를 젓기 때문에 전투원 모두가 한쪽으로 이동을 해서 활이나 총을 쏘아도 배의 복원력에는 큰 문제가 없다. 도의 길이는 노에 비해 크기 때문에 2~3개의 모듈로 구성된 것을 조립하여 사용하였을 것으로 추정된다. 도를 앉아서 저었는지 서서 저었는지 여부는 불확실하지만, 거북선의 건조 목적이 장거리 병력 수송이 아니므로 서서 도를 젓는 구조였을 것이다.[95]

95 도 젓는 자세
한호림(2019)은 격군 한명이 앉아서 한 개의 도를 젓는 방식으로 임진왜란 당시 거북선 내부를 상상 재현하였다.

▲ 중앙에서 도(櫂)를 젓는 구조로 추정한 통제영 거북선

노 젓기 패러다임으로 추정한 통제영 거북선 내부

기존 노 젓기 패러다임에 따라 통제영 거북선 내부를 추정하면 노를 젓는 격군들 사이의 비좁은 공간에서 조총이나 활을 쏘아야 한다. 노를 젓는 공간과 공간 사이에서 전투원들이 활동하기 때문에 활동에 많은 제약이 있을 수밖에 없으며, 복원력을 좋게 하기 위해 배의 폭을 넓혀야 하기 때문에 거북선 중앙은 텅 빈 공간으로 남게 된다.

▲ 방패 문 뒤에서 노(櫓)를 젓는 구조로 상상한 통제영 거북선 내부 상황(상상도)

중앙에서 도(櫂)를 젓는 구조

▲ 가상 복원 : 노(櫓) 젓기 패러다임으로 추정한 통제영 거북선 정면

▲ 가상 복원 : 노(櫓) 젓기 패러다임으로 추정한 통제영 거북선 측면

▲ 가상 복원 : 노(櫓) 젓기 패러다임으로 추정한 통제영 거북선 내부

▲ 가상 복원 : 노(櫓) 젓기 패러다임으로 추정한 통제영 거북선 후면

도 젓기 패러다임으로 추정한 통제영 거북선 내부

　도 젓기 패러다임에 따라 통제영 거북선 내부 상황을 추정하면 서서 도를 젓는 격군들이 중앙에 위치하고, 포수와 사부가 공간적 여유를 두고 전투를 수행할 수 있다. 이런 방식일 경우 도를 젓는 격군들과 전투원의 공간이 겹치지 않음은 물론, 중앙 공간에 격군들의 체중이 집중되기 때문에 복원력도 상당히 개선된다.

▲ 중앙에서 도(櫂)를 젓는 구조로 상상한 통제영 거북선 내부 상황(상상도)

▲ 가상 복원 : 도(櫂) 젓기 패러다임으로 추정한 통제영 거북선 정면

▲ 가상 복원 : 도(櫂) 젓기 패러다임으로 추정한 통제영 거북선 측면

▲ 가상 복원 : 도(櫂) 젓기 패러다임으로 추정한 통제영 거북선 내부

▲ 가상 복원 : 도(櫂) 젓기 패러다임으로 추정한 통제영 거북선 후면

★통제영 거북선 전도

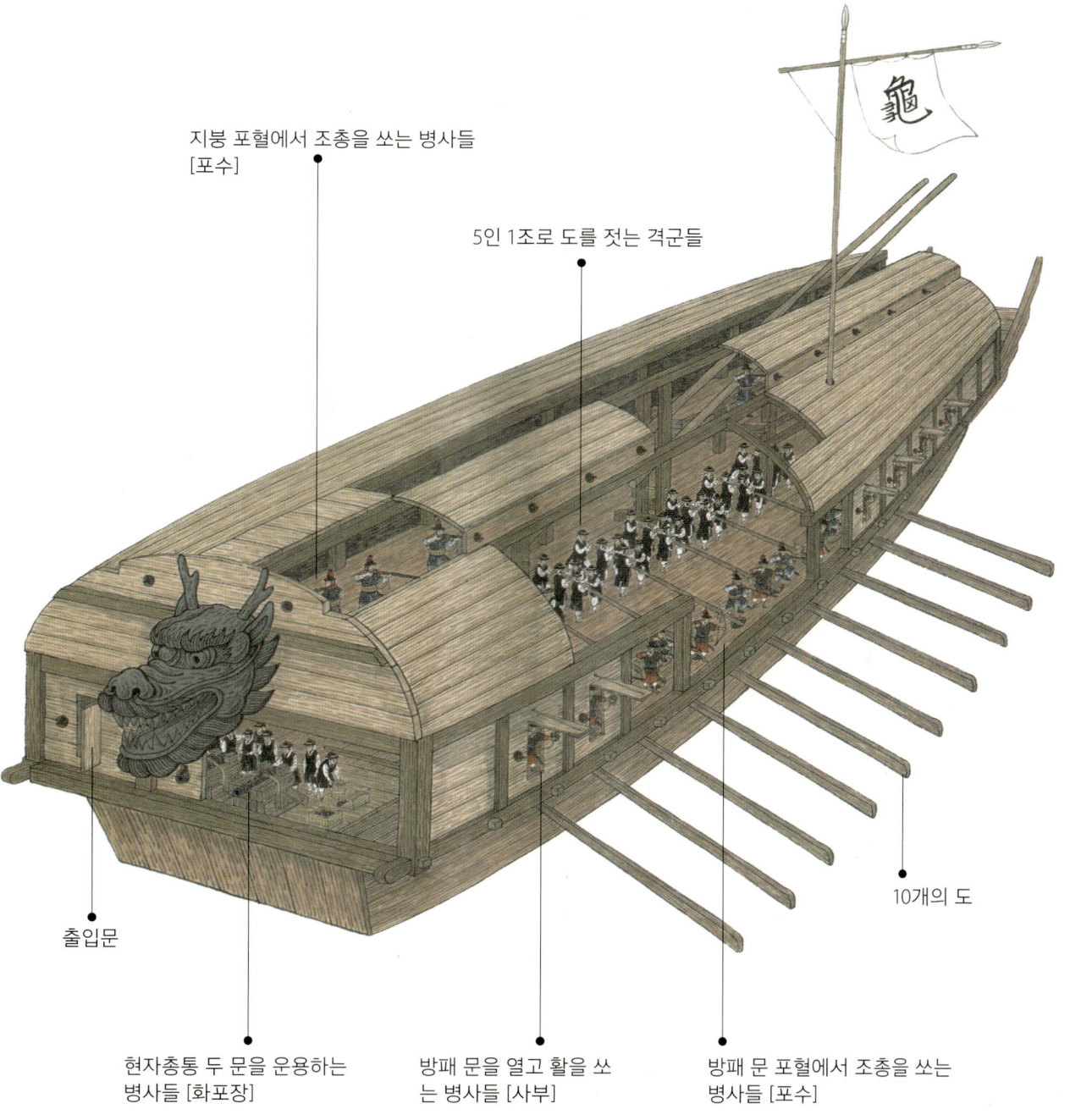

중앙에서 도(櫂)를 젓는 구조   153

친숙한 전라 좌수영 거북선

현대인들이 선호하는 형태

『이충무공전서』에 간단하게 소개된 전라 좌수영 거북선은 오늘날 고흥군 도화면에 해당하는 발포진에서 18세기 후반에 건조한 거북선으로 추정된다. 전선과 거북선은 목선이므로 일정한 기간이 지나면 개삭(改槊)하고, 여러 번 개삭하여 전투 능력을 상실하면 새로운 배를 만들어 교체해야 했다.

따라서 18세기 후반 통제영 거북선과 전라 좌수영 거북선은 이순신 거북선 원형을 여러 번 교체하면서 전승된 것이다. 거북선 개조는 국가가 하는 것이 아니라 각 수영에서 자체적으로 수행하기 때문에, 개조를 거듭할수록 이순신 거북선 원형에서 벗어난 다른 다양한 형태의 거북선이 각 수영의 현실에 맞게 개선되었다.

『이충무공전서』에서는 통제영 거북선이 임진왜란 당시에 활약한 이순신 거북선 원형에 가깝고, 전라 좌수영 거북선은 원형과는 차이가 있다고 밝혔음에도 불구하고, 그동안 영화나 드라마, 교과서나 위인전 삽화에서 묘사해왔던 거북선의 이미지는 통제영 거북선이 아니라 전라 좌수영 거북선을 원형으로 적용하고 있다.[96]

이러한 현상은 통제영 거북선과 전라 좌수영 거북선을 융합하여 이순신 거북선을 '상상 재현'하는 과정에서, 연구자들이 통제영 거북선보다는 전라 좌수영 거북선의 형태를 더 선호했기 때문이다.[97]

사람들이 전라 좌수영 거북선을 더 선호하는 까닭은 거북선의 개판을 철갑으로 덮은 것으로 추정하기에는 지붕 가운데가 트인 통제영 거북선보다는 지붕이 밀폐된 전라 좌수영 거북선이

96 출처

『李忠武公全書』卷首, 圖說 龜船之制, "統制營龜船 盖出於忠武舊制 而亦不無從而損益者 公之創智制船 寔在於全羅左水營 而今左水營龜船 與統制營船制略有異同."

97 전라 좌수영 거북선의 문제점

『이충무공전서』에서 이순신 장군이 제작한 거북선의 원형은 통제영 거북선임을 밝혔음에도 불구하고, 원형과는 차이가 있는 전라 좌수영 거북선이 현대인들에게 이순신 거북선 원형으로 인식되고 있는 것은 분명 문제가 있다.

더 적합했기 때문이다. 또, 통제영 거북선의 포혈이 소구경 화기만을 발사할 수 있도록 작은 구멍인데 비해 전라 좌수영 거북선의 포혈은 매우 크게 묘사되어 있기 때문에 임진왜란 당시의 전쟁 상황을 묘사하는 데에도 적합하였기 때문이다.

▲ 용산 전쟁 기념관에 전시된 거북선 역시, 조선 후기 전라 좌수영 거북선의 형태를 띠고 있다.

▲ 노 젓기 패러다임을 적용한 전라 좌수영 거북선 형태가 오늘날 많은 사람들이 인식하고 있는 거북선의 이미지가 되었다.

전라 좌수영 거북선의 특징

　전라 좌수영 귀선도에는 36개의 포혈과 2개의 문이 뚫려 있는데 통제영 거북선과 비교할 때 포혈은 절반 수준이며 문은 네 개뿐이다. 지붕에 뚫은 12개의 포혈은 통제영 거북선과 마찬가지로 'O'로 표시하였고, 2층 정면과 측면 방패 판에 뚫은 포혈은 불랑기포와 같은 대형 화포를 발사하기 위해 포루에 설치한 것과 유사할 정도로 매우 크다.

　조선 후기에는 대형 화포가 아니라 조총을 주된 무기로 하였기 때문에 이 대형 포혈은 공용 화기를 사용했던 임진왜란 당시의 포혈이 조선 후기까지 계승된 것으로 볼 수 있다. 전라 좌수영 거북선에는 통제영 거북선의 좌우 측면에 설치된 24개의 방패 문이 없기 때문에 조총과 활을 함께 발사할 수 있음은 물론 환기와 채광 기능까지 고려하여 크게 포혈을 뚫은 것으로 추정할 수 있으나, 아직까지 이를 입증할 사료는 없다. [표 3-9]는 전라 좌수영 거북선에 뚫려 있는 포혈과 문을 유형과 위치별로 필자가 정리한 것이다.

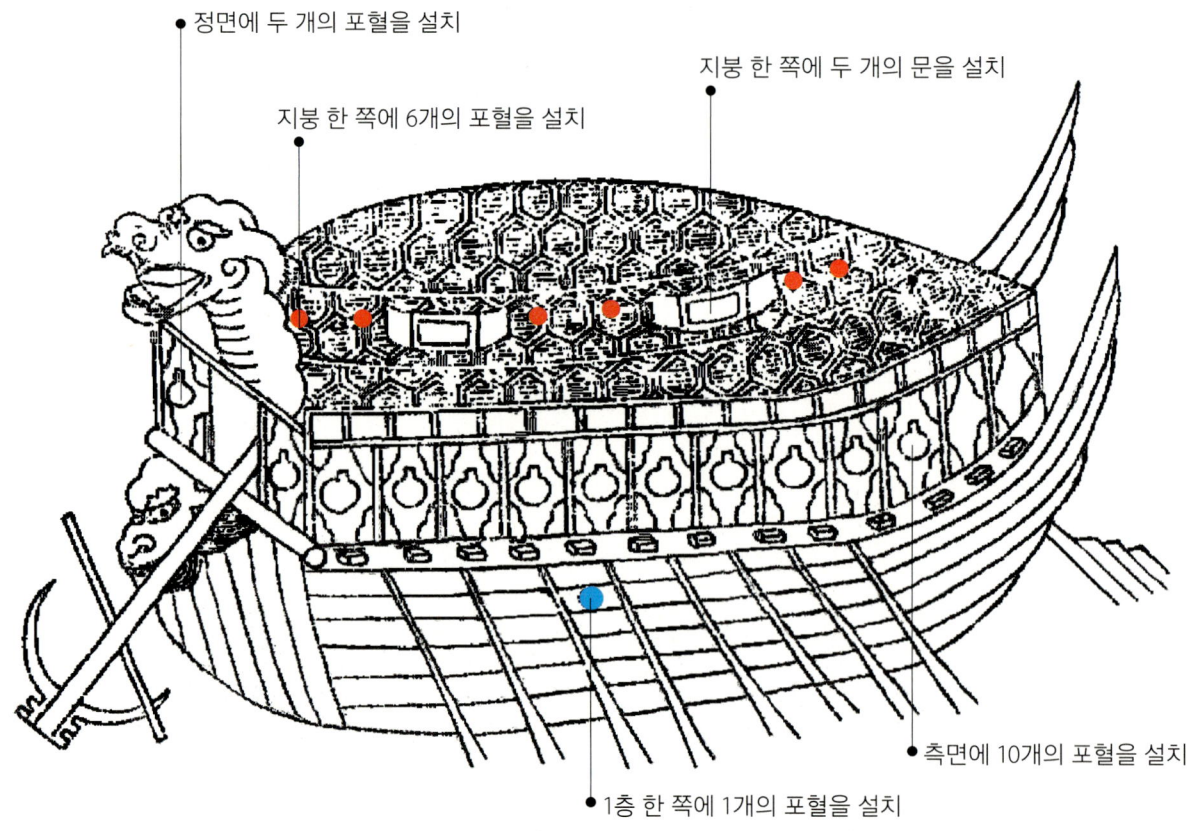

[표 3-9] 전라 좌수영 거북선의 포혈과 문 현황

유형	형태	포혈의 위치							합계
		정면	좌측	좌측 위	좌측 아래	우측	우측 위	우측 아래	
포혈(礟穴)	🔴			6			6		12
	🔵				1			1	2
	◈	2	10			10			22
문(門)	▭				2			2	4

전라 좌수영 거북선에 관한 기록은 통제영 거북선에 비해 빈약하여, 기록과 그림이 일치하지 않는 부분은 없지만 그만큼 그림을 다양하게 해석할 수 있는 가능성이 열려 있다. 『이충무공전서』 기록을 통해 전라 좌수영 거북선의 개판은 우리가 영화나 드라마에서 본 것처럼 못을 박은 철판으로 덮은 것이 아니라 단순히 거북 무늬를 그려 넣은 것이었음을 확인할 수 있다.[98]

통제영 거북선과는 달리 돛대가 없는 밀폐 구조라는 것도 전라 좌수영 거북선의 중요한 특징이다.[99] 전라 좌수영 거북선의 개판 포혈은 모두 12개로서 24개의 조총 포혈을 배치한 통제영 거북선의 절반 수준에 해당하므로 발사 후 화약 연기 발생량도 절반 수준일 것이다. 이 때문에 개판을 밀폐형으로 처리하고 대신 대형 여닫이문을 4개 설치한 것으로 추정된다. 전라 좌수영 거북선의 복판을 철갑을 덮은 것으로 묘사하거나, 돛대를 설치한 것으로 묘사하는 것들은 모두 오늘날 사람들이 상상 재현한 이형(異形)들이다.

98 출처

『李忠武公全書』, 卷首, 圖說, "覆板上, 畫龜紋."

99 돛대의 유무

실제로는 돛대가 있었으나 『이충무공전서』를 간행하는 과정에서 화공이 이를 생략한 것으로 추정할 수도 있다.

▲ 단순히 거북 무늬를 그려 넣은 전라 좌수영 거북선(가상 복원)

부족한 설명, 도면의 창의적 해석

『이충무공전서』에는 전라 좌수영 거북선의 지붕(개판)에 설치된 문(門)의 용도나 방향에 관한 설명이 전혀 없다. 1969년 현충사에서 제작한 거북선 모형에서는 이를 하늘을 향해 여닫는 형태의 문으로 제작하여 거북선 지붕으로 올라가기 위한 출입구로 해석하였다. 그 뒤 해군사관학교 실물 거북선을 비롯 대부분의 실물 거북선과 모형에서도 이 문을 지붕으로 올라가기 위한 출입구로 제작하였다.

하지만 『이충무공전서』의 전라 좌수영 귀선도를 보면 문은 하늘이 아니라 분명히 옆으로 나 있다. 전라 좌수영 거북선 지붕에 설치한 네 개의 문은 출입문 기능 외에 환기와 채광 그리고 지휘관이 상황을 살펴보기 위한 장대 기능을 모두 할 수 있다.[100]

『이충무공전서』에는 전라 좌수영 거북선의 포혈 상단을 문

100 장대가 있는 거북선

개판에 뚫린 4개의 문만으로는 외부 상황을 확인하기 어렵기 때문에 조선 후기 거북선에서는 지붕에 장대를 설치한 이형도 존재했던 것으로 보인다.

(門)이라고 지칭하지 않았음에도 오늘날에는 포혈 상단을 작은 문으로 해석하고 활을 쏘기 위한 방패 문으로 추정하였다. 통제영 거북선은 포혈과 옆에 있는 문의 개수를 분명히 언급하였지만, 전라 좌수영 거북선의 경우 포혈 상단을 문이라고 설명하지 않았다. 1978년 해군사관학교에서 실물로 재현한 거북선에서 이곳을 화살을 쏘는 문으로 재현한 뒤부터, 기정사실로 굳어졌지만 사료에서는 그 근거를 찾을 수는 없다.

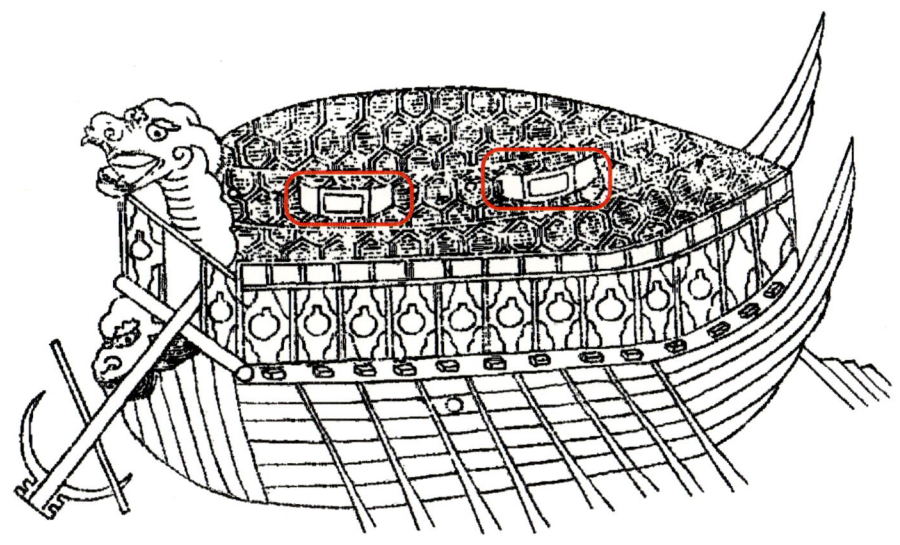

▲ 전라 좌수영 지붕에 설치된 네 개의 문

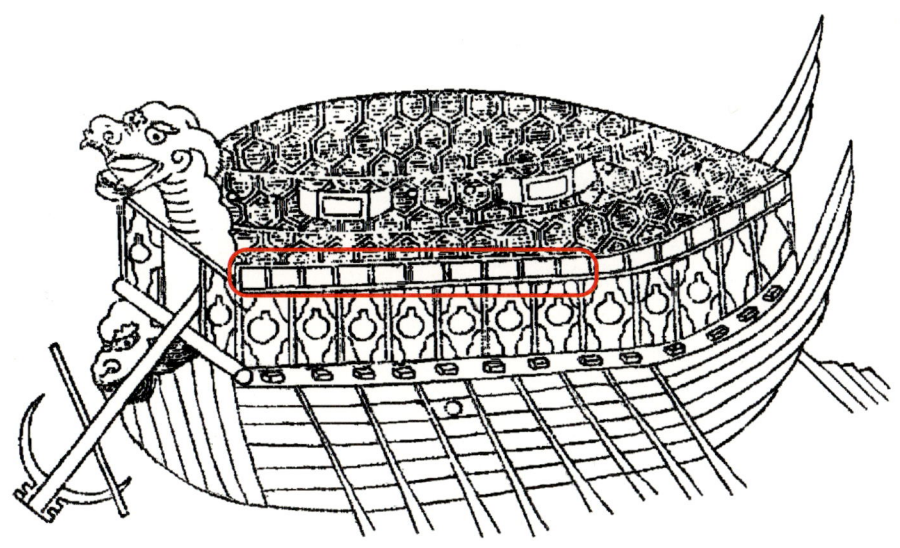

▲ 전라 좌수영 거북선의 포혈 상단

친숙한 전라 좌수영 거북선

18세기 후반 거북선에 승선하는 사부(射夫)는 14명에 불과한데 34개의 화살 문을 설치하는 것은 과도하다. 이를 환기와 채광을 위한 문으로 볼 수도 있으나 통제영 거북선의 총혈에 비해 전라 좌수영 거북선의 총혈은 상당히 크기 때문에, 환기와 채광을 위해 별도로 34개의 문을 상단에 설치했다는 것도 과도하다.

　조총을 주무기로 하는 조선 후기 거북선이라는 점을 고려한다면, 전라 좌수영 거북선의 포혈 상단은 단순히 지붕과 측면 방패 판 사이의 공간에 불과하며 단순히 나무판으로 막혀 있었던 것으로 보아도 무방하다. 임진왜란 당시에는 이 부분이 활을 쏘는 문으로 볼 수도 있겠지만, 전술한 바와 같이 임진왜란 당시 거북선 원형은 전라 좌수영 거북선이 아니라 통제영 거북선이기 때문에 크게 문제될 것은 없다. 통제영 거북선은 측면 방패 판과 지붕 사이에 별다른 공간이 없기 때문이다.

▲ 전라 좌수영 거북선의 포혈 상단을 문으로 재현한 모형

전라 좌수영 거북선 1층 측면 포혈

한글 번역본의 오독

전라 좌수영 거북선 형태를 추론함에 있어 가장 문제가 되는 것은 『이충무공전서』에서 현판(舷版) 좌우에 포혈을 각각 한 개씩 뚫었다고 기록하고, 그림에도 분명히 표현되어 있음에도 불구하고, 기존 거북선 연구자들은 이를 삭제하여 논의하지 않거나, 심지어 잘못 해석했다는 점이다.

격군이 노를 젓는 공간보다 아래에 있는 3번과 4번 도 사이에만 뚫려 있는 단 한 개의 포 구멍이 어떠한 기능을 했는지에 관한 기록은 전혀 남아 있지 않다. 심지어 김재근과 남천우 모두 전라 좌수영 거북선 현판에 있는 포 구멍을 불필요한 것으로 간주하여 지워버렸다.

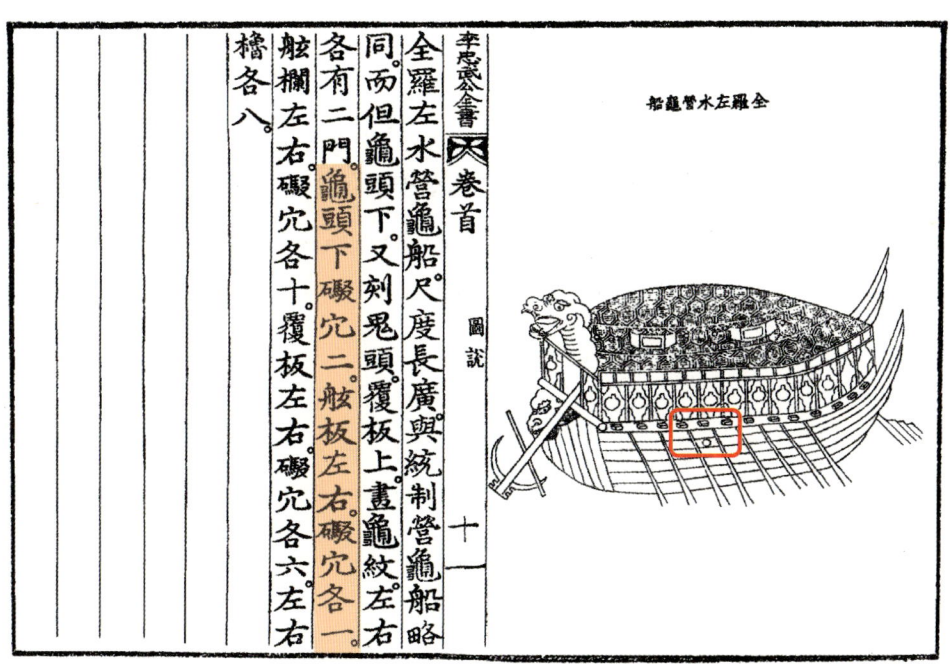

거북 머리 아래에 포 구멍이 2개, 현판(舷版) 좌우에 포 구멍이 각각 1개씩
- 출처 : 이은상, 『완역 이충무공전서(상)』 (성문각, 1989).

▲ 『이충무공전서』 전라 좌수영 귀선 설명 원문과 이은상의 번역

『이충무공전서』의 한자 원문을 보지 않고 이은상의 한글 번역문만을 참조했을 경우, 원문에 있는 고리점(◦)을 쉼표(,)로 번역한 오류를 확인할 수 없다. 이렇게 되면 거북 머리 아래에 있는 포혈 2개와 현판(舷版) 좌우에 1개씩 뚫은 포혈을 설명하는 한글 번역 문장을 각각 다른 문장으로 해석하지 않고 종속적으로 이어진 문장으로 오독할 수 있다. 이 과정에서 고유명사 현판(舷版)을 한자 그대로 직역하여 '배의 가장자리 판자'라는 보통명사로 해석해버리면, 거북 머리 아래에 네 개의 포혈을 복층으로 설치하는 전열함 구조로 잘못 해석할 수 있다.[101]

101 현판(舷版)
고유명사 : 삼판(杉版)이라고 하기도 하며 배 측면을 가리킨다.
보통명사 : 배의 가장자리

舷: 뱃전 현
版: 널빤지 판

1층 측면 포혈의 용도

전라 좌수영 거북선 역시 주된 무기가 화포가 아니라 조총이었다는 점을 고려하면, 통제영 거북선과 마찬가지로 후퇴 처리된 분할 층 구조로 보는 것이 타당하다.[102] 2층 공간은 격군들이 가운데에서 도를 젓는 가운데, 포혈 근처에는 조총을 쏘는 포수들이나 활을 쏘는 사부들이 배치된다. 거북 무늬 개판에 뚫은 포혈에서는 포수들이 조총을 서서 발사할 수 있으며, 큰 문을 통해 사부들이 활을 쏠 수도 있다. 통제영 거북선의 개판에는 26개의 조총 포혈이 뚫려 있지만, 전라 좌수영 거북선은 한 쪽 측면에 6개씩 모두 12개의 조총 포혈이 뚫려 있다는 점에서 차이가 있다.

전라 좌수영 거북선 1층의 한 쪽 측면에 뚫린 한 개의 포혈은 '포(礮)'로 기록되어 있기 때문에 조총과 화포 모두 가능하므로, 조총을 쏘는 방식과 화포를 쏘는 방식을 모두 염두에 두고 추정해야 한다. 먼저 조총을 사용한 것으로 추정할 경우에는 1층의 3번과 4번 도(櫂) 사이의 건현(乾舷)에 뚫은 포혈을 통해 조총을 서서 쏠 수 있도록 설계했을 것이다. 굳이 두 정의 조총을 쏘

102 격군의 수
『양남수군변통절목』에 따르면 통제영 거북선과 전라 좌수영 거북선의 전투원의 숫자는 동일하며 격군에서만 차이가 있다. 전라 좌수영 거북선의 사부는 14명, 화포수는 8명, 포수는 24명, 격군은 80명이다.
통제영 거북선에 비해 노를 젓는 격군이 20명 더 적은 까닭은 좌수영 거북선에 장착된 노는 모두 16착으로 통제영 거북선에 비해 4착이 더 적기 때문이다.

기 위해서 두 개의 포혈을 왜 설치했는지는 사료를 통해 확인할 수 없다.

    거북선의 1층 측면 건현에 단 한 개의 조총 포혈을 뚫어야 할 이유는 없기 때문에, 조총보다는 현자총통을 발사했을 것으로 추정하는 것이 합리적이다. 1층에서 현자총통을 발사할 경우, 포를 쏘는 공간이 필요하기 때문에 3번과 4번 도 사이에 있는 내부 공간이 다소 복잡해진다. 이처럼 수면과 인접한 1층 공간에 굳이 작은 총통을 발사할 수 있도록 설계한 까닭은 근접한 적선의 흘수(吃水)선 아래를 직사 포격으로 구멍을 뚫어 침몰시키려는 분명한 목적이 있기 때문이다.[103]

    전라 좌수영 거북선 1층 공간에 설치된 현자총통 주변에는 적선의 흘수선을 조준하여 직사 포격하는 화포수들이 배치되었으며 3번과 4번 도 사이를 제외하고 나머지 1층 공간은 『이충무공전서』에 기록된 바와 같이 창고나 병사들의 휴식을 위한 공간으로 사용되었다.

103 직사 포격을 위한 포혈

필자의 추정이 사실일 경우 조총을 주된 무기로 하는 조선 후기 거북선에서 설치된 화포는 장거리 곡사 포격을 위한 것이라기보다는 근접 전투를 위한 직사 포격 방식이었을 것이다.

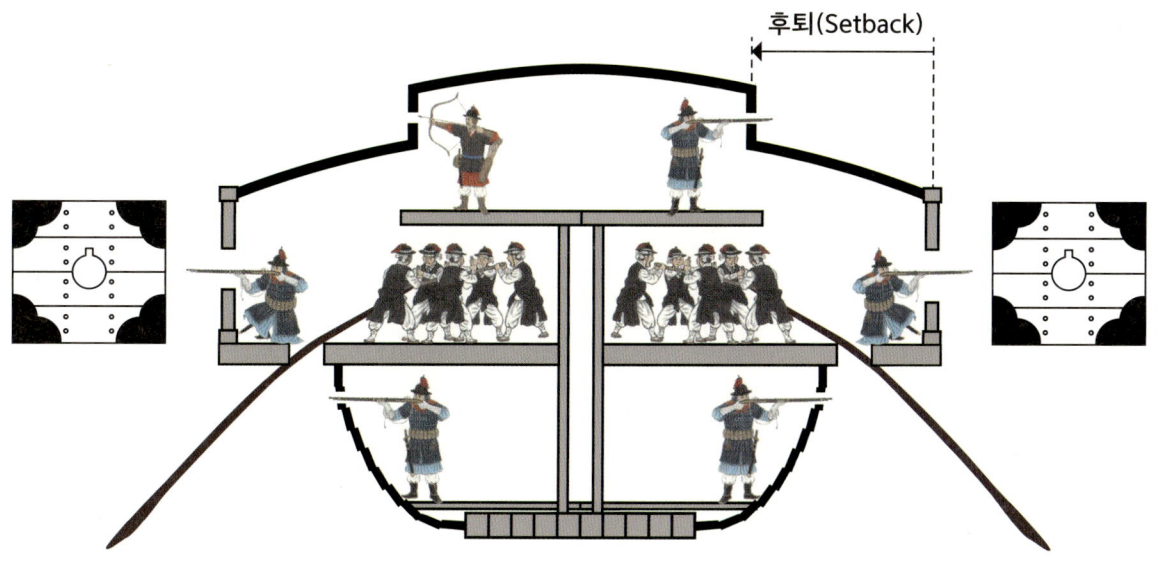

▲ 1층에서 조총을 발사하는 구조로 추정한 전라 좌수영 거북선

★전라 좌수영 거북선 내부

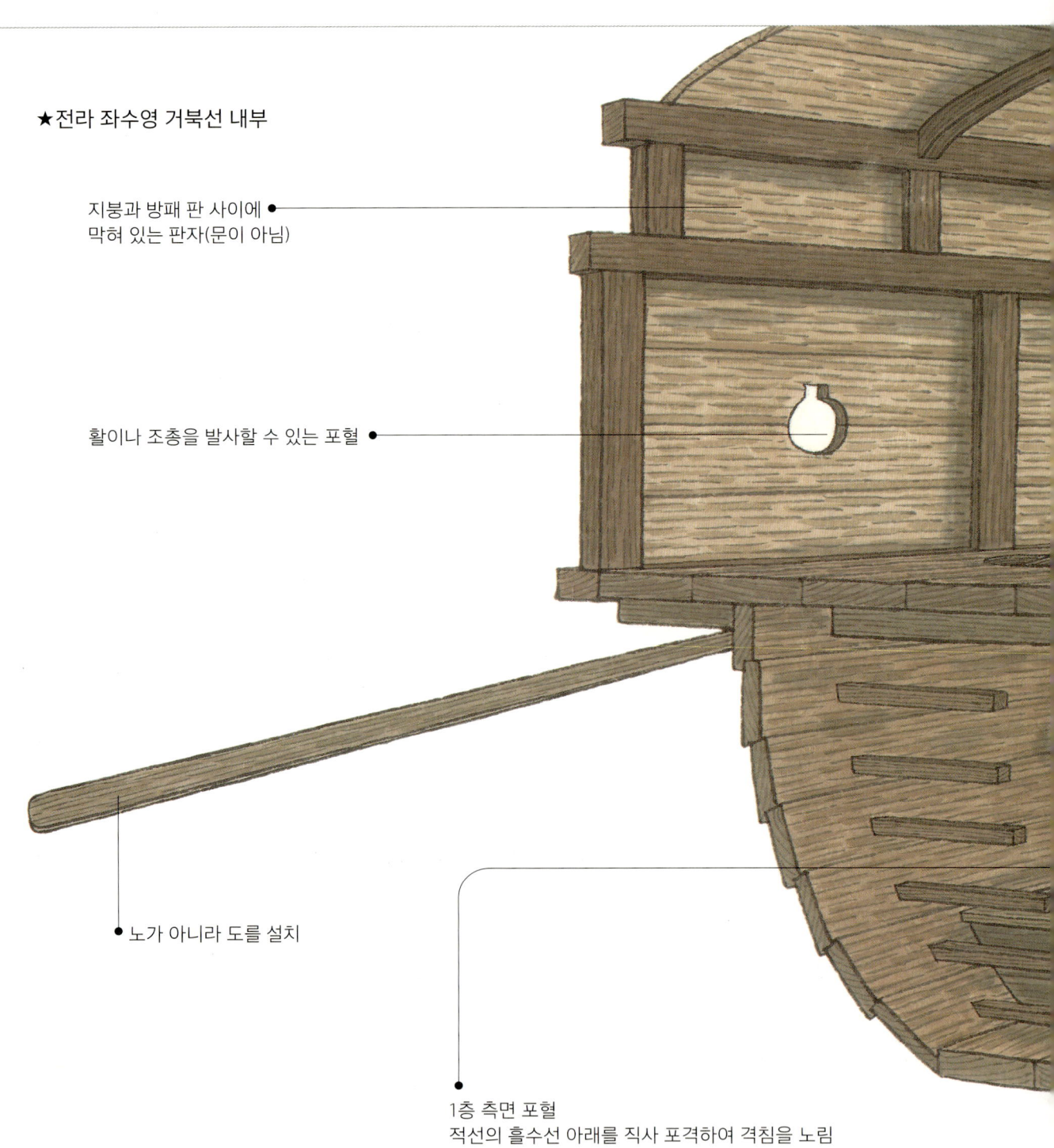

지붕과 방패 판 사이에
막혀 있는 판자(문이 아님)

활이나 조총을 발사할 수 있는 포혈

노가 아니라 도를 설치

1층 측면 포혈
적선의 흘수선 아래를 직사 포격하여 격침을 노림

전라 좌수영 거북선 1층 측면 포혈

▲ 가상 복원 : 도(櫂) 젓기 패러다임으로 추정한 전라 좌수영 거북선 정면

▲ 가상 복원 : 도(櫂) 젓기 패러다임으로 추정한 전라 좌수영 거북선 측면

▲ 가상 복원 : 도(櫂) 젓기 패러다임으로 추정한 전라 좌수영 거북선 내부

▲ 가상 복원 : 도(櫂) 젓기 패러다임으로 추정한 전라 좌수영 거북선 후면

★전라 좌수영 거북선 전도

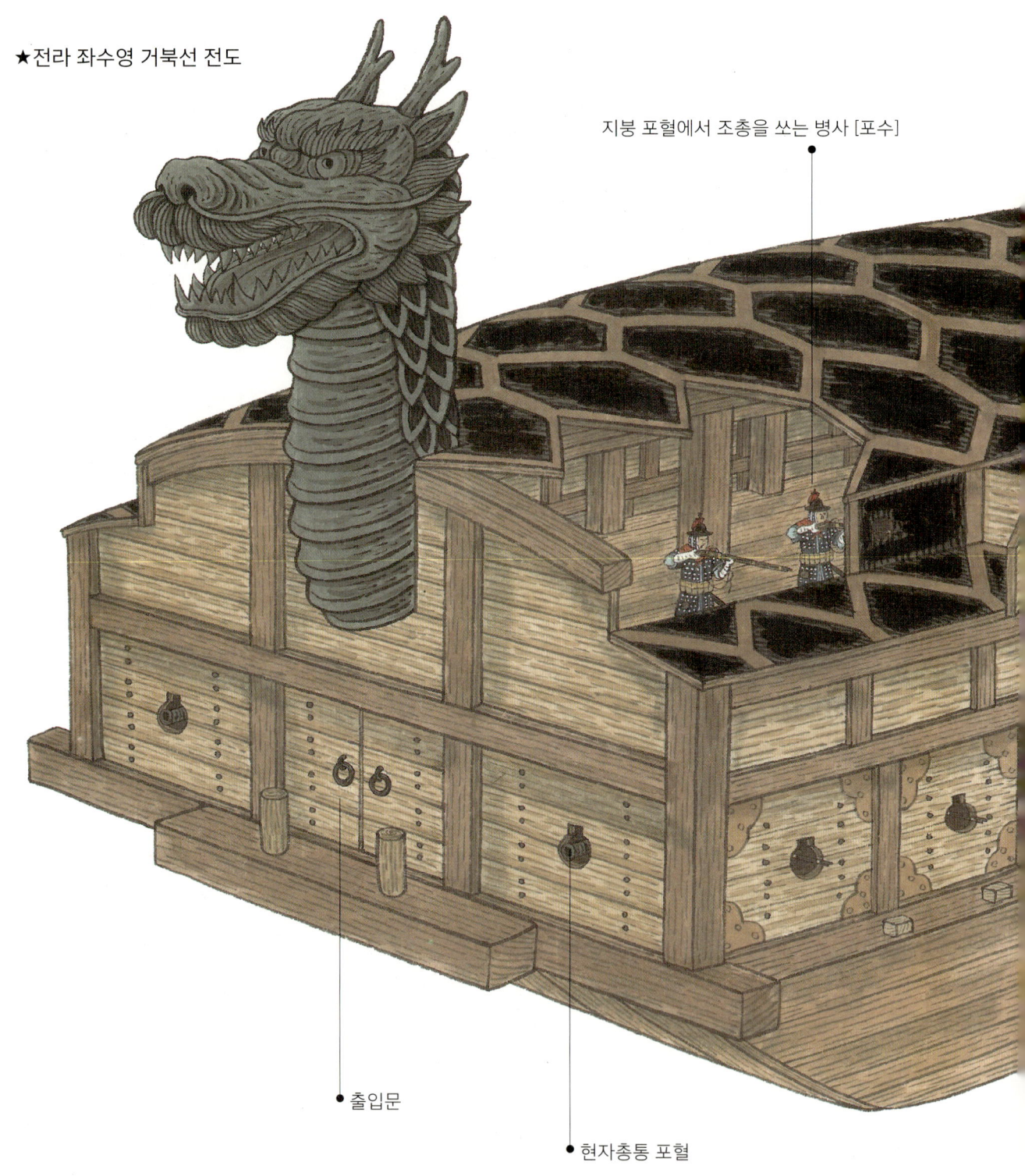

지붕 포혈에서 조총을 쏘는 병사 [포수]

출입문

현자총통 포혈

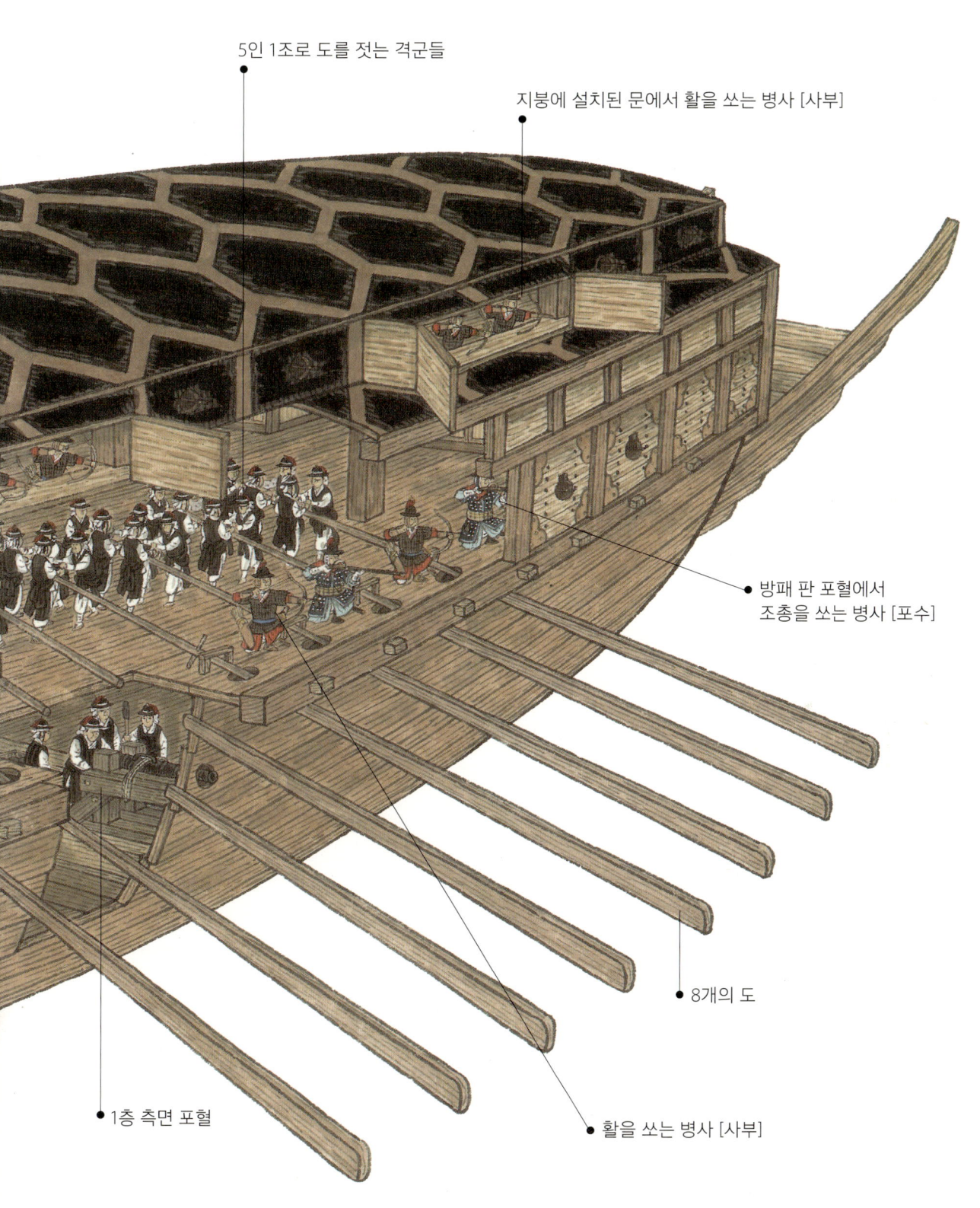

전라 좌수영 거북선 1층 측면 포혈

04

거북선 구조 논쟁의 교육적 활용

시험의 삼총사 : 수능, 논술, 구술

구술과 수사학의 재발견

거북선 구조 논쟁을 활용한 논술과 수능 학습

거북선 구조 논쟁을 활용한 프로젝트

임진왜란 당시 거북선의 상상 재현 프로젝트

시험의 삼총사 : 수능, 논술, 구술

학생들은 수능, 논술, 구술을 각각 다른 평가 도구로 인식하고 있으나, 수능, 논술, 구술 모두 사고력을 평가한다는 점에서 시험의 목적은 동일하며 시험의 방법만 다를 뿐이다. 다시 말해 선택형 시험, 글쓰기 시험, 말하기 시험과 같은 방법만 다를 뿐 평가를 통해 파악하려는 학생의 능력에는 큰 차이가 없다.

사고력을 평가하는 선택형 수능

다섯 개 중에서 하나의 답지를 선택하는 수능형 시험에서는 평가 도구의 신뢰도는 높지만 창의적 문제 해결력을 평가하는 데에는 한계가 있으므로 타당도는 낮을 수밖에 없다.[104] 당연히 직접 쓰게 하거나 말하게 하는 방법이 타당도가 높다. 하지만 모든 학생들을 대상으로 직접 쓰게 하거나 말하게 할 수 없기 때문에 어쩔 수 없이 객관식 선택형 평가를 통해 사고력을 간접적으로 평가할 뿐이다.

아래 수능형 문항은 생각하는 방법으로서의 유추 능력을 평가하기 위해 출제한 것으로 목공 기술과 인간 사회를 유비한다는 제재를 활용하여 출제한 문항이다.[105]

[1~2] 다음 글을 읽고 물음에 답하시오.

> 목재와 목재를 연결하는 기술은 쇠못으로 결합하는 방법과 짜맞춤 기법이 있다. 쇠못을 박아 연결하는 방법은 쉽고 간단하지만, 쇠못과 목재의 틈새로 습기가 차게 되고 쇠못이 부식되어 결국 목재들은 오래 견디지 못하고 삐걱거리게 된다. 반면 목재들을 서로 물고 물리도록 깎아 결합하는 짜 맞춤 기법은 정교한 작업

104 타당도와 신뢰도

타당도(validity)란 측정하고자 했던 내용을 제대로 측정하고 있는 정도이며, 신뢰도(reliability)란 반복 측정을 해도 큰 오차 없이 유사한 결과를 얻게 되는 정도이다.

105 유추의 활용

유추는 생각하는 방법으로도 활용되고, 설명하는 방법으로도 활용된다.

때문에 많은 시간이 필요하지만, 한 번 결합되면 빠지거나 분해가 불가능할 정도로 아주 튼튼해진다.

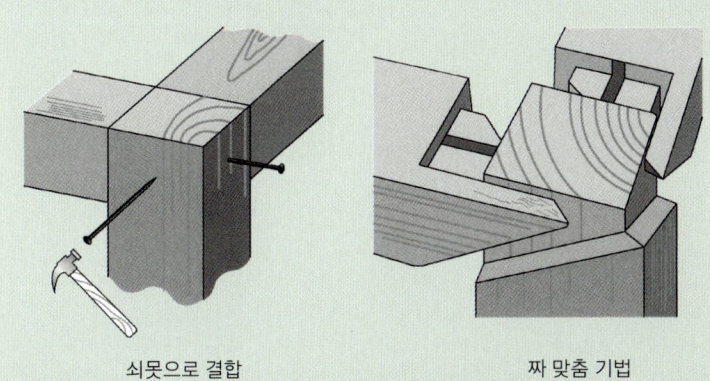

쇠못으로 결합   짜 맞춤 기법

1. '쇠못으로 결합하기'를 '외부의 개입'이라고 착안했을 때, '못'에 빗대어 설명할 수 있는 논리로 가장 적절한 것은?[106]

① 못은 효과가 검증된 해결 방안에 해당한다.
② 못은 구성원을 각성하게 하는 충고에 해당한다.
③ 못은 조직의 결속을 강하게 하는 외적 자극에 해당한다.
④ 못은 갈등의 확산을 막기 위한 최소한의 희생에 해당한다.
⑤ 못은 조직의 성격과는 다른 이질적인 해결 방안에 해당한다.

2. '짜 맞춤'을 '내부의 합의'라고 착안했을 때, '짜 맞춤'에 빗대어 설명할 수 있는 논지로 가장 적절한 것은?[107]

① 내부의 합의는 일시적인 미봉책에 불과함을 주장한다.
② 내부의 합의가 오히려 시간을 절약할 수 있음을 주장한다.
③ 내부 구성원들이 제안하는 다양한 방안을 모두 수용해야 함을 주장한다.
④ 내부 구성원의 능력이 향상되어야 조직이 강하게 결속될 수 있음을 주장한다.
⑤ 내부 구성원의 복잡한 이해관계가 조화를 이루어야 조직이 강하게 결속될 수 있음을 주장한다.

106 1번 문항 해설

정답 : ⑤번
해설 : 이 문항은 이질적인 두 대상 사이의 유사점을 연결하여 내용을 생성하는 능력을 평가하기 위해 출제하였다. 제시문에서는 목재와 목재를 연결하는 두 가지 방법으로 '쇠못으로 결합하는 방법'과 '짜 맞춤 기법'을 제시하고 있다. 전자는 결합 방식이 쉽고 간단하지만, '쇠못'을 박는 인위적인 결합 방식으로 인해 그 부작용이 크다. 반면 후자는 정교한 작업이 필요해 많은 시간이 소요되지만 한 번 결합되면 아주 튼튼해진다. '쇠못으로 결합하기'는 결국 '목재'라는 성질을 올바로 이해하지 못한 임시방편적 성격이 강한 결합 방식으로 유추할 수 있으므로, 이를 '인간 사회'에 유비하면 갈등을 인위적으로 해결하는 방법에 해당한다.
— 출처 : 제54회 KBS 한국어능력시험

107 2번 문항 해설

정답 : ⑤번
해설 : 이 문항은 이질적인 두 대상 사이의 유사점을 연결하여 내용을 생성하는 능력을 평가하기 위해 출제하였다. '짜 맞춤 기법'은 결국 '목재'가 갖고 있는 성질을 극대화한 결합 방식이며, 목재와 목재가 조화를 이룸으로써 더욱 강하게 결합시키는 기법이다. 이를 '인간 사회'에 유비하면 조직 구성원 사이의 복잡한 관계가 조화를 이루는 것에 초점을 맞추어야 한다.
— 출처 : 제54회 KBS 한국어능력시험

이처럼 객관식 선택형 문항을 통해 목재와 목재를 연결하는 두 가지 방법을 인간 사회의 갈등을 해결하는 방법과 연관 지어 설명할 수 있는 창의력을 평가하는 데에는 한계가 있다.[108] 오히려 출제자가 창안한 다양한 아이디어들이 다섯 개의 답지로 제시될 뿐이며, 학생들은 그 적합성 여부를 판단하여 답지 중에서 하나를 선택할 수 있을 뿐이다. 역설적으로 문제를 풀어야 하는 학생들보다 출제자의 창의력이 더 중요하다.

객관식 선택형 문항은 대단위 평가가 필요한 상황에서 유용하게 활용할 수 있으나, 출제자의 의도에서 빗나간 역변별 문항이 발생할 수 있다는 치명적인 약점이 있다. 다양한 문제 해결 전략을 갖춘 최상위권 수험생들이 너무 깊게 생각한 나머지 상위권 수험생들보다 오히려 정답률이 낮은 모순이 발생할 수 있는 것이다. 이 경우 우수한 피험자와 그렇지 않은 피험자를 변별하는 힘이 역으로 작용했기 때문에 출제 오류로 볼 수 있다. 특히 국어 과목에서 역변별 문항이 자주 발생할 수 있기 때문에 주의해야 한다.

108 객관식 선택형 문항의 장점
① 수십만 명 이상 대단위 평가 가능
② 모든 피험자가 동일한 조건에서 응시하므로 높은 신뢰도(reliability) 보장
③ 문항 분석을 통해 수험생의 답지 반응을 정량적으로 분석 가능
④ 양질의 문항일 경우, 단답형과 서술형에 비해 오히려 더 높은 사고력을 측정할 수 있음.

좀더 자세히

유비추리(類比推理)를 활용한 내용 생성

유비추리(類比推理) 또는 유비추론을 줄인 유추(類推)는 서로 다른 범주에 속하는 대상을 연결 짓는 개념으로, 동일한 범주에 속하는 대상의 공통점을 견주는 비교와 차이가 있다. 유추는 생각하는 방법인 동시에 설명하는 방법이기도 하다. 생각하는 방법으로서의 유추는 생소한 개념, 구조, 원리를 전혀 다른 영역의 개념, 구조, 원리와 대응하여 관계를 찾아내는 것이다. 설명하는 방법으로서의 유추는 생소한 개념, 구조, 원리를 기존의 잘 알고 있는 개념, 구조, 원리를 이용하여 쉽게 설명하는 전략이다.

생각하는 방법으로서의 유추	설명하는 방법으로서 유추
전혀 다른 영역과 연결 짓기	익숙한 방식을 생소한 개념으로 되돌리기

유추의 대표적인 사례는 주가 변동을 인간의 삶과 관련지어 설명하는 것이다. 추상적 개념은 구체적인 형태가 없으므로 현실에 존재하는 익숙한 다른 것으로 유추해야 효과적이다. 인간의 삶이라는 추상적인 개념은 주가 곡선이라는 구체적인 형태로 표현되어야 설명하기 쉽다.

① 주마가편(走馬加鞭)
- 더욱 박차를 가하자

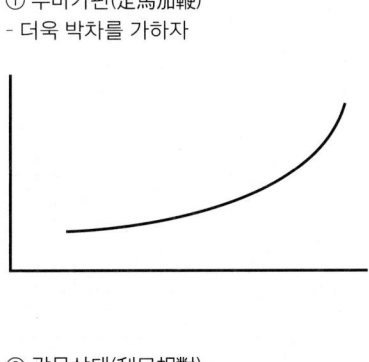

② 용두사미(龍頭蛇尾)
- 뒷심 부족을 극복하자

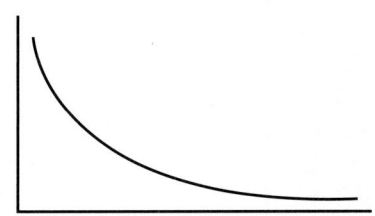

③ 괄목상대(刮目相對)
- 우리도 해낼 수 있다

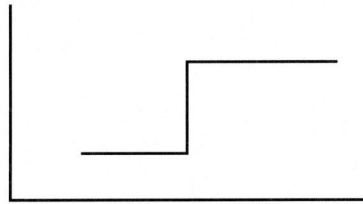

④ 지지부진(遲遲不進)
- 이대로는 안 된다

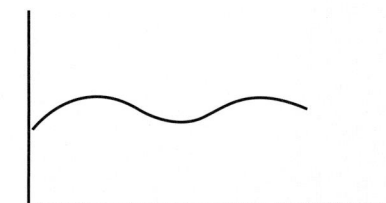

⑤ 새옹지마(塞翁之馬)
- 시련의 시기를 이겨내자

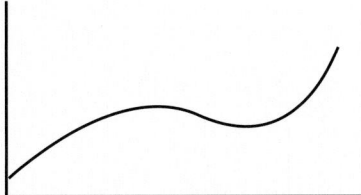

유추는 참신한 아이디어를 만들어 내는 사고의 도구로서, 관련성이 먼 분야끼리 과감하게 연결지어야 더 창의적인 아이디어가 생성된다. 유추를 활용한 문제 해결 전략이란 해결해야 할 과제를 전혀 다른 영역과 연결 지은 후, 그 다른 영역의 설명 방식으로 주어진 과제에 접근하는 것이다.

사고력과 논증 능력을 평가하는 논술

2008년 이전 논술이 철학적 사고 능력을 평가하는 이른바 고전 논술이었다면, 그 이후부터는 고등학교 각 교과 내용에 대한 비판적이고 창의적인 사고력을 토대로 자신의 주장을 입증하는 논증(論證) 능력을 측정하는 시험으로 변화하였다.[109] '수리 논술', '과학 논술'이라는 용어가 교육 현장에서 자연스럽게 자리 잡을 정도로 이제 논술은 우수한 학생을 선발하는 평가 도구에서 발전하여 다양한 교과에서 활용할 수 있는 교수·학습 방법으로 변화하였다.[110]

논술은 설명하고 설득하고 이야기하는 수준에서 더 나아가 자신의 생각을 논리적으로 주장하는 것이므로 결국 논증하는 것이다. 논증의 요건을 갖추기 위해서는 자신의 주장을 뒷받침할 수 있는 근거를 제시하고 그 이유를 타당하게 제시해야 한다. 근거 없이 자신의 주장을 나열하거나 주장 없이 설명만을 나열하는 것은 논증이 아니다.

단순히 근거만을 제기한다고 해서 논증이 되는 것이 아니라, 주장을 뒷받침하는 근거가 타당한 논리를 갖추었을 때, 즉 논거(論據)로 기능할 때에 논증의 요건을 충족할 수 있다.

> 논술 = 논(論) + 증(證)
> 주장 + 근거
> 논거(論據) = 논리적인 근거

논거는 크게 사실 논거와 소견 논거로 구분할 수 있다. 사실 논거는 직접 경험한 것이나 현장 조사, 문헌 조사, 실험 등을 통하여 구체적이고 객관적으로 인정된 사실이다. 소견 논거는 타당하다고 입증된 기존의 견해, 해당 분야의 권위자의 의견이나 주장을 가리킨다. 이러한 논거들은 사실 자체가 옳은 것이어야

---

109 통합 교과 논술

1994년부터 수능을 보완하는 평가 도구로 활용했던 대입 논술 고사는 2008년을 기점으로 통합 교과형으로 크게 바뀌었으며, 그 뒤 교과 논술로 자리 잡았다.

110 논술 과목이란?

일부 고등학교에서 교양 선택 과목으로 논술 과목을 지정하는 경우가 있어서 혼동할 수 있지만, 논술은 교과목이 아니라 모든 교과에서 활용할 수 있는 수업 방법이자 평가 방법이다. 이 때문에 모든 교과 예비 교사들은 교사 자격증을 취득하기 위해서는 교과 논리 및 논술 교육론을 이수해야 한다.

하며, 쟁점과 관련되는 것이어야 하며, 주장과 밀접한 관계가 있어야 한다. 이때 논거가 편견과 선입견으로 선정된 것은 아닌지 출처는 믿을 만한지 확인해야 한다.

논술은 글쓰기 능력을 평가하는 것이 아니라 사고력을 평가하는 시험이다. 따라서 논술에서 요구하는 과제인 논제는 정해진 답이 있는 것이 아니라 다양한 반응을 보일 수 있는 것으로 제시된다. 객관식 선택형 문항으로 파악할 수 없었던 학생들의 사고의 깊이를 평가할 수 있는 것이다. 다음은 앞서 제시한 수능형 문항을 논술형으로 변형한 논제와 예시 답안 사례이다.

아래 그림과 같이 목재와 목재를 연결하는 기술은 쇠못으로 결합하는 방법과 짜 맞춤 기법이 있다.

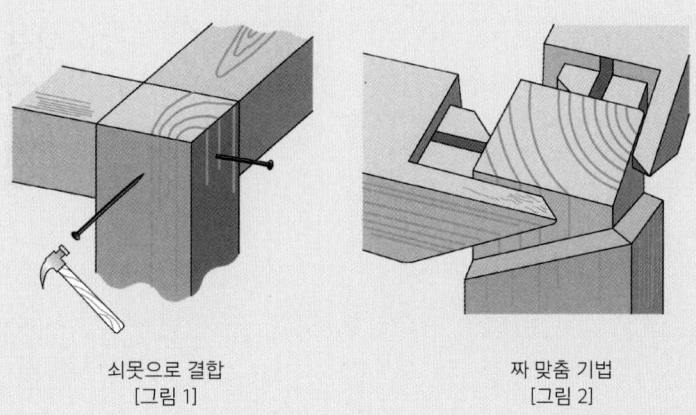

쇠못으로 결합
[그림 1]

짜 맞춤 기법
[그림 2]

[논제] 위 자료를 바탕으로 조건에 맞게 '효과적인 합의 방법'에 관해 논술하시오.

※ 조건 ① [그림 1]과 [그림 2]를 모두 사용하여 설명하시오.
② 두 가지 방법의 차이점만 설명하지 말고, 조직의 화합 방법과 연관 지으시오.
③ 서론과 결론은 생략하고 본론만을 500자 내외로 작성하시오.

[답안 사례]

 이미 일어난 갈등을 관리하는 방법도 중요하지만, 갈등이 일어나지 않도록 하는 것이 더 중요하다. 서로 다른 생각을 하나로 통합하는 것은 목재와 목재를 연결하는 방식으로 유추할 수 있다.
 목재들을 쇠못으로 결합하는 방법은 가장 쉽고 간단하지만, 결합 부위가 오래 가지 못하고 결국 삐걱거리게 된다. 짜맞춤 기법은 서로 모양을 맞추는 정교한 작업 때문에 많은 시간이 필요하지만, 한번 결합된 목재들은 분해가 어려울 정도로 아주 튼튼하게 맞물린다. 이 때문에 전통 가구와 건축물은 쇠못으로 결합하기보다는 짜맞춤 기법을 선호하였다.
 쇠못으로 결합하는 방법은 외부의 개입에 의한 화합으로 유추할 수 있는데, 화합이 손쉽게 이루어지는 듯해도 오래 지속되지 못한다. 짜맞춤 기법은 내부의 합의 과정을 거친 화합으로 유추할 수 있는데, 구성원 간 서로 견해를 주고받는 과정은 짜맞춤 기법에서 서로 모양을 맞추는 정교한 작업에 해당한다. 당연히 후자가 많은 시간과 시행착오가 필요하지만 강력한 결합을 이끌어 낼 수 있다.

좀더 자세히

① 대상 설명형 논술

대상 설명형 논술은 제시문의 내용을 설명할 것을 요구하는 유형이다. 개념, 본질, 의미를 설명하는 유형, 유사점과 차이점을 설명하는 유형, 변화 과정을 설명하는 유형, 원인과 결과를 설명하는 유형 등이 있다. 대상 설명형 논술을 쓸 때에는 제시문의 핵심을 파악하여 내용을 정확하게 설명하는 것이 중요하다.

② 의견 제시형 논술

의견 제시형 논술은 다양한 견해가 가능한 쟁점에 대해 자신의 의견을 밝히고 그 정당성을 논증하는 유형이다. 의견 제시형 논술을 쓸 때에는 자신의 의견을 뒷받침할 수 있는 타당한 근거를 제시할 뿐 아니라 다른 의견을 반박할 수 있는 논리적 힘도 필요하다.

③ 문제 해결형 논술

문제 해결형 논술은 주어진 문제에 대해 능동적인 생각을 토대로 문제를 해결해 나가는 유형의 논술로서, '문제+해결'의 구조로 이루어진다. 문제 해결형 논술 과제를 수행하기 위해서는 문제 '상황'에 대한 정확한 인식을 토대로 문제점을 '분석'한 후, 창의적이고 적절한 '해결' 방안을 제시해야 한다.

④ 찬반형 논술

찬반형 논술은 논리적인 근거를 갖추어 찬성 혹은 반대의 입장을 쓰는 유형이다. 찬반형 논술을 쓸 때에는 토론에서와 마찬가지로 문제가 되는 상황과 쟁점들에 대해 충분히 이해하고 있어야 한다. 그리고 찬성 혹은 반대의 논리를 지지할 수 있는 설득력 있는 사례와 논리를 가지고 있어야 하며, 자신의 의견과 반대되는 입장에 대한 반박 논리도 필요하다.

⑤ 가치 판단형 논술

가치 판단형 논술이란 어떤 문제 상황에 대하여, 자신이 가진 가치관이나 윤리관을 토대로 입장을 결정하여 주장을 펼쳐나가는 유형을 뜻한다. 가치 판단형 논술을 쓸 때에는 쟁점에 대해 깊이 있게 검토하고, 객관적 관점에서 합리적이고 타당한 판단을 해야 한다.

사고력과 논증 능력을 평가하는 구술

구술은 단순히 논술 답안을 구두로 발표하는 것이 아니라 자신의 생각을 발표한 후, 평가자의 질의 응답을 통해 사고의 깊이와 주장의 근거를 확인할 수 있는 타당도가 높은 시험이다. 구술 시험을 통해 반드시 알고 있어야 할 지식도 확인할 수 있으며, 학생의 논증 능력을 구체적으로 확인할 수도 있다. 다음은 앞서 살펴 본 수능형 문항과 논술형 문항을 구술 시험으로 변형한 사례이다.[111]

111 프랑스 그랑 토랄
모든 학생들을 대상으로 대단위 구술 시험을 치르는 것은 매우 어렵기 때문에 우리나라에서는 일부 대학에서 제한적으로 활용하고 있다. 하지만 프랑스에서는 대입 시험에 전공 심화 면접인 '그랑 토랄(grand oral)'을 도입하였다.

아래 그림과 같이 목재와 목재를 연결하는 기술은 쇠못으로 결합하는 방법과 짜 맞춤 기법이 있다. 위 자료를 바탕으로 '효과적인 공부법'에 대해 설명하고 면접관의 질의에 답하시오.

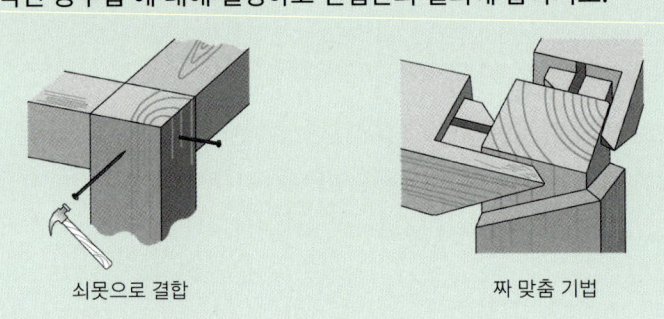

쇠못으로 결합   짜 맞춤 기법

▲ 구술 시험 상황

수능, 논술, 구술의 관계

대입 수능 국어 문항은 읽기 능력 검사라고 해도 과언이 아니다. 읽기 능력은 제시문과 문제를 결합한 형태의 선택형 문항으로 비교적 손쉽게 측정할 수 있다. 읽기 능력은 사실적 이해, 추론적 이해, 비판적 이해로 구분하고 있다.[112]

사실적 이해는 주어진 제시문의 정보를 정확히 파악하는 능력이다. 제시문에 명시적으로 드러난 정보를 여러 단서를 이용하여 효과적으로 찾아내야 한다. 추론적 이해는 제시문에 명확하게 드러나 있지는 않지만, 논리적으로 확장하여 새로운 의미를 생성할 줄 아는 능력이다. 비판적 이해는 단점을 지적하는 비난이 아니라, 제시문의 신뢰성과 타당성을 판단하는 능력이다. 즉 제시된 정보를 있는 그대로 받아들이는 것이 아니라, 주장과 근거의 신뢰성, 글의 타당성 등을 따지는 것이다.

이 세 가지 읽기 능력은 독립적인 능력이 아니다. 사실적 이해가 가능해야 추론이 가능하며, 추론이 가능해야 비판이 가능하다. 따라서 비판은 추론을 포함하며, 추론은 사실적 이해를 포함하는 관계이다.

112 사고력의 수준
'적(的)'이라는 접미사를 사용하였기 때문에 '사실적 이해'는 '사실적 성격을 띠는 이해'이고, '추론적 이해'는 '추론적 성격을 띠는 이해'이며, '비판적 이해'는 '비판적 성격을 띠는 이해'이다. 이처럼 추론과 비판에 모두 이해를 붙인 까닭은 추론과 비판 역시 사실을 제대로 이해해야 가능하기 때문이다.

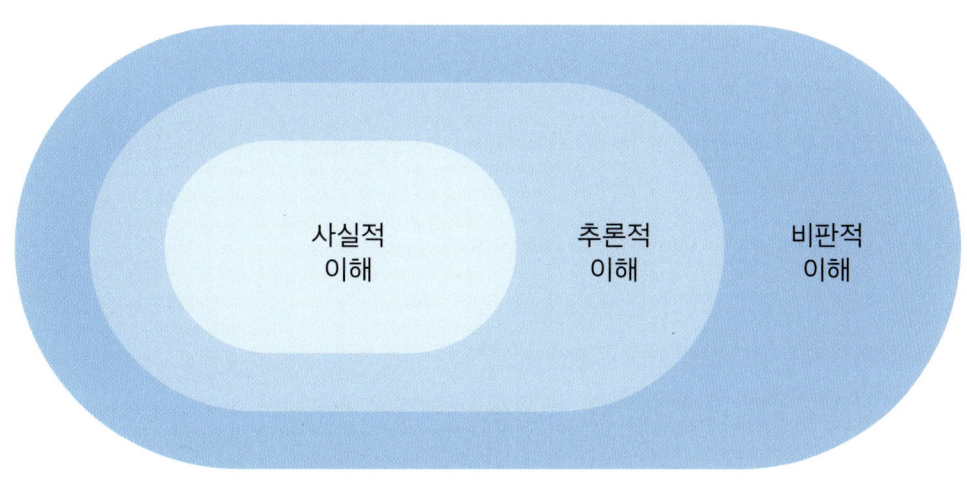

▲ 사실적 이해, 추론적 이해, 비판적 이해의 관계

논술과 구술 유형 중에서 가장 간단한 유형인 내용 요약형 논제와 대상 설명형 논제는 사실적인 사고 능력이 필요한 과제로 제시문의 핵심을 파악하여 설명하는 기본적인 단계의 문제 해결을 요구하고 있다. 여기에서는 제시문에 담긴 필자의 생각을 정확하게 요약하는 정도에 따라 답안의 수준이 결정된다.[113]

의견 제시형 논제는 비판적 사고 능력이 필요한 과제로 우리가 겪는 다양한 문제 중에서 그 해답을 놓고 서로 다른 입장이 맞서는 경우를 문제 해결 과제로 제시한다. 여기에서는 자신이 선택한 입장과 반대되는 입장을 조목조목 반박하는 정도에 따라 답안의 수준이 결정된다.[114]

가치 판단형 논제 역시 비판적 사고 능력이 필요한 과제로 주어진 현상에 대해 적절한 기준을 적용하여 합리적으로 판단할 수 있는 경우를 문제 해결 과제로 제시한다. 이러한 성격의 논제는 어떤 일을 추진하는 과정이나 결과를 평가하는 실재적인 것도 있으나 개인의 사상이나 가치처럼 추상적인 것을 대상으로 하기도 한다. 여기에서는 현상의 문제점을 파악하고 이를 평가하는 정도에 따라 답안의 수준이 결정된다.

의사 결정형 논제와 문제 해결형 논제는 추론적 사고 능력이 필요한 과제로 제시문에 대한 깊은 이해를 바탕으로 새로운 합의점을 모색해야 하는 고급 단계의 문제 해결력을 요구하고 있다. 여기에서는 자신의 입장과 관점만을 제시하는 것이 아니라 근본적인 해결책에 해당하는 대안의 질에 따라 답안의 수준이 결정된다.[115]

창의적 사고는 주어진 상황과 조건에 맞게 어떤 언어 자료를 변형하거나 새롭게 표현하는 고차적인 언어 활동으로 요약하고 논박하고 평가하고 대안을 제시하는 모든 과정에 필요한 능력이다.

이처럼 수학능력시험 국어 과목과 논술 및 구술은 별개의 과목이 아니라 사고력을 평가하는 서로 다른 평가 도구일 뿐이다. 요약하고, 논박하고, 평가하고, 대안을 제시할 수 있는 능력을

113 사실적 사고

사실적 사고란 언어로 표현된 말이나 글의 내용을 정확히 파악하고 이해하는 능력과 사실에 맞게 언어로 표현하는 능력을 의미한다. 예를 들면 언어로 표현된 것을 읽어서 정보를 확인하고 내용을 요약하며 글의 연결과 전개 방법 및 글의 종류와 특징 등을 정확하게 파악할 수 있는 능력 등을 포함한다.

114 비판적 사고

비판적 사고란 언어 표현과 이해의 과정에서 여러 가지 준거에 의하여 분석한 것을 바탕으로 그 정당성이나 적절성 또는 가치 및 우열에 대하여 평가하는 능력을 의미한다.

115 추론적 사고

추론적 사고란 언어의 표현과 이해 과정에서 추론을 통하여 자료나 텍스트의 표면에 제시되지 않은 요소를 창출해 내는 것으로, 보다 깊고 수준 높은 언어를 사용할 수 있는 능력을 의미한다.

평가한다는 점에서 수능 국어와 논술 또는 구술은 큰 차이가 없다.

[표 4-1] 논술 및 구술의 사고 유형과 수능의 사고 수준

논제의 유형 (논술 / 구술)	사고의 유형	사고의 수준 (수능 국어)	
❶ 내용 요약형	요약	사실적 사고	창의적 사고
❷ 대상 설명형			
❸ 의견 제시형	논박	비판적 사고	
❹ 가치 판단형	평가		
❺ 의사 결정형	대안 제시	추론적 사고	
❻ 문제 해결형			

시험의 삼총사 : 수능, 논술, 구술

구술과 수사학의 재발견

음성 언어 의사소통의 중요성

의사소통 도구 중에서 가장 대표적인 것이 말(언어)이다. 흔히 말의 기능은 이해와 표현, 입말(음성 언어)과 글말(문자 언어)을 기준으로 듣기, 말하기, 읽기, 쓰기로 구분해 왔다. 하지만 우리의 언어생활을 살펴보면 이러한 구분이 모호해졌음을 알 수 있다.[116] 이미 다양한 매체를 통해 입말과 글말이 영향을 주고받으면서 글말 중심의 언어 규범에 이상이 생기고 있다. 텔레비전 뉴스의 경우 형식은 구어이지만 정확한 어순, 완결도 높은 문장, 엄격한 표준어 사용, 간투사 사용 자제 등 '소리로 구현된 문어'라 할 수 있을 정도로 구어의 일반적인 특성과는 거리가 멀다. 이에 비해 인터넷 언어는 구어적인 양상을 보이는 문어이다. 즉 문자를 수단으로 하지만 구어의 효과를 노리는 경우가 일반적이다.

실시간으로 이루어지는 음성 언어 활동은 천천히 생각하고 수정할 여유가 있는 문자 언어에 비해 소통의 장애가 발생할 가능성이 높고 담화 텍스트의 응집성을 비롯한 사고와 표현 과정도 문자 언어와는 다른 양상으로 전개된다. 이러한 음성 언어 활동이 실제 언어생활의 대부분을 차지한다는 것은 주지의 사실이다.[117]

이렇게 음성 언어와 문자 언어가 속성이 다르며 음성 언어가 의사소통의 대부분을 차지하고 있음에도 불구하고 교육과 평가는 읽기·쓰기와 같은 문자 언어 의사소통 기능에 집중되어 왔다. 읽기는 독해력 중심의 성취도 평가로, 쓰기는 논술 평가로 대단위 평가를 실시할 수 있을 정도로 체계가 섰지만 국가 수준의 성취도 평가마저 듣기 평가와 말하기 평가는 시행하기 매우 어렵다. 이는 음성 언어 측면이 중요하지 않아서라기보다는 현실적으

116 구술성과 문자성

이처럼 매체의 형식이 음성인지 문자인지가 중요한 것이 아니라 텍스트의 성격이 구술성(oality)인지 문자성(literacy)인지 여부가 더 중요하게 되었다.

117 음성 언어의 중요성

의사소통 습관에 관한 많은 선행 연구에서 듣기·말하기와 같은 음성 언어 비중이 언어생활의 70% 이상임을 보고하였으며 다양한 매체의 발달로 음성 언어가 차지하는 비중은 갈수록 높아지고 있다.

로 음성 언어를 교육하고 평가하는 것이 자료의 생성과 기록, 유지 및 관리가 용이한 문자 언어에 비해 녹록치 않았기 때문이다.

하지만 문자 언어 중심의 학교 교육과는 달리 실제 직무 영역에서 절실하게 요구되는 능력은 음성 언어 의사소통 능력이다. 특히 공적인 말하기 능력은 실용적이고 도구적인 언어 기능으로 많은 사람들이 '말 잘하는 사람이 성공하는 시대'임을 자각하고 있다. 말하기 능력이 개인을 평가하는 중요한 척도가 되었지만 10년간 체계적으로 설계된 국어과 듣기·말하기 교육을 마쳤음에도 많은 사람들은 취업과 승진을 위해 화술이나 스피치 교육 기관의 문을 두드리고 있다.

구술시험으로 융합하는 담화 장르

일상에서 무심코 사용하고 있는 구술시험, 면접시험이라는 용어는 면담, 발표, 토의, 토론 등 국어과 화법 영역에서 다루고 있는 담화 장르들이 시험과 융합하면서 만들어진 용어들이다. 면담(面談), 면접(面接), 인터뷰(interview)는 '직접 대면하여 말한다'는 공통된 의미를 지니고 있으나, 실제 사람들이 사용하는 맥락은 사전적 의미와 차이가 있다.[118] 특히 '면접'은 면담, 발표, 토의, 토론 담화와 뒤섞이고 있다. 이는 면담, 발표, 토의, 토론과 같은 담화들이 인재 선발 도구로 활용되면서 나타난 현상이다. 구술시험을 통해 인재를 선발하고자 하는 사회적 요구가 면접의 의미를 면접 시험의 의미로 좁게 변화시킨 후, 발표, 토의, 토론과 같은 다른 말하기 양식에도 영향을 끼치고 있음을 알 수 있다.

면담 양식이 구술시험으로 활용되면서 '면접'의 의미가 면접시험의 의미로 축소되었고(유형 A), 발표 양식을 구술시험으로 활용하면서 '심층 면접'이라는 용어가 나오게 되었으며(유형 B), 입

118 면접과 인터뷰

사람들은 '면담'을 문제를 해결하거나 궁금증을 풀기 위해 서로 의논하는 '상담(相談)'의 개념으로 사용하고 있으며, '면접'을 '면접 시험'의 의미로 좁게 사용하고 있다. 또 '인터뷰'는 면접 또는 면담으로 순화해야할 외래어라기보다는 뉴스 보도나 방송을 목적으로 특정한 인물을 만나 취재하는 의미로 사용하고 있다.

시와 입사 시험에서 토의와 토론을 구술시험으로 활용하면서 '집단 면접'이라는 용어가 사용되게 되었다(유형 C, 유형 D).

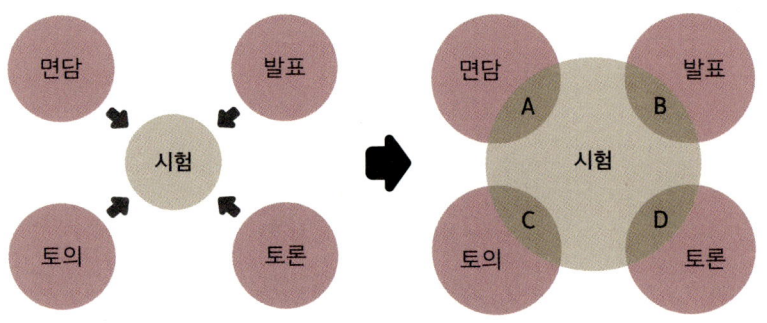

▲ 구술시험에 의한 담화 유형의 융합 현상

[표 4-2] 구술시험으로 변화하는 면접[119]

유형	용어	사례
A(면담+구술시험)	면접	면접관의 질문에 답함
B(발표+구술시험)	심층 면접	깊이 있는 내용을 발표함
C(토의+구술시험)	집단 면접	지원자들끼리 토의하면서 평가함
D(토론+구술시험)		지원자들끼리 토론하면서 평가함

이처럼 '면접'이 '면담'보다도 더 일반적으로 사용되는 용어가 되어감에 따라 '면담', '면접', '인터뷰', '심층 면접', '집단 면접'이라는 용어가 혼재하게 되었고 '면접'과 '면담'을 구분하여 논의하기 어렵게 되었다.[120]

대학 입시 면접은 기본 소양 면접(유형 A)과 심층 면접(유형 B)으로 구분할 수 있다. 전자는 개인의 신상을 질문하거나 기본 소양을 평가하는 간단한 면담 수준이지만, 후자는 문제 해결력, 사고력, 분석력, 대안 제시 능력까지 요구하고 있다. 실제 대학 입시에서는 이 둘 모두를 병행하는 경우가 일반적이다. 즉 기

119 면접 시험과 심층 면접

면접시험(유형 A)과 심층 면접(유형 B)은 우리 주변에서 흔히 체험하게 되는 공적 대화임에도 기존의 화법 교과에는 이를 거의 다루지 않았다. 오히려 국어과 화법 수업 시간에 입시 면접을 대비하기 위해 모의 면접 수업을 한다는 것은 교육과정을 파행으로 운영하는 것으로 치부되었다.

120 면접 담화의 중요성

면접의 의미가 다층적으로 사용되고 있는 현상과 더불어 국어과 화법 교육 과정에서 면접을 공적 대화를 대표하는 것으로 명명하면서 평가(구술시험)를 목적으로 하는 공적 대화를 교과에서 다룰 수 있게 되었다.

본 소양 면접은 주로 피면접자의 비인지적 능력을 평가하며, 심층 면접은 주로 인지적 능력을 평가한다. 이처럼 입시에서 심층 면접은 사전 준비 없이 30분 이내의 문제 해결 시간을 통해 정리한 내용을 발표하는 것으로, 철저한 자료 조사와 치밀한 준비를 요구하는 발표 담화(프레젠테이션)와는 구별된다.

심층 면접(유형 B)의 대표적인 사례는 2021년부터 대학 입시에서 새롭게 시행되고 있는 프랑스의 '그랑 토랄(grand oral)' 시험이다. 그동안 논술 시험의 모범적인 사례로 프랑스 '바칼로레아'를 강조하였지만, 바칼로레아 합격률이 80%를 넘으면서 신뢰도가 떨어져 모든 고등학생들이 전공 심화 과목을 주제로 한 구술시험을 치르게 되었다. 교과 프로젝트를 중심으로 그랑 토랄 시험을 준비하는 과정에서 자연스럽게 고등학교 교육과 대학 교육이 연계될 수 있다.

그리스의 수사학

에토스, 로고스, 파토스로 알려져 있는 아리스토텔레스의 수사학은 글쓰기보다는 연설과 관련된 것이었다. 연설은 공식적 상황에서 청중에게 자신의 견해를 말로 전달하는 의도적이며 목표 지향적인 의사소통 방법으로, 연설 담화에서는 이성적·감성적·인성적 설득 전략이 모두 필요하다. 아리스토텔레스가 지은 최초의 의사소통 전략서인 레토리케의 내용을 한마디로 요약하면 남을 설득하려면 "인성과 실력을 갖춘 화자[에토스]가, 논리적으로 구성된 내용[로고스]을 화자의 감정에 호소하면서[파토스] 연설해야 한다."는 것이다.[121]

국어과 화법 과목에서 다루는 연설 담화 내용 지식도 아리스토텔레스의 '레토리케', 즉 수사학의 범위를 크게 벗어나지 않는다. 롤랑바르트가 '모든 수사학은 전부 아리스토텔레스식 수사

121 레토리케와 아르스레토리카

아리스토텔레스가 남긴 '레토리케'는 후대 라틴어로 번역되어 '아르스레토리카(Ars Rhetorica)'로 불렸다.

▲ Aristotle(384-322 B.C.)

학'이라고 한 까닭도 여기에 있다. 이제 아리스토텔레스의 레토리케는 모두가 알아야 할 상식이 되었다.

[표 4-3] 아리스토텔레스의 레토리케

레토리케	설득 전략	특성	내용
에토스[Ethos]	인성적 호소	화자의 요건	화자의 성격 또는 평판(신뢰와 권위)에 호소
로고스[Logos]	이성적 호소	메시지의 요건	논증 또는 논거에 호소
파토스[Pathos]	감성적 호소	청자의 정서	청중들의 감정, 심리적 경향, 욕구, 정서에 호소

오늘날에는 말하려는 내용과 말의 형식을 구분하지만, 아리스토텔레스는 연설 내용과 전달 방법을 분리하지 않고 하나의 내용인 '로고스(logos, 이성)'로 보았다. 내용이 청중에 전달됐을 때 청중의 감정이 표출되는 것이 '파토스(pathos, 주관적 정념)'이다. 연설의 내용이 논리적인 것도 중요하지만, 청중의 감정적 반응인 파토스를 유발하기 위한 효과적인 언변이 로고스 못지않게 중요한 것이다.

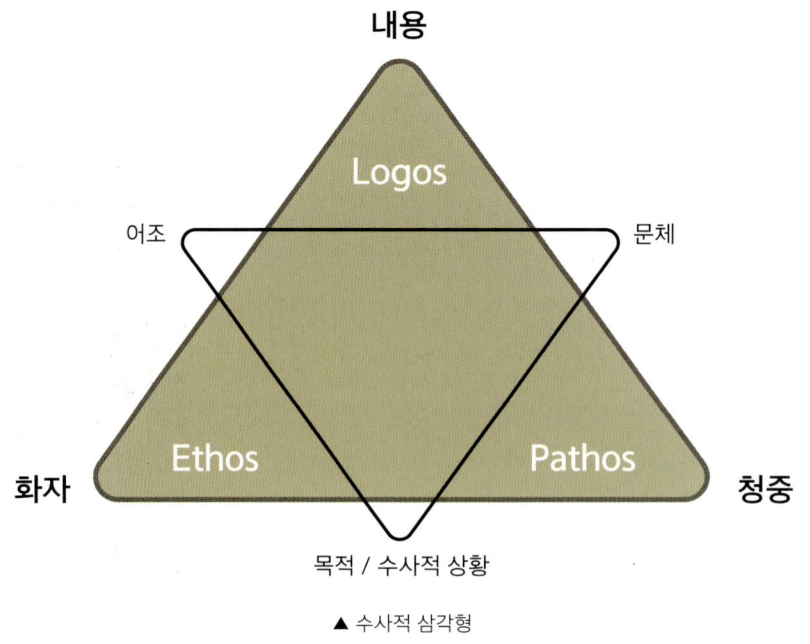

▲ 수사적 삼각형

로마의 수사학

아리스토텔레스의 에토스, 로고스, 파토스는 로마 시대 키케로에 의해 수사학의 5가지 규범[Five Canons]으로 발전하였고, 퀸틸리아누스에 의해 더욱 정교하게 다듬어졌다. 수사학의 5가지 규범은 내용을 창안하여 실제 연설하는 절차적 전략을 다루고 있다.

> **122 로마 수사학의 교과서**
>
> Five Canons는 기원전 50년경에 로마의 수사학자 키케로에 의해 조직되었다. 라틴어 카논은 갈대를 뜻하며, 표준 또는 규범이다. 그 뒤 150년 후인 서기 95년, 로마의 수사학자 퀸틸리아누스는 수사학에 관한 12권짜리 교과서를 펴내면서 5개의 카논에 대해 더 깊이 탐구하였다. 퀸틸리아누스의 수사학 교과서는 중세 시대까지 수사학 교육의 중추가 되었다.

[표 4-4] 로마 수사학의 5가지 규범[122]

5 Canons [5가지 규범]		내용
인벤치오 [Inventio]	창안 [Invention]	광범위하게 퍼져 있는 논거들을 재발견하고 재활용
디스포시치오 [Dispositio]	배열 [Arrangement]	설득력을 극대화하기 위해 텍스트를 구성
엘로쿠치오 [Elocutio]	표현 [Style]	비유적 표현 및 기타 수사 기법을 사용하여 주장을 제시하는 방법
메모리아 [Memoria]	암기 [Memory]	메모를 사용하지 않고 전달할 수 있도록 암기하는 과정
악티오 [Actio]	연기 [Delivery]	몸짓, 발음 및 목소리 톤을 사용하여 전달하는 방법

▲ Marcus Tullius Cicero(B.C. 106~43)

▲ Marcus Fabius Quintilianus(35~100)

창안[Invention]은 새로운 것을 지어낸다기보다는 이미 광범위하게 퍼져 있는 논거들을 다시 발견하고 재활용하는 전략이다. 창안 단계에는 설득력을 극대화하기 위해 말할 내용과 말할 방법에 대한 아이디어를 화자의 관점, 청자의 관점, 메시지 자체의 관점에서 복합적으로 검토하면서 브레인스토밍을 하게 된다. 창안은 오늘날 화법과 작문 교과에서 배우는 '내용 생성 전략'과도 관련이 있는 내용이다.

배열[Arrangement] 단계는 설득력을 극대화하기 위해 텍스트를 구성하는 것이다. 논거 배열에는 아리스토텔레스의 에토스, 로고스, 파토스가 모두 작동한다. 특히 로고스와 파토스를 적절하게 배분해야 한다. 배열 단계는 서론, 진술부, 논증부, 결론과 같이 4배열이 일반적이지만, 논증부를 3개로 더 세분하여 6배열로 설명하기도 한다. 배열은 오늘날 화법과 작문 교과에서 배우는 '내용 조직 전략'과도 관련이 있는 내용이다.

> **좀더 자세히**
>
> **4배열**
>
> **서론** : 다루고자 하는 문제나 증명하고자 하는 주장을 간결하고 명확하게 제시함으로써 청중들에게 이해의 근거를 마련함.
>
> **진술부** : 사실들을 이야기하거나 재구성함. 로고스적 특성이 많이 반영되며 육하원칙에 따르는 것이 일반적임.
>
> **논증부** : 논거들을 제시하고 상대방의 논거를 반박하며, 예증법과 생략 삼단 논법, 확증과 논박 등을 사용함.
>
> **결론** : 정념에 호소하거나 청중의 연민에 호소하거나 분노에 호소하거나 과장법을 사용함.

표현[Style] 단계에서는 배열 단계에서 정리한 내용들을 담아 비유적 표현 및 기타 수사학적 기법을 사용하여 적절한 말과 문장으로 발전시키게 된다. 표현 단계는 창안과 배열이라는 개념 설계를 실제 담화로 만들어 낸다는 점에서 수사학과 문학이 만나는 지점이다. 표현은 오늘날 화법과 작문 교과에서 배우는 표현 전략과 관련이 있으며, 문학에서는 창작과도 관련이 있다.

암기[Memory] 단계는 연설 내용을 암기하는 것뿐만 아니라 유명한 인용문, 문학적 참고 문헌 및 즉석 연설에서 사용할 수 있는 기타 사실을 기억하는 것도 포함된다. 오늘날에는 프롬프터[123]

123 프롬프터

뉴스 언어는 텔레비전 프로그램 언어 가운데 가장 문어적이다. 이는 뉴스 원고를 자동으로 올려 주는 프롬프터(prompter)를 낭독하는 방식으로 뉴스 언어가 구현되기 때문이다. 요즘은 뉴스뿐만 아니라 진행자가 있는 프로그램은 대부분 프롬프터를 사용하는 추세이다. 촘스키는 언론과 지식인을 '조작된 동의'를 전달하는 배달부로 전락시킨 범인으로 프롬프터를 지목한 바 있다.

를 보고 읽거나 메모를 참조할 수 있기 때문에 그 중요성이 떨어진다고 생각할 수 있지만, 청중들은 스피치 내용을 모두 암기한 후, 청중과 시선 접촉을 많이 하는 화자를 신뢰할 수밖에 없다. 상황에 맞는 지식이나 정보를 실시간으로 바로 제시할 수 있는 능력도 중요하기 때문에 스피치 암기의 가치가 폄하되어서는 곤란하다. 법전을 뒤적이며 변호하는 변호사와 의학서를 보면서 진료하는 의사를 신뢰하는 사람은 없기 때문이다.

연기[Delivery]는 목소리와 동작으로 구현되는 마지막 단계로 제스처, 발음 및 음성 톤을 사용하여 연설을 전달하는 방법이다. 오늘날 화술이나 스피치를 가르치는 사교육 기관에서 강조하는 것이 바로 이 연기 단계에 해당된다.[124]

124 연기
로마의 수사학자 퀸틸리아누스는 화자의 연기와 진정한 감정을 강조하였다. 화자의 연기는 진정한 감정에 기반한 진정한 목소리여야 설득력이 있다. 목소리는 감정을 나타내는 지표이고 '진정한 감정'은 '진정한 목소리'로 발현되기 때문이다.

> **좀더 자세히**
>
> **기억의 전략**
>
> 1. 화자는 되도록 스피치를 모두 암기해야 한다.
>   원고를 보고 낭독하거나 프롬프터를 보는 경우 신뢰도가 떨어지게 된다.
>
> 2. 청자도 기억할 수 있도록 해야 한다.
>   반복하거나 비유적 표현을 이용하거나 지금 전체 구조에서 어느 부분을 말하고 있는가를 언급하면서 청자들이 기억할 수 있게 해야 한다.
>
> 3. 수사적 표현들을 기록하고 암기해야 한다.
>   인용문, 사실 및 이야기 등을 기록한 스피치 노트를 계속 업데이트하고 활용해야 한다.

'의사소통(意思疏通)'은 ①생각이나 뜻을 만들어 내는 차원과 ②생각이나 뜻을 표현하는 차원 그리고 ③생각이나 뜻을 교환하는 차원으로 구분할 수 있다. 로마 수사학의 5가지 규범에서 창안, 배열은 생각이나 뜻을 만들어 내는 차원이고 표현과 암기는 표현하는 차원이며, 연기는 교환하는 차원에 해당된다.

생각이나 뜻을 표현하는 과정에서 생각이나 뜻이 제대로 전달되지 못해 소통의 장애가 발생하는 경우는 의사소통이 아니라 의사전달(意思傳達)에 불과하다.[125] 전달이 아닌 소통으로 거듭나기 위해서는 내용 생성과 내용 구성뿐만 아니라 표현하는 단계에 대한 관심과 더불어 구술의 특성인 암기와 연기 단계에 대한 깊이 있는 탐구가 필요하다. 오늘날은 방송이나 동영상을 통한 의사소통이 증가하고 있으므로 구술의 중요성이 더욱 부각될 것이다.

125 소통과 커뮤니케이션
한자어 소통(疏通)은 영어의 커뮤니케이션(communication)에 해당하지만 사실 그 뜻에는 미묘한 차이가 있다. 소통은 '통'하기 전에 '트임'이 전제되어야 한다는 의미를 담고 있다.

[표 4-5] 의사소통의 차원 & 로마 수사학의 5가지 규범 & 언어 표현 과정

의사소통의 3가지 차원	5 Canons	작문	화법
생각이나 뜻을 만들어 내는 차원	창안 [Invention]	내용 생성	내용 생성
	배열 [Arrangement]	내용 구성	내용 구성
생각이나 뜻을 표현하는 차원	표현 [Style]	쓰기	말하기
	암기 [Memory]		
생각이나 뜻을 교환하는 차원	연기 [Delivery]		

툴민(Stephen Toulmin)의 논증 구조(1958)

스피치 커뮤니케이션 분야에서 고대 수사학을 부활시킨 것으로 높게 평가받고 있는 툴민(Stephen E. Toulmin)의 논증 구조는 주장[Claim]을 뒷받침하는 근거[Data]를 이미 확실하게 증명된 명제가 보증[Warrant]해 주는 방식으로 논리를 구성하는 방법이다. 툴민의 논증 구조는 이미 확실하게 검증된 명제를 새로운 주장을 뒷받침하는 도구로 활용한다는 점에서 매우 실용적이다.[126]

126 툴민 모형과 글쓰기 교육
툴민의 논증 모형은 미국 대학의 글쓰기 교육에 큰 영향을 끼쳤다. 1981년 예일대학(Yale University)에서 학부생 대상 비판적 문해[Critical Literacy] 강좌에서 툴민의 논증 모형을 처음 도입한 이래, 미국 동부의 아이비리그 명문대학들은 툴민의 논증 모형을 글쓰기 교육의 기본 이론으로 삼은 바 있다.

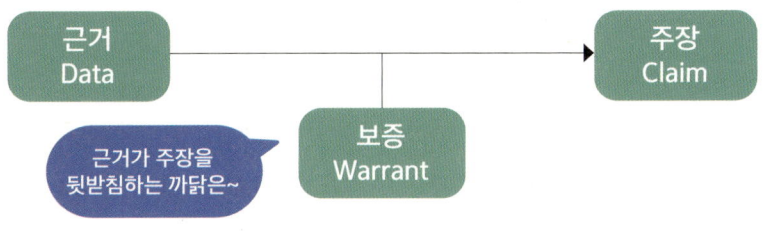

▲ 툴민(Toulmin)의 논증 구조 (기본 3 요소)

▲ Stephen E. Toulmin(1922~2009)
『The uses of argument』, Cambridge university press, 2003.

주장[Claim]과 근거[Data]를 연결하는 명제인 보증[Warrant]을 구체적인 사례를 제시하면서 보강[Backing]하고, 예상되는 반박[Rebuttal]을 수용하여 주장의 범위를 한정[Qualifier]하면 논증 구조는 더욱 강력해진다.

한정은 주장의 논증 범위를 고려하는 것이고 반박은 상대방이 제기할 수 있는 반론을 점검하는 전략으로서, 이를 반영할 경우 예외적인 상황과 반론을 주장에 포함하는 논리로 발전하게 된다.

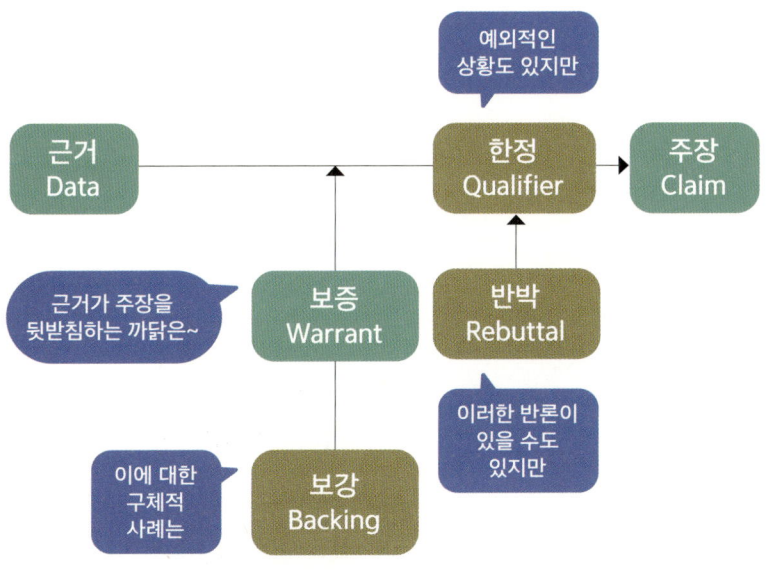

▲ 툴민(2003)의 논증 모형(Toulmin Model of Argumentation) 6 요소[127]

127 교육용 논증 구조 모형(툴민)

툴민의 논증 구조 모형은 1958년 이후 45년만인 2003년 개정되었다. 이 도식은 2003년 개정판 Toulmin의 논증 모형을 필자가 교육용으로 정리한 것이다. Toulmin의 논증 도식은 학자마다 조금씩 다르게 표현하고 있는데, 필자의 도식은 기본 요소인 주장, 근거, 보증과 보조 요소인 보강, 한정, 반박의 색깔을 달리하여 구분하였으며, 근거와 주장을 제외한 나머지 네 가지 요소에는 말풍선을 추가하였다.

구술과 수사학의 재발견

부스(Booth), 콜룸(Colomb), 윌리엄스(Williams)의 논증 구조(1995)

툴민의 논증 구조를 비판하고 새로운 논증 구조 모형을 제시한 부스(Wayne C. Booth), 콜룸(Gregory G. Colomb), 윌리엄스(Joseph M. Williams)에 따르면 글쓰기는 단순히 논증 구조를 글로 구현하는 행위가 아니라 논증 구조를 수정하면서 진실을 찾아가는 수사학적 과정이다.[128]

부스, 콜룸, 윌리엄스의 논증 모형은 주장[Claim]을 뒷받침하는 이유[Reason]와, 이유를 뒷받침하는 증거[Evidence]를 토대로 하고 있다. 다시 말해 툴민의 논증 모형에서 근거[Data]를 이유[Reason]와 증거[Evidence]로 세분한 것이다.

툴민의 논증 모형에서 필수 요소였던 보증[Warrant]은 글에서 명시적으로 드러나지 않는 경우도 많기 때문에 주장[Claim]과 이유[Reason]를 연결하는 원칙 정도로 간주하고, 필수 논증 요소에서 부수적인 요소로 약화시켰다.

주장의 범위를 한정하는 한정[Qualifier] 역시 논증의 완성도를 높여주기보다는 반대로 논증을 약화시키는 역효과를 일

128 부스 외(1995) 모형과 글쓰기 교육

부스, 콜룸, 윌리엄스의 논증 구조 모형 역시 툴민의 논증 모형과 마찬가지로 대학 글쓰기 교육에 큰 영향을 끼쳤는데 조셉 윌리엄스가 설립한 시카고대학의 라이팅 센터[The Little Red School house]가 유명하다. 시카고 대학의 글쓰기 센터는 학부생, 대학원생은 물론, 교수, 교직원, 전문 분야에 종사하는 일반인들까지 대상을 확대하였다.

▲ Wayne C. Booth(1921~2005)[130]

▲ Gregory G. Colomb(1951~2011)

▲ Joseph M. Williams (1933~2008)

▲ 부스(Booth), 콜룸(Colomb)과 윌리엄스(Williams)의 논증 구조 모형(1995)[129]

으키는 경우가 많기 때문에 논증 요소에서 삭제하였다. 반박[Rebuttal]이라는 표현도 과격한 면이 있어 대안이나 반론을 수용하고 대응하는 논리 정도로 약화시켰다.

이처럼 근거를 토대로 주장한다는 흐름이 아니라(툴민의 논증 모형처럼), 주장부터 확고히 하고, 주장의 이유와 이유를 뒷받침하는 증거를 채워가는 방식으로 실제 추론 과정과 일치하도록 도식화하였다. 논증 모형 도식에 뚜렷한 화살표를 넣지 않은 것도 부스, 콜롬, 윌리엄스 논증 모형의 중요한 특징이다.

좀더 자세히

부스, 콜롬, 윌리엄스 논증 모형의 5가지 질문
(Five Questions Of Argument)

1. Claim[주장]
What are you claiming? (당신이 주장하는 것은 무엇인가?)

2. Reason[이유]
What reasons do you have for believing your claim?
(당신의 주장을 믿을 수 있는 이유는 무엇인가?)

3. Evidence[증거]
What evidence do you base those reasons on?
(이유를 뒷받침하는 근거는 무엇인가?)

4. Warrant[보증]
What principle connects or makes your reasons relevant to your claims?
(당신의 주장과 관련된 이유를 연결하거나 만드는 원칙은 무엇인가?)

5. Acknowledgment and Response[반론 수용과 대응]
What about potential disagreements or difficulties your audience might have with your claim?
(독자나 청중이 당신의 주장에 대해 가질 수 있는 잠재적 동의하지 않음 또는 어려움은 무엇인가?)

---

129 출처
Wayne C. Booth(2021~2005) Gregory G. Colomb(1951~2011) Joseph M. Williams (1933~2008).
『The craft of research』, Chicago Guides to Writing, Editing, and Publishing, 2008.

130 부스(Booth)의 『소설의 수사학 (The Rhetoric of Fiction)』
부스(Booth)는 논증 구조 모형보다는 소설 이론으로 더 유명하다. 부스는 모든 내러티브가 수사학의 한 형태라고 보았으며, 작가가 소설을 쓰거나 독자가 소설을 읽는 행위를 작가와 독자 사이의 의사소통 체계로 보았다. '내포 작가(the implied author)'라는 용어와 '신뢰할 수 없는 화자(unreliable narrator)'라는 용어로 유명하다.

거북선 구조 논쟁을 활용한 논술과 수능 학습

거북선의 내부 구조에 관해 논술하기

학생들에게 거북선 구조에 관한 책을 읽으면서 자료를 조사하고, 탐구 활동을 통해 정보로 정리한 후에 논술문을 작성하게 하면 연구 논문을 작성하는 과정을 축소해서 체험할 수 있다. 더 나아가 논증 구조 모형에 맞게 논리를 구성하는 수준까지 발전시킬 수 있다면 금상첨화이다.

다음은 거북선 2층 구조설과 3층 구조설의 논리를 툴민의 논증 구조와 부스, 콜룸, 윌리엄스의 논증 구조로 파악한 도식 사례이다. 필자가 제시한 논증 도식 외에도 다양한 도식을 만들 수 있다.

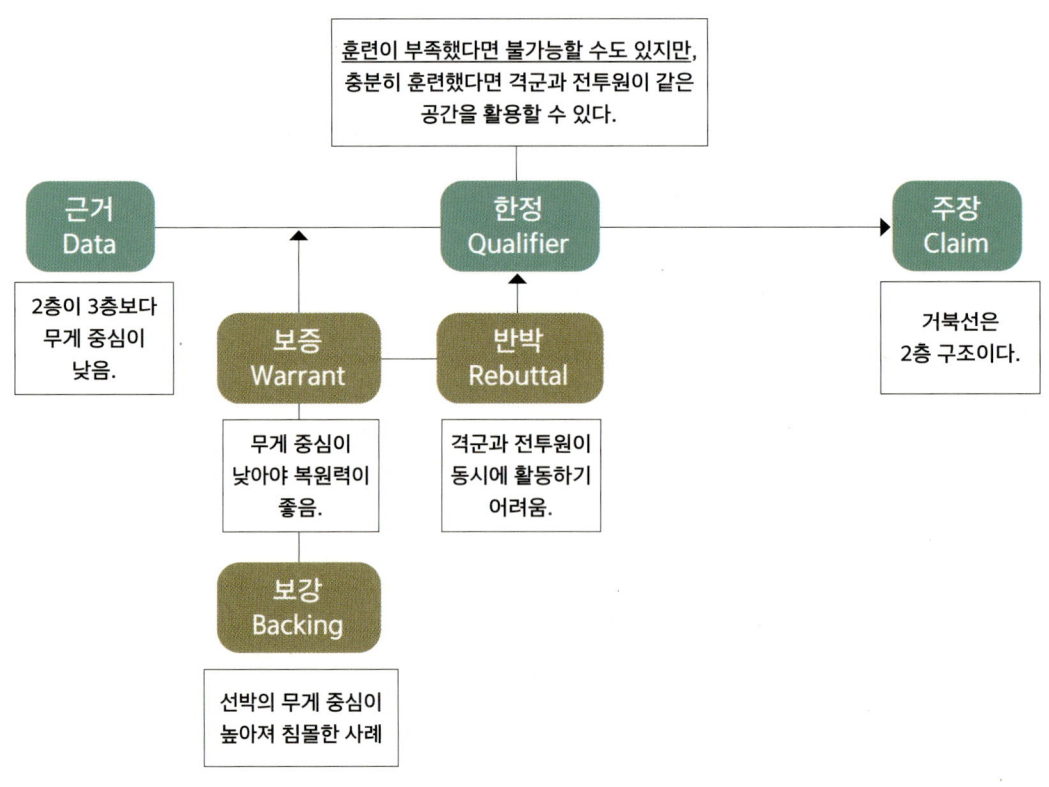

▲ 툴민의 논증 구조로 파악한 거북선 2층 구조설

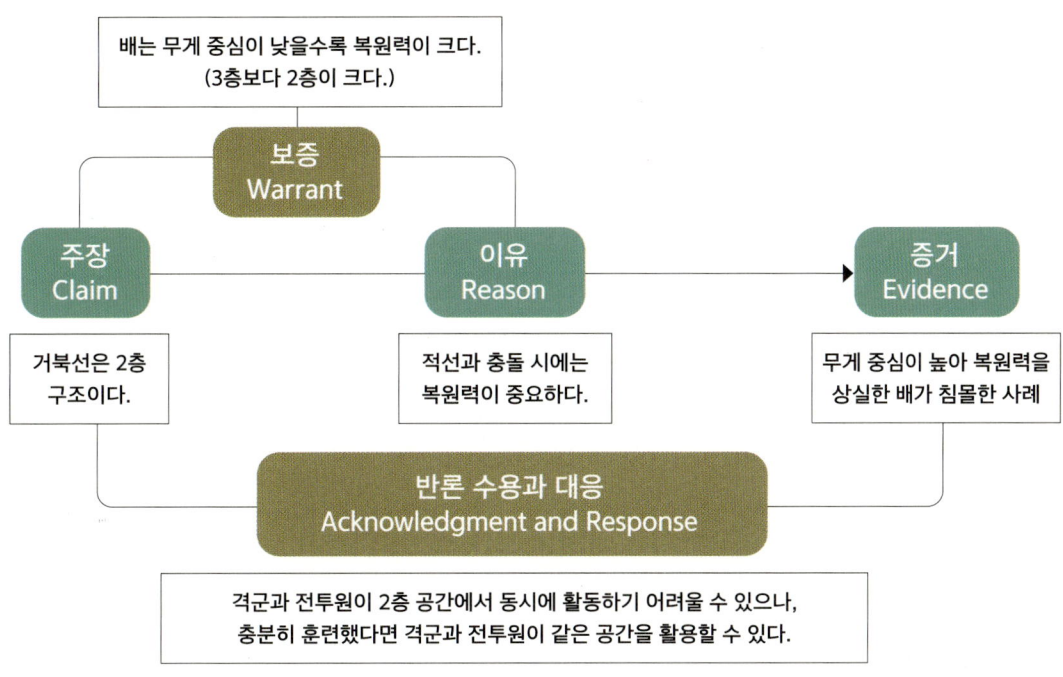

▲ 부스, 콜롬, 윌리엄스의 논증 모형으로 파악한 거북선 2층 구조설

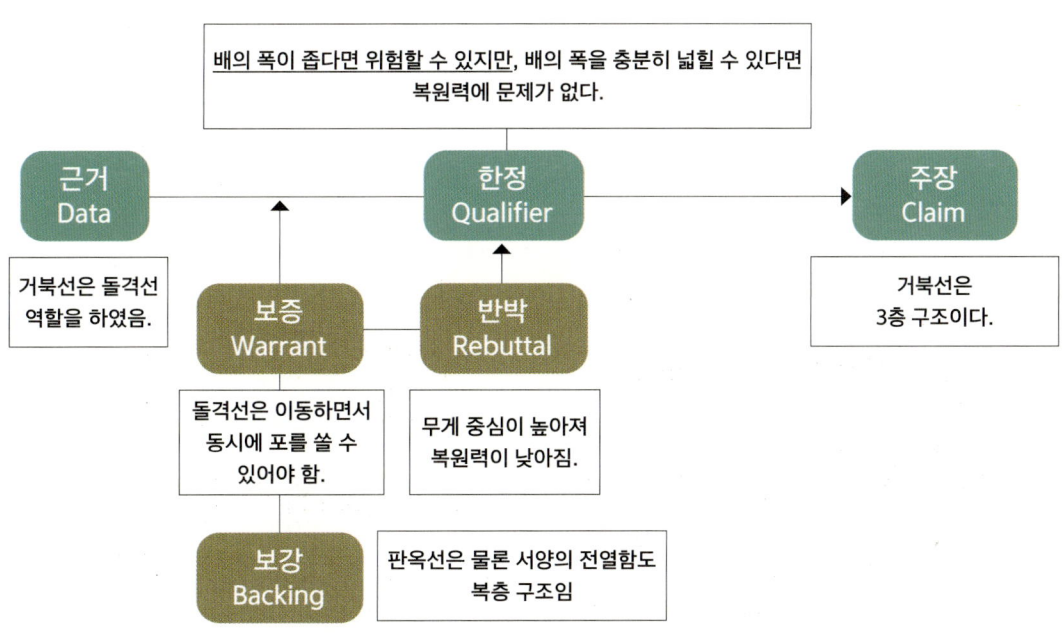

▲ 툴민의 논증 구조로 파악한 거북선 3층 구조설

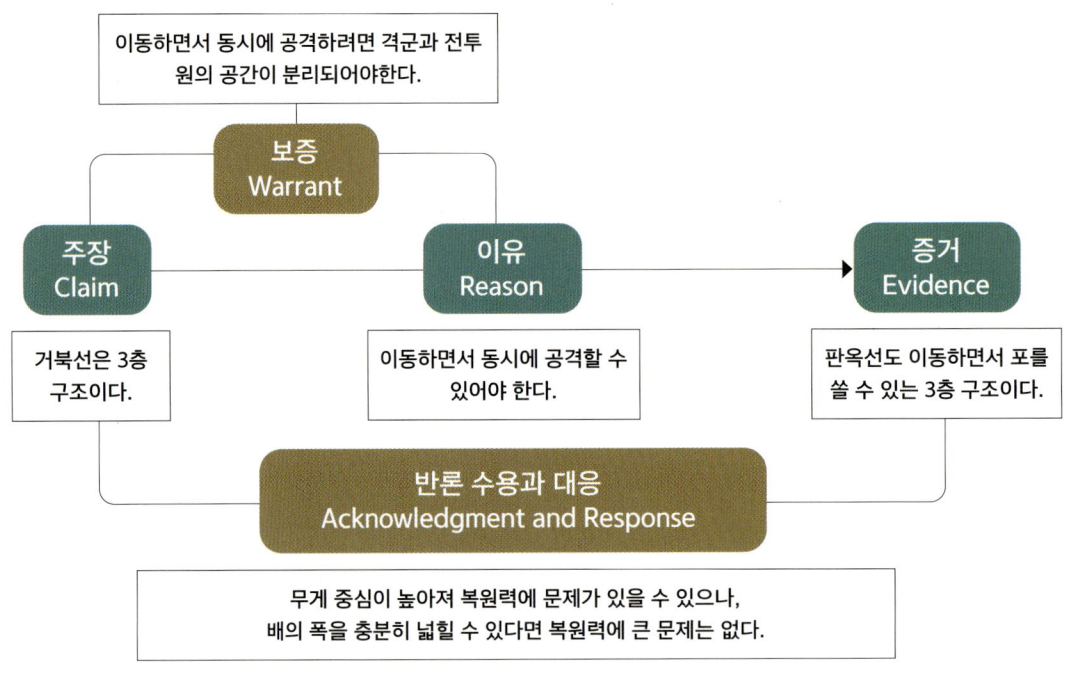

▲ 부스, 콜럼, 윌리엄스의 논증 모형으로 파악한 거북선 3층 구조설

 거북선 구조 논쟁에 관한 논제는 중학교와 고등학교 역사와 과학 교과에서 배운 지식을 활용하여 답안을 작성할 수 있다는 점에서 가장 간단한 형태의 논술 과제이다. 다음은 가장 간단한 논제와 학생 답안 사례이다.

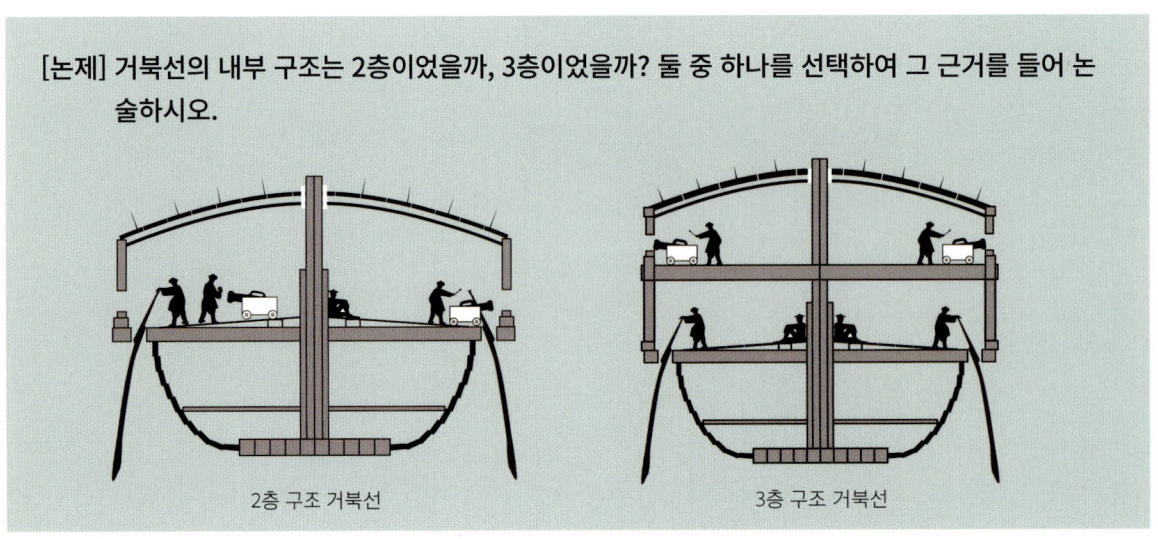

● **3층 구조설을 주장하는 학생의 답안**

주장과 근거를 연결하여 완성된 글을 작성하는 데 실패했음은 물론, 창의력과 논리력도 부족한 논술문의 사례를 살펴보자.

[답안 사례]

　　일단 거북선은 튼튼하고 위엄 있게 지어야 적군들에게 압박감을 줄 것이다. 만약 너무 복잡하거나 간단하게 짓고 위엄 있지 않게 짓는다면 어떻게 되겠는가? 바로 침몰할지도 모르겠다. 그래서 내가 제일 적당하다고 생각하는 구조는 3층 구조인 것 같다.

　　만약 2층 구조 거북선이었다면 가벼워서 일본군과 같이 빠르게 돌진이라도 한다면 우리 군사들이 불리하게 될 것이다. 일본은 사무라이라는 칼을 전문적으로 사용하는 병사들이 많아 작전에 유리할 것이다.

　　또 2층 구조는 발판이 없어서 튼튼하지 않을 것이다. 작은 충격에도 구멍이 나 가라앉을 것 같다. 그리고 2층 구조는 작아서 적군과 전투요원이 같은 층을 이용하기 때문에 만약 한 사람이 실수해서 엎어져서 도미노와 같이 엎어진다면 되겠는가! 다 쓰러져 일본군의 침입에 당할 수도 있을 것이다. 그래서 적당한 것은 3층 구조인 듯싶다.

이 논술문은 '압박감', '위엄'이라는 모호한 근거를 사용하고 있으며 너무 복잡하면 침몰한다는 비과학적인 주장을 하고 있다. 빠르게 돌진하면 불리하다는 쉽게 이해하기 어려운 주장을 뒷받침하는 근거도 사무라이들은 칼을 전문적으로 사용하기 때문에 우리 군사들이 불리하다는 점을 들고 있다.

이처럼 주장과 근거를 연결하는 논리도 엉성하지만 문장력은 더 엉망이다. 한 번 읽어서는 무슨 말을 하고 싶은지 파악하기 어렵다. 이 글을 읽는 교사나 동료들은 필자가 논제를 정확하게 파악하지 못하고 창의적인 논증 구조를 구성하지 못한 채, 분량을 채우기에 급급했다는 것을 파악할 수 있다.

● **2층 구조설을 주장하는 학생의 답안**

과학적 창의성이 부족한 학생의 답안이 총체적으로 부실한 것과는 대조적으로, 논술의 특징을 간파하고 출제자가 요구하는 핵심을 토대로 논증 구조를 구성한 우수 사례도 살펴보자.

[답안 사례]

거북선의 내부 구조를 타당하게 추정하기 위해서는 거북선의 특징에 대해 정리해야 한다. 거북선은 급회전이 가능하고, 적함과 충돌하는 전법을 주로 쓴다는 점, 승조원은 전투원과 노를 젓는 격군으로 구분된다는 점, 지붕에 적이 접근하지 못하도록 철못을 박아두었다는 점 등이 알려져 있다.

거북선은 2층 구조이다. 그 근거는 세 가지를 들 수 있다. 첫째, 배의 높이가 낮아야 무게중심이 아래에 있어 안정적이다. 배의 높이가 높을 경우 급회전 시에 전복될 우려가 있다. 적과 직접 충돌하는 상황에서는 무게 중심이 낮을수록 유리하다. 둘째, 거북선이 3층 구조라면 적이 뛰어오르지 못하도록 지붕에 철못을 덮을 필요가 없다. 적함보다 낮은 2층 구조이기 때문에 철못을 덮었을 것이다. 셋째, 포수와 격군이 다른 층에 있을 경우 예상치 못한 상황에 유연하게 대처하지 못할 수 있다. 포수와 격군이 한 공간에서 임무를 교대해야 전투 상황에 잘 대처할 수 있을 것이다.

이 논술문은 거북선의 특징을 정리하면서 서론을 시작하고 있으며, 이는 자신의 주장을 뒷받침하는 창의적인 논거와 이어지면서 본론과 자연스럽게 연결되었다. 무게 중심이라는 과학적인 근거와 지붕에 철침을 꽂았다는 역사적 사실을 근거로 활용하여 2층 구조설이 타당함을 주장하고 있다. 한 공간에서 격군과 전투원이 동시에 활동할 수밖에 없다는 2층 구조설의 치명적인 약점을 오히려 전투 상황에 유연하게 대처할 수 있는 논리로 반박하는 치밀함도 돋보이는 논술문이다.[131]

131 예상되는 반론의 수용

예상되는 반론에 대응하는 방식으로 논리를 구성하는 것은 툴민의 논증 모형과 부스, 콜룸, 윌리엄스의 논증 모형에서 모두 강조하였다.

거북선 구조에 관한 논술문을 활용한 수능 학습

거북선 내부 구조 논쟁은 쉽게 쟁점을 이해할 수 있기 때문에 초등학생부터 대학생을 대상으로 하는 논술 과제로 활용할 수 있다. 고등학생의 경우 동료의 논술 답안을 분석하는 활동은 그대로 수능 국어 작문 영역을 대비하는 공부가 된다.[132]

다음 사례는 거북선 구조에 관한 논술문을 활용하여 출제한 수능형 문항 사례이다. 이 사례를 통해 교사와 함께 동료의 논술문을 분석하는 과정이 결국 수능 국어 쓰기 영역 공부임을 파악할 수 있을 것이다.

132 거북선 구조 논쟁의 활용

– 출처 : KBS 드라마 〈불멸의 이순신〉

[1~5] '거북선 구조'를 소재로 글을 작성하려고 한다. 제시된 물음에 답하시오.

1. 〈글쓰기 계획〉의 내용으로 적절하지 <u>않은</u> 것은?[133]

133 1번 문항 해설

정답 : ⑤번

해설 : 글의 목적은 거북선의 내부가 2층 구조인지 3층 구조인지에 대해 추론하는 것이다. 따라서 판옥선의 구조와 특징, 거북선에 필요한 공간, 거북선 내부 2층 구조설과 3층 구조설의 근거 등을 글에 제시하는 것은 적절하다. 하지만 조선 배와 일본 배의 바닥 형태를 비교하여 제시하는 것은 글의 목적에서 벗어나는 내용이다.

– 출처 : 제57회 KBS 한국어능력시험

< 글쓰기 계획 >

- **주제**: 거북선의 내부 구조는 2층이었을까, 3층이었을까?

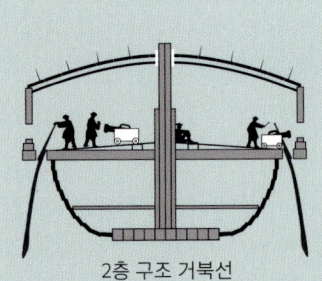
2층 구조 거북선

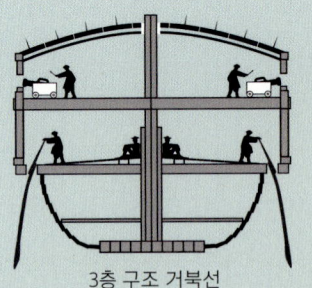
3층 구조 거북선

- **목적**: 판옥선을 개조해서 만든 거북선의 내부 구조를 추론하는 두 가지 가설을 소개

- **글의 내용**
  - 판옥선의 구조와 특징을 제시한다. ──────── ①
  - 노를 젓는 데 필요한 공간을 제시한다. ──────── ②
  - 포를 쏘는 데 필요한 공간을 제시한다. ──────── ③
  - 거북선 내부 2층 구조설과 3층 구조설의 근거를 각각 제시한다. ── ④
  - 조선 배와 일본 배의 바닥 형태를 비교하여 제시한다. ──── ⑤

2. 〈글쓰기 자료〉에 제시된 자료의 활용 방안으로 적절하지 <u>않은</u> 것은?[134]

< 글쓰기 자료 >
㉠ 충돌한 배가 복원력을 회복하려면 높이가 낮을수록 안정적이다.
㉡ 판옥선은 노를 젓는 공간과 포를 쏘는 공간이 분리된 3층 구조이다.
㉢ 당시 왜선은 삼(杉)나무로 얇게 만들었기 때문에 속도는 빠른 반면 충돌에는 매우 약한 단점이 있었다. 반면에 조선의 판옥선은 무거운 소나무로 만들어져 견고하였다.
㉣ 조선 수군의 주력선은 판옥선이다. 1592년 5월 옥포 해전 당시 조선의 판옥선은 대략 50여 척이었지만, 10월 한산 해전 당시에는 100여 척에 이르게 된다. 5개월 만에 50여 척을 건조한 것이다.

① ㉠을 논거로 적과 충돌하는 근접전에서는 적보다 배의 높이가 낮은 2층 구조 거북선이 유리했을 것이라고 주장한다.
② ㉡을 논거로 판옥선의 3층을 뜯어내는 식으로 개조해야 하는 2층 구조 거북선의 문제점을 주장한다.
③ ㉡을 논거로 이동하면서 동시에 화포를 효율적으로 발사하기 위해서는 3층 구조 거북선이 타당하다고 주장한다.
④ ㉢을 논거로 판옥선에 지붕을 덮는 방식으로 개조 가능한 3층 구조 거북선이 타당하다고 주장한다.
⑤ ㉣을 논거로 복잡한 3층 구조 거북선일지라도 짧은 시간에 많은 배를 건조하는 데에는 큰 문제가 없음을 주장한다.

134 2번 문항 해설

정답 : ④번

해설 : 이 문항은 제시된 자료를 글쓰기 계획에 맞게 활용할 수 있는 능력을 평가하기 위해 출제하였다. ㉢은 왜선과 판옥선에 사용된 목재의 특징을 비교한 자료로 판옥선이 무거운 소나무로 만들어져 왜선보다 견고하다는 정보를 담고 있다. 왜선과 판옥선의 재료를 비교하는 내용은 '판옥선에 지붕을 덮는 방식으로 개조 가능한 3층 구조 거북선의 타당성'과는 관련이 없다.

— 출처 : 제57회 KBS 한국어능력시험

3. 위의 계획과 자료를 바탕으로 〈개요〉를 작성하였다. 〈개요〉의 수정 방안으로 적절하지 <u>않은</u> 것은?[135]

< 글쓰기 개요 >

Ⅰ. 거북선 구조설 논쟁
   1. 거북선 3층 구조설 ──────────── ㉠
   2. 거북선과 관련된 사료

Ⅱ. 거북선 내부 구조에 관한 기존 가설
   1. 거북선 2층 구조설
   2. 거북선 내부 구조에 관한 논쟁의 역사
   3. 기타 의견 ────────────── ㉡

Ⅲ. 거북선 내부 구조설의 과학적 평가
   1. 거북선 관련 사료 분석과 평가 ─────── ㉢
   2. 격군과 포수의 동선 분석과 평가 ────── ㉣
   3. 판옥선 목재의 재료 역학적 분석과 평가

Ⅳ. 판옥선과 거북선에 대한 역사적 재평가 ───── ㉤

① ㉠은 논리적 흐름을 고려하여 'Ⅱ-2'와 순서를 바꾸어 제시한다.
② ㉡은 상위 항목과의 연관성을 고려하여 구체적으로 '기타 구조설'로 수정한다.
③ ㉢은 상위 항목과 맞지 않고 서론에서도 언급되었으므로 삭제한다.
④ ㉣은 상위 항목과 연관성이 떨어지므로 '격군과 포수에 관한 사료 분석'으로 수정한다.
⑤ ㉤은 글의 마지막 내용으로 부적절하므로 '거북선 내부 구조 논쟁의 전망'으로 바꾼다.

135 3번 문항 해설

정답 : ④번

해설 : 이 문항은 글의 개요를 수정 및 보완할 수 있는 능력을 평가하기 위해 출제하였다. 개요를 보면, 먼저 거북선 구조설 논쟁을 설명하고 거북선 내부 구조에 관한 기존 가설을 이야기한 뒤, 거북선 내부 구조의 과학적 평가와 판옥선과 거북선에 대한 역사적 재평가를 서술하고자 한다. 개요 중 'Ⅲ. 거북선 내부 구조설의 과학적 평가'의 하위 항목인 ㉣은 상위 항목과 연관성 있는 내용이므로 수정할 필요가 없다. 또한, 답지 ④번의 '격군과 포수에 관한 사료 분석'과 '거북선 내부 구조설의 과학적 평가'는 오히려 연관성이 떨어진다.

— 출처 : 제57회 KBS 한국어능력시험

[4~5] 위의 글쓰기 계획, 자료, 개요를 토대로 작성한 글의 일부를 읽고 물음에 답하시오.[136]

> 거북선 내부 구조는 2층이었을까 아니면 3층이었을까? 1934년, 언더우드가 최초로 거북선을 연구한 이래, 지금까지 많은 연구가들이 거북선에 관심을 가져왔다. 거북선은 대체로 판옥선에 지붕을 씌운 배라는 점, 거북선도 다른 많은 한국 전통 배와 마찬가지로 한국식 노를 사용한다는 점에 대해서는 의견이 일치하고 있다. 그러나 거북선의 내부 구조에 관한 논쟁은 ㉠지속적으로 계속되었다. ㉡거북선의 내부 구조는 어떻게 되어 있었던 것일까? 거북선에서 사용하였던 노는 어떻게 생긴 것이며, 노를 젓는 위치와 공간은 어디인가? 포 구멍의 실질적인 쓰임새와 포를 쏘는 공간은 얼마나 필요한가? 이러한 쟁점들은 거북선의 내부가 2층이었는지, 아니면 3층이었는지에 따라 서로 다른 결론에 이르게 된다.
> 2층 구조설은 1층에는 병사의 침실과 무기고를 설치하고, 2층에는 화포 등의 공격 시설이 배치되어 있다고 보는 가설이다. 이 경우 ㉢노를 젓는 공간이 화포와 같은 장소에서 이루어지게 된다. 3층 구조설은 좁은 공간에 많은 인원이 엉켜 전투 효율성이 떨어진다는 2층 구조설의 단점을 극복하려는 논리를 펴고 있다. ㉣따라서 3층 구조설에서는 ㉤1층에는 침실과 무기고를 설치하고, 2층에는 사부와 노를 젓는 격군이 자리하며, 3층에는 포대가 설치되어 화포를 쏠 수 있는 구조였다고 보고 있다. 두 가설의 주장을 검토하면 결국 거북선은 2층 구조로 보는 것이 더 타당하다. 거북선은 '돌격선'이므로 적들에게 은밀하게 접근해야 한다. 따라서 2층으로 작게 만들어야 적군들에게 압박감을 줄 것이다.

4. ㉠~㉤을 수정하기 위한 방안으로 적절하지 않은 것은?[137]

① ㉠: '계속되었다'와 의미상 중복되는 부분이 있으므로 삭제한다.
② ㉡: 이미 앞에서 제기하여 중복되므로 삭제한다.
③ ㉢: 주어와 서술어의 호응이 맞지 않으므로 수정해야 한다.
④ ㉣: 문맥상 흐름을 고려해 '이에 반해'로 바꾼다.
⑤ ㉤: 동일한 내용이 반복되므로 생략해도 괜찮다.

136 글쓰기 과정의 총체적 평가

글쓰기 계획, 글쓰기 자료, 글쓰기 개요, 고쳐쓰기 문항을 각각 다른 제재를 활용하여 출제할 경우, 문항마다 다른 글을 읽어야 하는 부담뿐만 아니라, 쓰기 능력을 평가하는 문항에서 읽기 능력을 동시에 평가하는 문제점이 있었다. 이 문항들은 하나의 제재를 활용하여 한 편의 글을 쓰는 과정을 순서대로 평가할 수 있도록 구성한 세트 문항이다.

137 4번 문항 해설

정답: ④번
해설: 이 문항은 글의 흐름상 어색한 부분을 올바르게 고칠 수 있는 능력을 평가하기 위해 출제하였다. 응집성 있는 글을 쓰기 위해서는 지시 표현과 접속 표현을 올바르게 사용하여야 한다. ㉣의 '따라서'는 앞에서 말한 일이 뒤에서 말할 일의 이유, 근거가 될 때 사용하는데, 실제로 ㉣의 앞 내용은 뒤 내용의 근거가 된다. 따라서 답지 ④번과 같이 앞의 내용과 반대되는 혹은 대조되는 내용이 뒤에 나올 때 사용하는 '이에 반해'로 고칠 필요가 없다.
– 출처: 제57회 KBS 한국어능력시험

5. 윗글에 대해 〈보기〉와 같은 평가를 받았다. 평가 내용을 모두 반영하여 수정한 글의 요지로 가장 적절한 것은?[138]

> **보기**
> - 인과(因果) 방식으로 내용을 전개하는 것이 좋겠습니다.
> - 주장을 뒷받침하는 논거가 구체적이어야 합니다. '압박감'과 같은 느낌보다는 구체적이고 과학적인 논거를 활용하는 것이 좋겠습니다.
> - 비교 또는 대조 방식으로 논지와 논거를 결합하는 것이 좋겠습니다.

① 거북선은 3층 구조라고 본다. 서양의 전투선들은 아래층에서는 노를 젓고 위층에서 포를 쏘는 형태를 취하는 3층 구조가 많았기 때문이다.

② 거북선은 2층 구조라고 본다. 거북선이 3층 구조였다면 적이 뛰어내리지 못하도록 굳이 철 못으로 지붕을 뒤덮을 필요가 없을 것이기 때문이다.

③ 거북선은 3층 구조라고 본다. 3층 구조는 배가 커서 빛이 골고루 스며들어 채광에 문제가 없지만 2층 구조는 배가 작아 채광에 문제가 될 수 있기 때문이다.

④ 거북선은 2층 구조라고 본다. 물론 노를 젓는 사람과 포를 쏘는 사람이 동일한 공간에서 활동하기 때문에 전투의 효율성 측면에서 문제가 있을 수 있지만 이는 그리 심각한 단점으로 보기는 어렵다.

⑤ 거북선은 2층 구조라고 본다. 적선과 직접 충돌하는 상황에서는 무게 중심이 낮아야 충돌로 기울어진 배가 균형을 찾는 데 유리하다. 3층 구조는 무게 중심이 2층 구조보다 높기 때문에 2층 구조보다 불안정하다.

앞서 살펴본 문항은 '계획하기 → 자료 수집하기 → 개요 짜기 → 논지 전개 → 고쳐 쓰기'로 정리할 수 있는 글쓰기 5단계를 세트형 문항으로 구현한 것이다. 학생들은 이 문항을 통해 정보 전달과 설득을 위한 작문 과정을 이해할 수 있다.[139]

138 5번 문항 해설

정답 : ⑤번

해설 : 이 문항은 글의 전체적인 구조와 논리적 전개의 흐름을 고려하여 글의 요지를 올바르게 수정할 수 있는지를 평가하기 위해 출제하였다. ①, ②번은 인과 방식으로 내용을 전개하였지만, 구체적이고 과학적인 논거와 비교 또는 대조 방식으로 논지와 논거를 결합하지 않았다. ③, ④번은 인과 방식으로 내용을 전개하고 '채광', '전투의 효율성'과 같은 구체적이고 과학적인 논거를 활용하였지만, 비교 또는 대조 방식으로 논지와 논거를 결합하지 않았다. ⑤번은 인과 방식으로 내용을 전개하고 '무게 중심'과 같은 구체적이고 과학적인 논거를 활용하였으며, 3층 구조와 2층 구조를 대조하는 방식을 사용하여 논지와 논거를 결합하였다.

— 출처 : 제57회 KBS 한국어능력시험

139 정보 전달과 설득을 위한 작문

- 정보 전달을 위한 작문 교육 : 설명문, 기사문, 보고서 쓰기를 위해 자료를 수집하고 정보를 선별하는 방법, 글의 내용을 조직하고 표현하고 점검하는 방법을 배움.

- 설득을 위한 작문 교육 : 논설문, 건의문, 비평문 쓰기를 위해 주장과 관점을 명료하게 하는 법, 설득하는 글의 표현 전략과 점검 방법, 고쳐쓰기의 방법을 배움.

거북선 구조 논쟁을 활용한 프로젝트

교과 기반 프로젝트의 원리

1. 교과에서 배운 지식을 활용한 작품화 활동

- UNESCO는 21세기에 요구되는 학습 비전으로 학습 능력(learning to know), 실행 능력(learning to do), 사회생활 능력(learning to live together), 인성(learning to be) 함양을 제시하였다. 단위 학교는 21세기 학습 비전인 네 개의 기둥이 교과 수업을 떠받치는 구조로 비유하여, 정규 수업 시간과 이를 응용한 교과 심화 프로젝트를 실천할 수 있다.

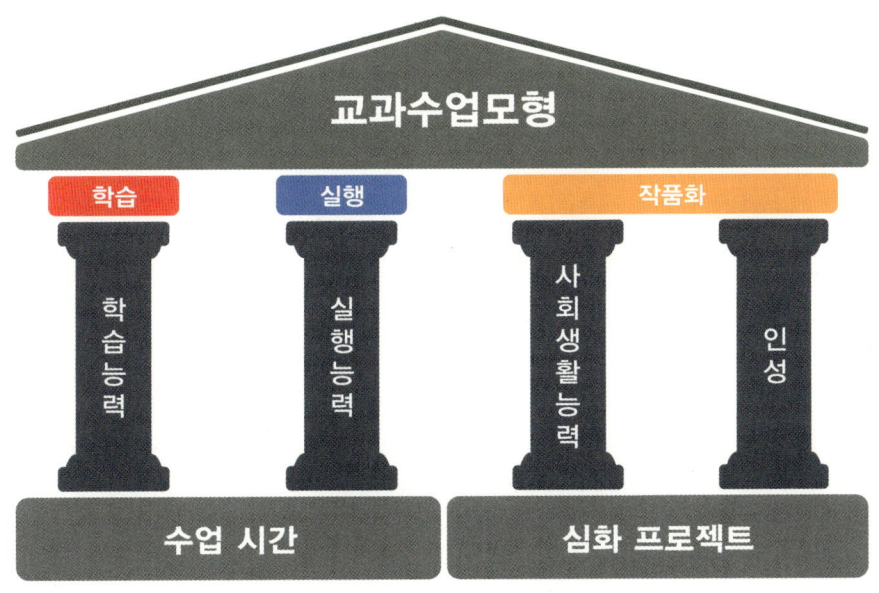

▲ <21세기 교육을 떠받치는 네 개의 기둥> 과 교과 수업 모형

- 학습과 실행은 정규 교과 수업에서, 작품화 단계에 해당하는 사회생활 능력과 인성은 심화 프로젝트를 통해 함양할 수 있도록 설계하였다. 학습, 실행, 작품화 단계는 선생님들에게 익숙한 블룸의 교육 목표에 맞게 연결 지었다.

[표 4-6] 교과 기반 프로젝트의 원리

교과 수업		프로젝트 활동	
학습 능력	실행 능력	사회생활 능력	인성
↓	↓	↓	↓
학습		실행		작품화		
기억	이해	적용	분석	평가	창안

2. 교과에서 배운 지식을 활용한 작품화 단계

- 작품화 단계는 최상위 캡스톤 디자인 단계로서 블룸의 교육 목표(2001)에 맞게 '평가하다'와 '창안하다' 단계와 연계하였다. 이는 기존 블룸의 교육 목표 '종합'과 '평가'에 해당한다.

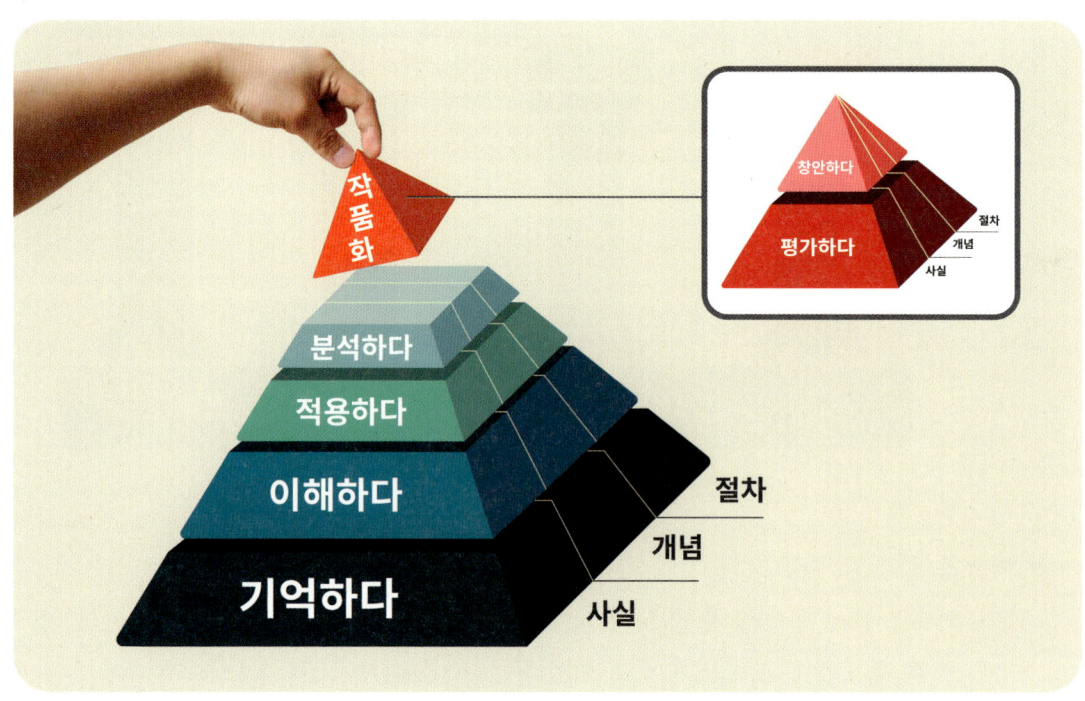

▲ <블룸의 교육 목표 위계(2001)와 작품화 단계>

- 작품화 단계는 교과 수업 중 프로젝트(1단계~3단계)가 아니라 실제 프로젝트(4단계)를 수행하는 방법이다.

[표 4-7] 교실 프로젝트와 교과 기반 프로젝트

수준	방법	내용	성격
1단계	수행평가	간단한 보고서를 제출하는 차원	교실 프로젝트 (수업)
2단계	프로젝트법	학생 스스로 과제를 발견하여 해결하는 차원	
3단계	프로젝트 기반 학습	프로젝트에 맞게 교수·학습을 구성하는 차원	
4단계	프로젝트 수행법	교과를 활용하여 실제 프로젝트를 수행하는 차원	교과 기반 프로젝트

3. 자료-정보-지식으로 발전하여 융합하는 작품화 활동

- 작품화 활동은 ① 자료 수집 → ② 정보 생성(자료를 분석하고 요약) → ③ 지식 생성(정보+아이디어) 과정을 체험하는 개인 연구 단계를 거쳐, 팀별로 작품을 만드는 단계로 발전하도록 설계되었다.

[표 4-8] 자료-정보-지식의 특성

수준	성격	특성	방법
D 자료 Data	탐색	타인(전문가)의 자료를 발췌하여 재구성한 자료	인용
	생성	실험이나 설문을 통해 얻은 자료	설명
I 정보 Information	탐색	타인(전문가)이 밝힌 정보	인용
	생성	자료를 가공하여 의미를 부여한 것	분석
K 지식 Knowledge	탐색	타인(전문가)이 밝힌 지식	인용
	생성	정보를 가공하여 의미를 부여한 것	주장

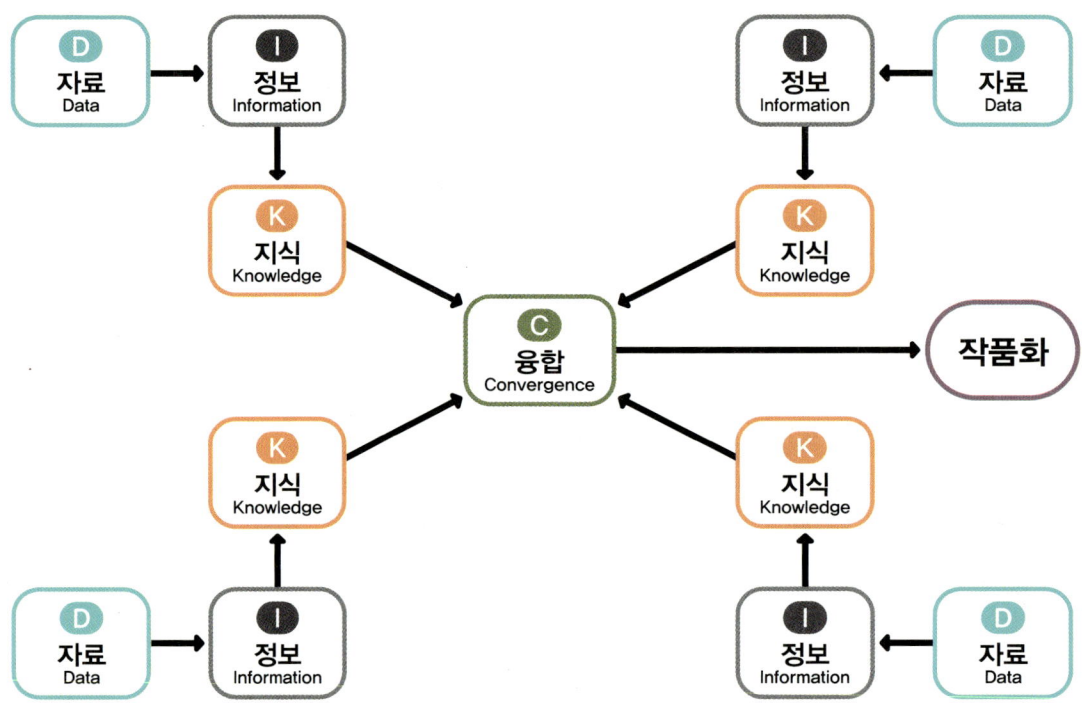

▲ 개별 프로젝트를 융합하여 작품화로 발전함

학생과 교사가 함께 성장하는 작품화 활동

1. 작품화 활동을 통해 성장하는 학생의 역량

- 미래 사회를 대비한 개정 교육과정에서 강조하고 있는 학생의 역량은 학생과 교사가 모두 인지하고 있는 '객관적인 역량'과 학생은 모르지만 교사가 파악하고 있는 '잠재적 역량', 교사는 모르지만 학생이 자각하고 있는 '은폐된 역량'으로 구분할 수 있다.

- 정규 학교 수업만으로 교사가 학생의 역량을 충분히 파악하기에는 한계가 있다.

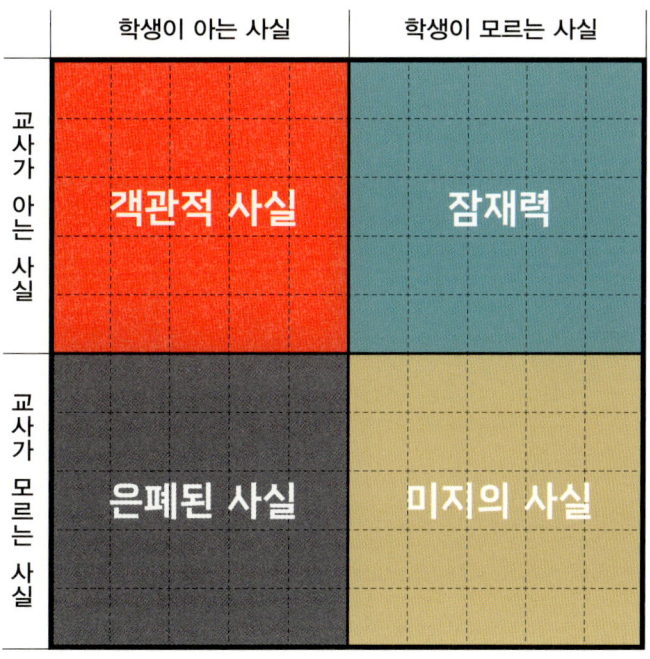

▲ 학생의 역량 프레임

2. 학생과 교사가 함께 성장하는 교과 기반 프로젝트 활동

- 학생과 교사가 모두 모르는 '미지의 사실'을 제외하고, 학생이 모르는 잠재력과 교사가 모르는 은폐된 사실은 교과 기반 프로젝트 활동을 통해 충분히 객관적인 역량으로 드러낼 수 있다.

- 교과 수업을 확장한 프로젝트 활동을 통해 학생이 스스로 모르고 있었던 '자신의 영역(잠재력)'을 교사와 학생 모두가 인지하고 있는 '객관적 사실의 영역'으로 확장시킬 수 있다.

- 학생들은 교사가 모르고 있었던 영역(은폐된 사실)을 객관적 사실의 영역으로 확장시킬 수 있도록 학교 교육 활동에 적극적으로 참여하면서 교사와 적극적으로 상호작용해야 한다.

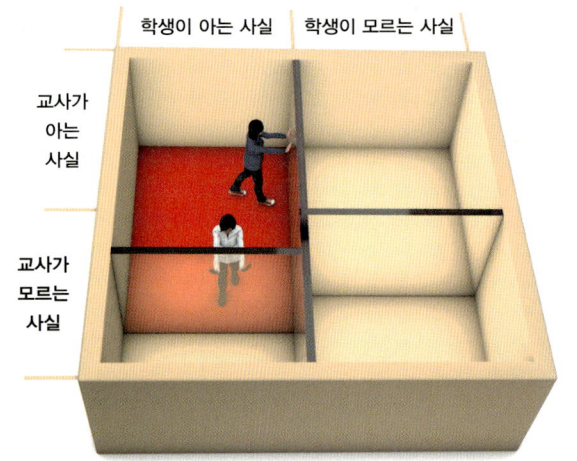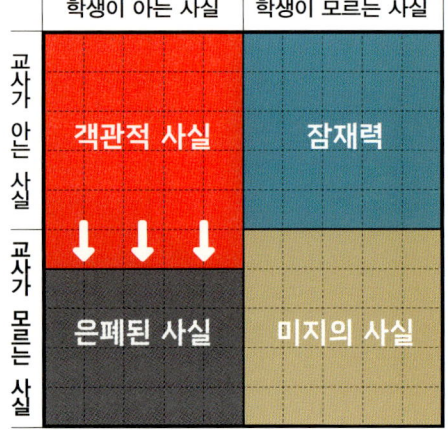

▲ 학생의 노력에 의한 학생 역량 프레임의 변화

- 교사는 정규 수업 시간은 물론 프로젝트 활동을 통해 학생의 성장을 관찰하면서 파악해야 한다.

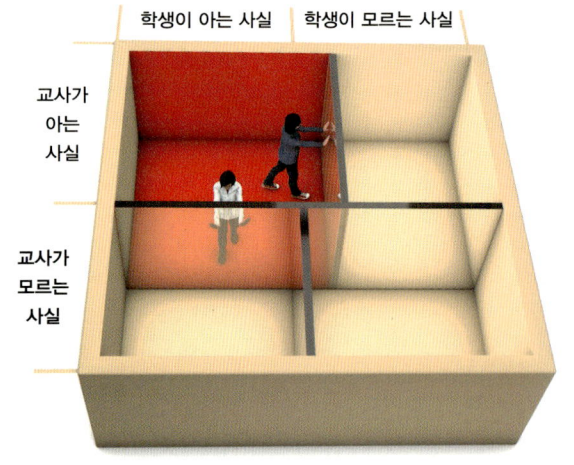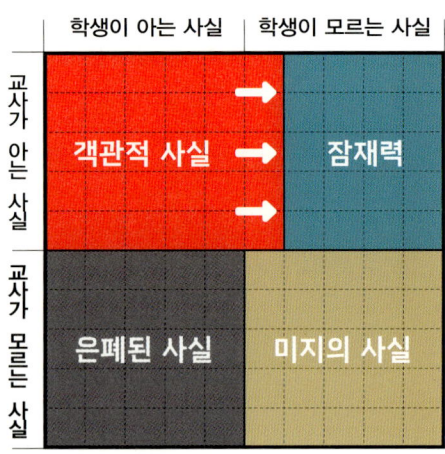

▲ 교사의 노력에 의한 학생 역량 프레임의 변화

- 이처럼 프로젝트 활동은 교사가 모르고 있었던 영역(은폐된 사실)과 학생이 모르고 있었던 영역(잠재력)을 객관적 사실의 영역으로 확장시키는 과정이다.

교과 기반 프로젝트 사례 ❶ : 기존 패러다임 탐구 _ 하나고등학교

연구 과정 안내 다큐멘터리

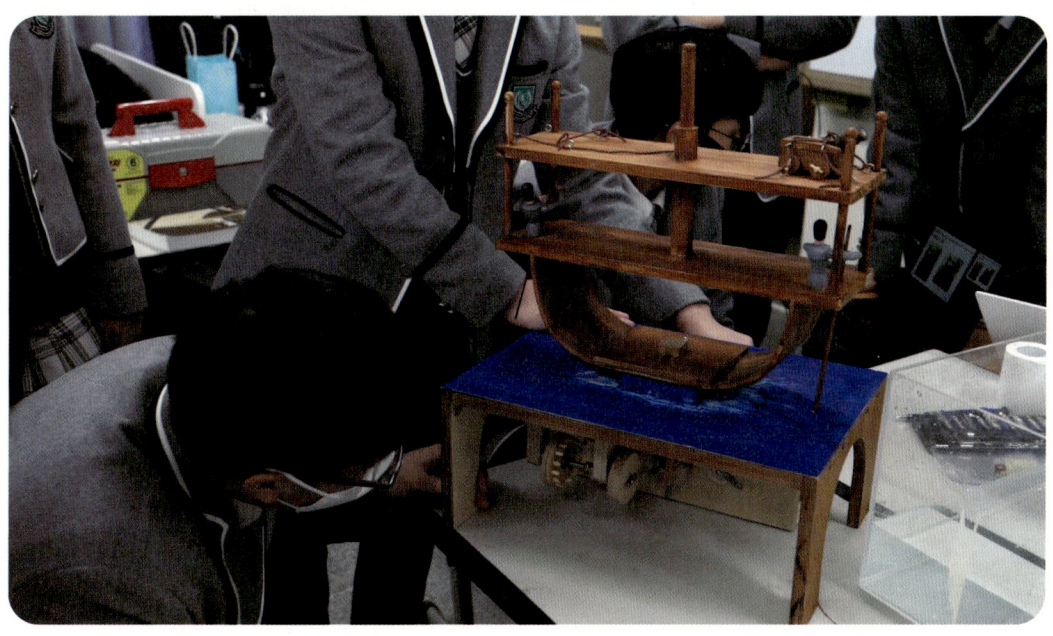

거북선 구조 논쟁을 활용한 프로젝트   213

교과 기반 프로젝트 사례 ❷ : 새로운 패러다임 탐구 _ 인천하늘고등학교

 연구 과정 안내 다큐멘터리

임진왜란 당시 거북선의 상상 재현 프로젝트

도를 젓는 거북선 패러다임의 의의

지난 반세기 동안 계속된 거북선 내부 구조에 관한 논쟁사를 분석한 결과, 기존 학설로는 설명할 수 없는 문제점들이 누적되어 이제는 기존의 패러다임에서 과감히 벗어날 때가 되었다.

이 책 3장에서 필자가 제기한 가장 중요한 쟁점은 그동안 거북선 구조 논쟁사에서 모든 선행 연구자들이 동의하고 있었던 이른바 '한국식 노' 패러다임이 사료에서 실체를 확인할 수 없는 빈약한 근거에 불과한 것임을 공론화한 것이다.

서양에서는 오어만 사용했지만 동양에서는 오어에 해당하는 도는 물론 노를 모두 사용했기 때문에, 대형 군선에서는 노가 아니라 도를 젓는 방식으로 추론하는 것이 합리적이다. 이렇게 도를 젓는 방식으로 격군의 움직임을 파악할 경우 그동안 오랜 시간 지난하게 논쟁했던 거북선 2층 공간에서 격군과 전투원이 함께 공존하는 문제를 해결할 수 있음은 물론, 거북선의 복원력 관련 논쟁도 해결할 수 있다.

조선 후기 거북선의 형태와 기능에 관한 필자의 주장은 앞으로 임진왜란 당시 이순신 거북선을 상상 재현하는 작업에도 영향을 끼치게 될 것이다.[140] 특히 임진왜란 당시 조선 수군의 주된 무기가 조총이 아니었음에도 조총에 맞게 최적화된 조선 후기 거북선의 수많은 포혈을 근거로, 임진왜란 당시의 거북선을 수많은 화포를 배치하는 식으로 과대 추정해서는 곤란하다.

그동안 우리는 공신력 있는 사료에 적힌 근거를 애써 무시하고, 임진왜란 당시의 거북선을 전라 좌수영 거북선 형태로 상상 재현해왔다. 이제부터라도 통제영 거북선을 토대로 임진왜란 당시의 거북선 원형을 재현해야 한다.

140 김평원 교수(필자)의 주장
① 노 젓기 패러다임은 사료에서 확인할 수 없음.
② 동양에서는 서양의 오어에 해당하는 '도'와 '노'를 모두 사용함.
③ 동시대 명나라 대형 군선은 '노가 아니라 '도'를 젓는 방식임.
④ 도 젓기 패러다임은 격군과 전투원이 같은 공간에서 활동할 수 있음.
⑤ 도 젓기 패러다임은 거북선의 복원력 문제도 해결함.
⑥ 임진왜란 당시 거북선은 조선 후기 통제영 거북선을 토대로 추정해야 함.

임진왜란 당시 거북선의 상상 재현

거북선은 현대 군함을 건조하는 방식처럼 초도함을 개발한 후, 자매함인 후속 함들을 대량으로 생산하는 방식이 아니라, 조선 후기 각 수영에서 여건에 맞게 개조하는 방식으로 계승되었기 때문에 다양한 형태의 거북선들이 혼재될 수밖에 없다. 통제영 거북선과 전라 좌수영 거북선의 형태가 이질적인 것도 이 때문이다.

이렇게 다양한 형태로 진화한 거북선을 토대로 시간의 흐름을 거슬러 과거의 모습을 상상 재현하는 작업은 다양한 가능성이 열려 있어 쉽지 않은 일이다. 따라서 조선 후기 거북선을 근거로 임진왜란 당시의 거북선을 상상 재현하는 작업은 헤게모니 경쟁의 대상이 될 수 없으며, 누구나 참여할 수 있는 문화 콘텐츠의 영역이다. 거북선 연구는 해군 관계자나 조선 공학자만 할 수 있는 것이 아니라 누구에게나 열려 있는 것이다.[141]

조선 후기 통제영 거북선이 임진왜란 당시 거북선 원형에 가깝다는 『이충무공전서』의 명확한 기록을 볼 때, 조선 후기 거북선과 마찬가지로 임진왜란 당시의 거북선 내부 구조도 지붕 아래 후퇴 처리된 분할 층 구조로 추정되며, 거북선 2층 공간에서 격군들은 중앙에서 도를 젓고 공용 화기를 주로 운용하는 전투원들은 방패 판 주변에서 화포를 발사했을 것이다. 후퇴 처리된 지붕 밑에 있는 문을 통해서는 적선의 상황을 조망하면서 활이나 승자총통을 발사했을 것이다.[142]

임진왜란 당시 거북선의 형태를 기록한 사료 중에서 가장 공신력 있는 직접 사료는 『선조수정실록(宣祖修正實錄)』이다.[143] 1592년 5월 1일자 기록에 따르면 거북선 전면에 용머리를 달았으며, 용의 입에 화포 구멍을 설치하였다.[144] 용머리는 적에게 두려움을 주려는 목적도 있겠지만 적선을 깨부수기 위해 앞으로 돌출된 충격 장치로 추정된다.

---

141 거북선 전문가란?

1세대 거북선 연구자인 정광수는 보험 업계에 종사한 금융인이었으며, 필자 역시 국어교육학자이다.

142 임진왜란 당시 거북선의 상상 재현

① 조선 후기 통제영 거북선과 유사한 형태
② 지붕 아래 후퇴 처리된 분할 층 구조
③ 격군들은 거북선 2층 중앙 공간에서 도를 저음
④ 전투원들은 방패 판 주변에서 공용 화기인 화포를 운용
⑤ 후퇴 처리된 지붕 밑 포혈을 통해 화살이나 승자총통을 발사

143 『선조수정실록(宣祖修正實錄)』

광해군 때 북인에 의해 편향적으로 기록된 『선조실록(宣祖實錄)』을 인조반정 후에 서인 정권에서 다시 수정하여 편찬한 실록이다.

144 출처

『宣祖修正實錄』 26권, 선조 25년 5월 1일 경신, "前作龍頭, 口爲銃穴"

기록에 충실하게 재현한다면 거북선 전면의 화포는 용의 입 한 곳에만 설치해야 한다. 왜냐하면 거북선 측면의 화포 구멍 개수(6개)는 명확하게 언급하였음에도, 전면의 화포 구멍 개수는 용의 입을 제외하고는 더 이상 언급하지 않았기 때문이다.[145] 조선 후기 거북선처럼 용머리 좌우 또는 아래에 포 구멍을 뚫으면 될 일을 굳이 번거롭게 용의 입에 화포를 설치한 까닭은 무엇일까? 그것은 돌진하면서 발사체를 직사로 투사하여 적선에 구멍을 낸 후, 이어서 바로 용머리 돌출부로 충돌시키기 위한 것으로 추정된다. 용머리에 설치된 화포 구멍은 공격로를 개척하는 역할과 더불어, 거북선의 공격 방향을 결정하고 전방 상황을 파악할 수 있는 함교 역할도 겸했을 것이다.[146]

145 거북선 전면 화포 개수
조선 후기 거북선 도면을 근거로 임진왜란 당시 거북선도 전면에 2~3개의 화포를 설치한 것으로 추정하는 경우가 일반적이다.

146 함교(艦橋)
장대(將臺)라고 하기도 하며, 장수가 배를 지휘하기 위해 맨 앞 또는 한가운데에 높게 만든 갑판을 가리킨다. 임진왜란 당시 거북선에서는 용머리가 장대 역할을 하였으나 지휘관의 시야가 제한되었을 것으로 추정된다. 이 때문에 조선 후기에는 지붕 가운데 높은 장대가 설치된 독특한 형태의 거북선도 등장하였다.

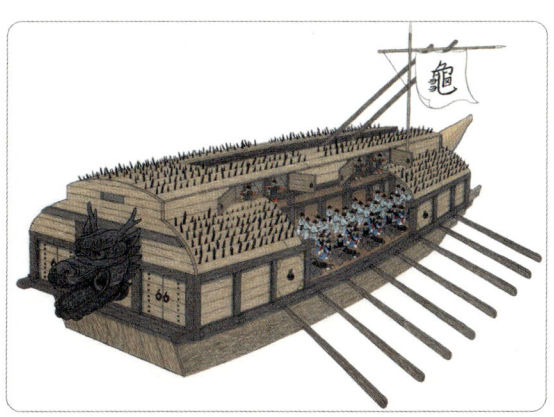

▲ 임진왜란 당시 활약한 거북선의 전도(김평원의 상상 재현)

좀더 자세히

『선조수정실록(宣祖修正實錄)』에 기록된 거북선 형태

이 제도는 배 위에 보와 판자를 놓아 거북 등처럼 만들고, 그 위에는 아군이 겨우 통행할 수 있을 만큼 십자로 좁은 길을 내고, 나머지는 모두 칼과 송곳 같은 것을 줄지어 꽂았다. 앞에는 용머리를 만들어 입은 포 구멍이 되며 뒤에는 거북 꼬리를 만들어 꼬리 밑에 포 구멍을 설치하였다. 좌우에도 총 구멍이 각각 여섯 개가 있었으며, 군사는 모두 그 밑에 숨어 있도록 하였다. 사면으로 포를 쏠 수 있게 하였고 전후좌우로 이동하는 것이 나는 것처럼 빨랐다. 전투 시에는 거적이나 풀로 덮어, 송곳과 칼날이 드러나지 않게 하였는데, 적이 뛰어오르면 송곳과 칼에 찔리게 되고 덮쳐 포위하면 화총을 일제히 쏘았다.

- 출처: 『宣祖修正實錄』 26권, 선조 25년 5월 1일 경신

『선조수정실록』에는 거북선 후면에도 꼬리가 있으며 꼬리 아래에 총혈이 있음을 언급하고 있다.[147] 전쟁 시기에 굳이 꼬리 장식을 달 필요는 없기 때문에, 용머리와 마찬가지로 거북 꼬리도 적선과의 충돌을 염두에 둔 장치로 추정된다. 거북선 후면의 화포 개수 역시 전혀 언급하지 않았으므로, 거북선 전면과 마찬가지로 꼬리 아래에만 화포가 배치된 것으로 추정해야 타당하다. 그동안 거북선 꼬리에 관한 논쟁은 없었지만, 필자의 주장을 기점으로 거북 꼬리에 관한 다양한 의견이 개진되기를 기대한다.[148]

147 출처
『宣祖修正實錄』 26권, 선조 25년 5월 1일 경신, "後爲龜尾, 尾下有銃穴"

148 거북 꼬리
이충무공 종가에서 발견된 장대가 있는 거북선 그림에 거북 꼬리가 묘사되어 있다.

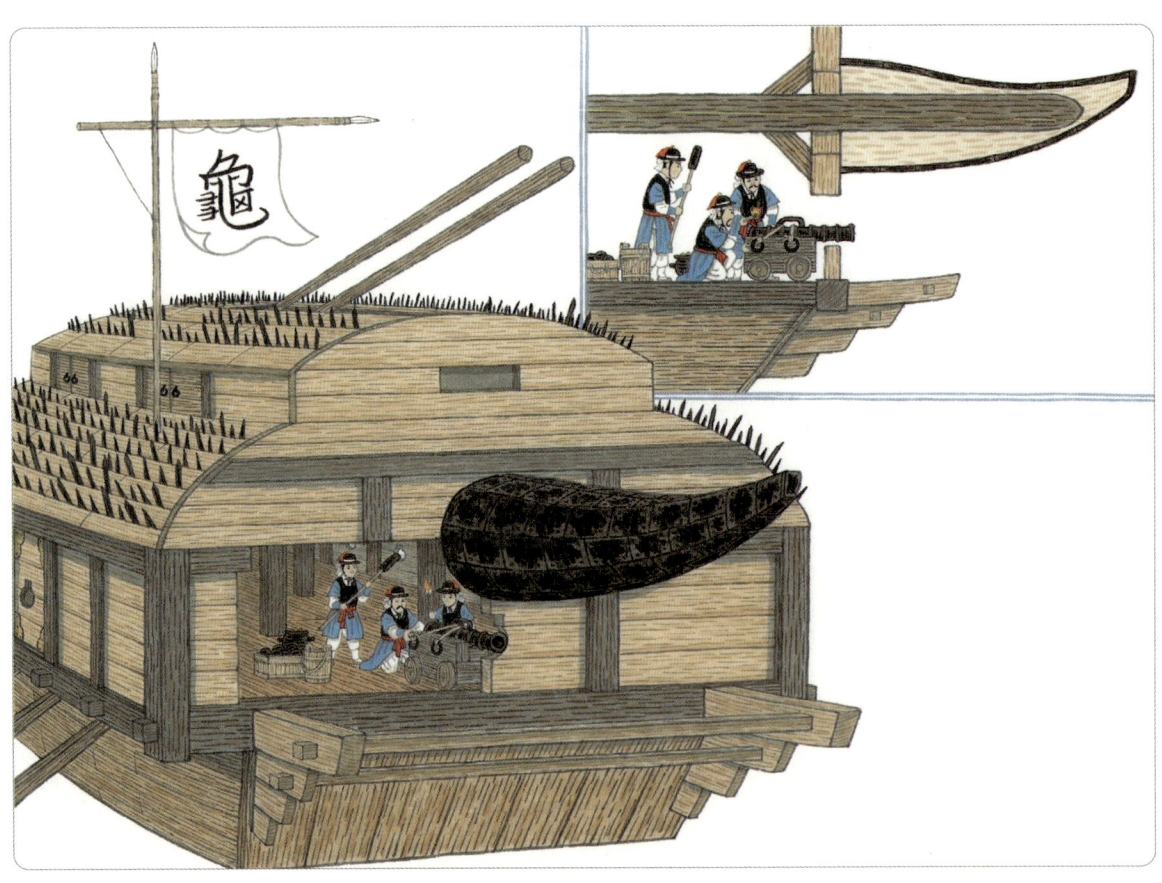

▲ 임진왜란 당시 활약한 거북선의 후면(김평원의 상상 재현)

퇴계 이황과 고봉 기대승이 천리 밖 먼 거리를 두고 8년간 편지를 주고받으며 진행된 사단칠정(四端七情) 논쟁을 통해 조선 성리학의 수준이 크게 발전한 것처럼, 1976년 남천우에 의해 시작되어 지난 반세기 동안 계속된 거북선 구조 논쟁은 소모적인 헤게모니 싸움이라기보다는 전통 한선과 과학사 분야의 논증 수준을 고양하는데 크게 기여하였다. 특히 드라마나 영화에서 거북선 전투 장면을 연출하는 데 필요한 근거를 제공함으로써 거북선 관련 문화 콘텐츠가 끊임없이 재생산되는 데에도 기여하였다.[149]

이 책을 시작으로 '후퇴 처리된 분할 층 구조'의 거북선 내부에서 '노'가 아닌 '도'를 젓는 방식에 적합한 구체적인 치수를 추정하는 후속 논의가 계속되기를 기대한다. 더불어 역사학계에서도 '첨격사부'에 관한 후속 연구가 계속되어 격군들과 같은 공간에 있었던 전투원들의 군역 이행 방식에 관한 특징을 보다 깊이 있게 파악할 수 있기를 기대한다.

149 거북선 구조 논쟁의 의의
① 전통 한선 연구에 기여
② 전통 과학사 분야의 논증 수준을 고양
③ 거북선 관련 문화 콘텐츠 발전에 기여

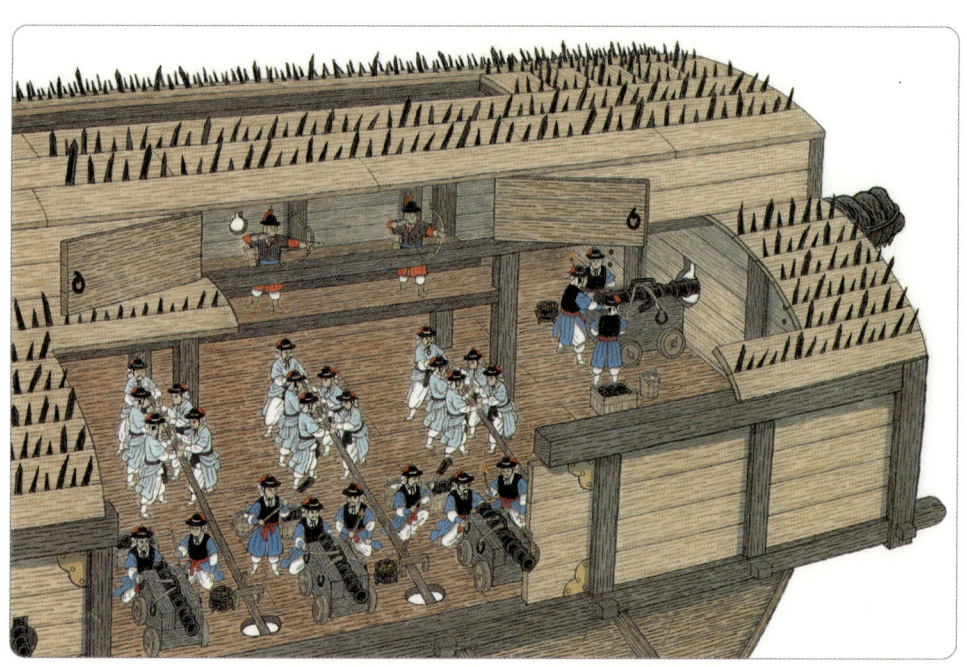

▲ 임진왜란 당시 활약한 거북선의 내부(김평원의 상상 재현)

05 추정 그림

노를 젓는 통제영 거북선(전도, 측면, 내부)

노를 젓는 전라 좌수영 거북선(전도, 측면, 내부)

도를 젓는 통제영 거북선(전도, 측면, 내부)

도를 젓는 전라 좌수영 거북선(전도, 측면, 내부)

도를 젓는 임진왜란 당시 거북선(전도, 내부)

01. 노 젓기 패러다임으로 추정한 통제영 거북선 전도

추정 그림

02. 노 젓기 패러다임으로 추정한 통제영 거북선 측면

추정 그림

03. 노 젓기 패러다임으로 추정한 통제영 거북선 내부

04. 노 젓기 패러다임으로 추정한 전라 좌수영 거북선 전도

추정 그림

05. 노 젓기 패러다임으로 추정한 전라 좌수영 거북선 측면

추정 그림

06. 노 젓기 패러다임으로 추정한 전라 좌수영 거북선 내부

추정 그림

07. 도 젓기 패러다임으로 추정한 통제영 거북선 전도

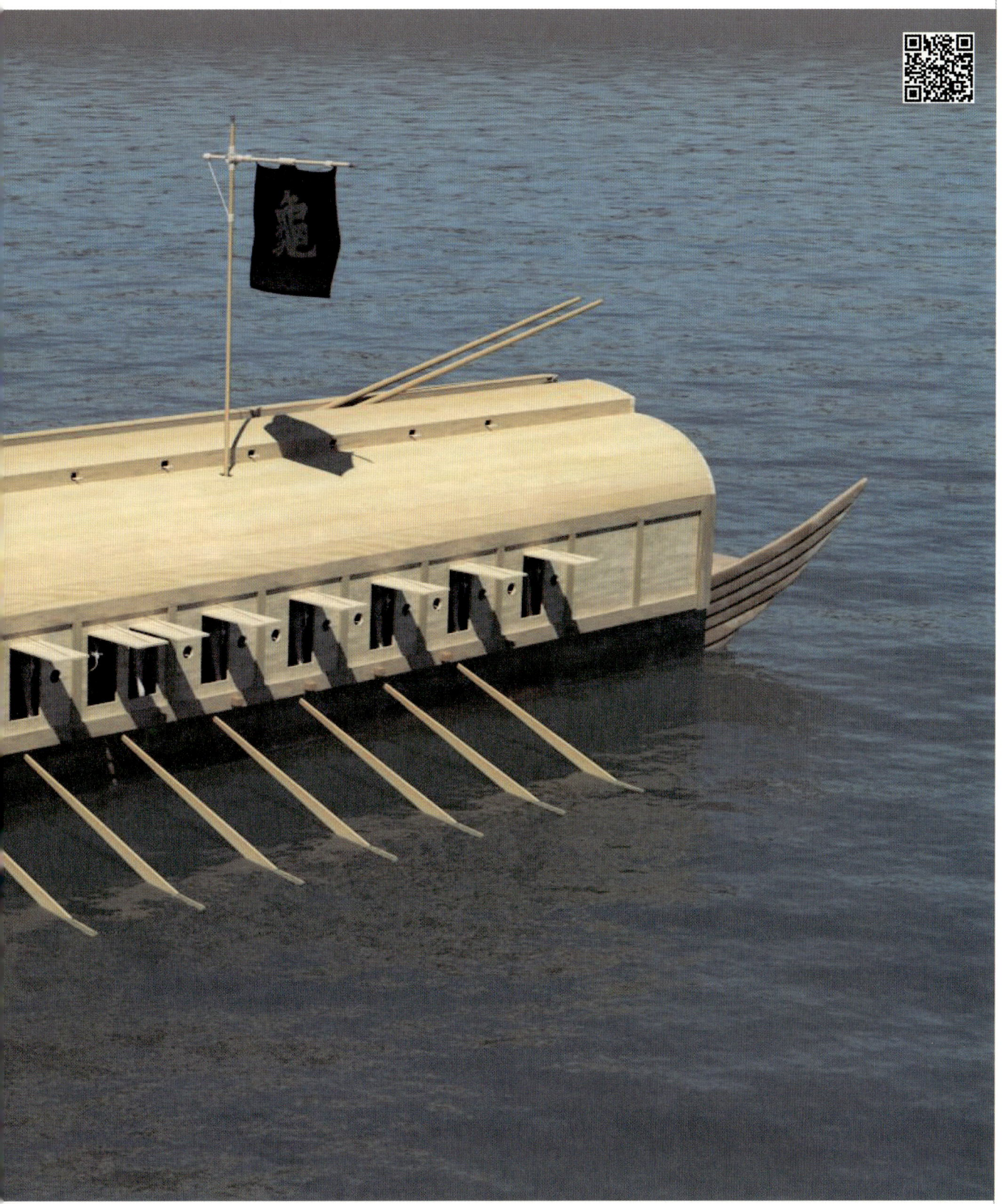

추정 그림

08. 도 젓기 패러다임으로 추정한 통제영 거북선 측면

추정 그림

09. 도 젓기 패러다임으로 추정한 통제영 거북선 내부

추정 그림

10. 도 젓기 패러다임으로 추정한 전라 좌수영 거북선 전도

추정 그림

11. 도 젓기 패러다임으로 추정한 전라 좌수영 거북선 측면

추정 그림

12. 도 젓기 패러다임으로 추정한 전라 좌수영 거북선 내부

추정 그림

13. 도 젓기 패러다임으로 상상 재현한 임진왜란 당시 거북선 전도

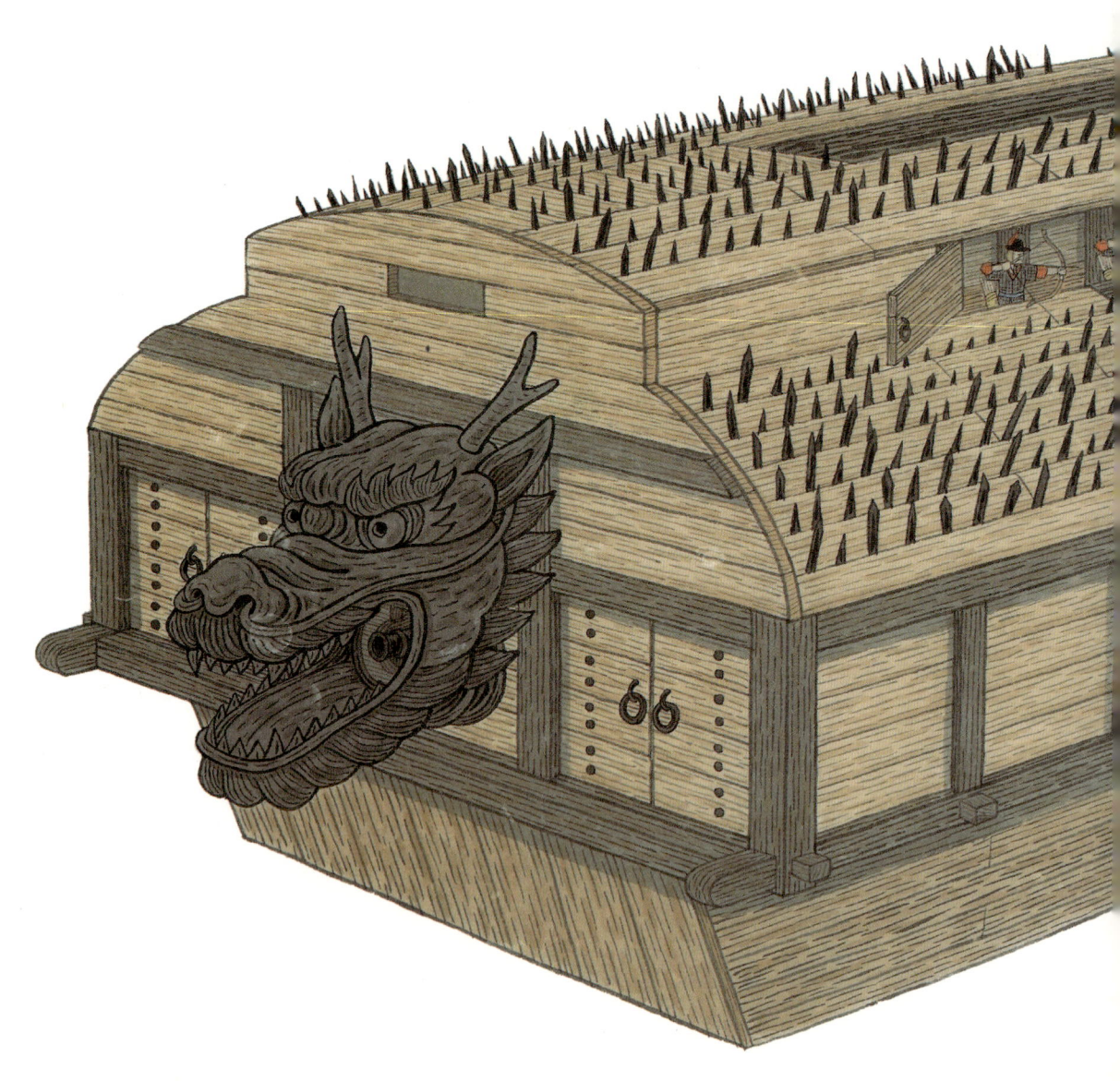

14. 도 젓기 패러다임으로 상상 재현한 임진왜란 당시 거북선 내부

추정 그림

참고문헌

원자료

『강한집(江漢集)』
『각사등록(各司謄錄)』
『각영리정청등록(各營釐整廳謄錄)』
『고대일록(孤臺日錄)』
『만기요람(萬機要覽)』
『승정원일기(承政院日記)』
『연려실기술(燃藜室記述)』
『원행을묘정리의궤(園幸乙卯整理儀軌)』
『이충무공전서(李忠武公全書)』
『선조수정실록(宣祖修正實錄)』
『조선왕조실록(朝鮮王朝實錄)』
『주교지남(舟橋指南)』
『증보문헌비고(增補文獻備考)』
『화성성역의궤(華城城役儀軌)』

단행본

김자현(2019), 『임진전쟁과 민족의 탄생』, 너머북스.
金在瑾(1977), 『朝鮮王朝軍船硏究』, 一潮閣.
金在瑾(1989), 『우리 배의 歷史』, 서울대학교 출판부.
김재근(1996), 『우리의 배』, 서울대학교 출판부.
김정진(2005), 『거북선: 신화에서 역사로』, 랜덤하우스코리아.
김제문화원(2002), 『우리 고장 인물사』, 김제시.
김태호(2014), 『그러나 이순신이 있었다』, 일상과 이상.
김평원 외(2007), 『아우라 과학논술』, 해나무.
김평원 외(2008), 『아우라 사회논술』, 해나무.
김평원(2016), 『조선의 엔지니어 정약용』, 다산사이언스.
김평원(2017), 『조선의 근대 공학의 개척자 엔지니어 정약용』, 다산북스.
김평원·김성우(2012), 『논술 시대 공부를 논하라』, 민사고 출판사.
남천우(1997), 『유물의 재발견』, 학고재.
남천우(2010), 『임진왜란 산책』, 미다스북스.
민계식·이원식·이강복(2017), 『임진왜란과 거북선』, 행복한 에너지.
베네딕트 앤더슨 저/서지원 역(2018), 『상상된 공동체, 민족주의의 기원과 보급에 대한 고찰』, 길.
성낙주(2014), 『석굴암, 법정에 서다』, 불광출판사.
세종대왕기념사업회 편집부(2019), 역주 『동국신속삼강행실도』, 세종대왕기념사업회.
송기중(2019), 『조선 후기 수군 연구』, 역사비평사.
웨인 C. 부스 지음, 최상규 옮김(1999), 『소설의 수사학(The Rhetoric of Fiction)』, 예림 기획.
유병용(2005), 『과학으로 만드는 배』, 지성사.

이은상(1989), 『완역 이충무공전서 (상)』, 성문각.
이인화(2003), 『디지털 스토리텔링』, 황금가지.
정광수(1993), 『삼가 적을 무찌른 일로 아뢰나이다』, 정신세계사.
정진술・이민웅・신성재・최영호(2008), 『다시 보는 한국 해양사』, 도서출판 신서원.
조병로・남상호・박재광(2012), 『한국군사사 13, 군사 통신・무기』, 육군본부.
채연석(2008), 『꿈의 로켓을 쏘다』, 북하우스.
최두환(1999), 『충무공 이순신 전집』, 도서출판 우석.
한국학중앙연구원(2007), 『한국민족문화대백과사전』, 제2차 개정증보판.
한호림(2019), 『진짜 싸울 수 있는 거북선』, 디자인 하우스.
Eric Hobsbawm & Terence Ranger(1983), 『The Invention of Tradition』, Cambridge University Press.
Horace H. Underwood(1934), 『Korean Boats and Ships』, Chosen Christian College.

논문

金在瑾(1974), "龜船의 造船學的 考察", 『大韓民國學術院論文集』 13.
김진수(2015), "조선후기 鳥銃 연구의 현황과 과제", 『군사연구』 139, 453-472.
김병륜(2018), "조선후기 선박의 櫓 구조와 軍船 格軍의 편성과 운용", 『역사민속학』 54, 7-40.
김평원(2010), "프로젝트 수행법을 위한 융합교육 과정의 설계", 『교육과정평가연구』 13(3), 49-78.
김평원(2011), "행주산성 전투에 사용된 변이중 화차의 복원", 『한국과학사학회지』 33(3), 83-114.
김평원(2011), "대입 논술 고사 내용의 타당성 분석", 『교육과정평가연구』 14(2), 161-188.
김평원(2011), "퍼지 논리를 활용한 논증 텍스트 분석 모형 연구", 『국어교육학연구』 41, 339-378.
김평원(2011), "프로토콜 분석을 활용한 쓰기 과정 지도 및 평가", 『새국어교육』 87, 5-36.
김평원(2013), "과학 글쓰기 교육을 위한 협동 수업 사례 연구", 『선청어문』 40, 357-382.
김평원(2015), "자유학기 적용에 따른 단위학교의 적응과 변화", 『교육발전연구』 31(2), 29-45.
김평원(2015), "논술 및 구술 통합 교육을 위한 축소 평가(SST) 모형의 효과", 『화법연구』 29, 31-64.
김평원(2016), "융합 R&E 프로젝트 활동이 화법 능력 향상에 미치는 효과", 『화법연구』 34, 109-137.
김평원(2017), "중학교 자유학기 교과의 수업 모형 연구", 『교육연구논총』 38(2), 228-253.
김평원(2017), "정약용이 설계한 거중기와 녹로의 용도", 『다산학』 30, 235-272.
김평원(2017), "정조 대 한강 배다리의 구조에 관한 연구", 『한국과학사학회지』 39(1), 91-124.
김평원(2021), "정조(正祖) 대 거북선[龜船]의 구조에 관한 연구", 『한국과학사학회지』 43(1), 33-77.
南天祐(1976), "龜船構造에 대한 再檢討", 『歷史學報』 71, 146.
노영구(2012), "16~17세기 鳥銃의 도입과 조선의 軍事的 변화", 『한국문화』 58, 111~137.
박혜일(1979), "이순신귀선(李舜臣龜船)의 철장갑(鐵裝甲)과 이조철갑의(李朝鐵甲) 현존 원형과의 대비", 『한국과학사학회지』 1(1), 27-45.
이원식(2007), "1592년 귀선(龜船)의 주요 치수 추정에 관한 연구", 한국해양대학교 박사학위논문.
張學根(1995), "軍船으로서의 原型龜船", 『昌原史學』 제2輯, 300.
張學根(2004), "戰場環境과 거북선 船型變化", 『軍史』 제51호, 45-77.
정진술(2010), "조선 후기 거북선의 구조 -『李忠武公全書』의 龜船圖說을 중심으로", 『海洋文化研究』 4, 89-119.

참고문헌

채연석(2018), "함포(艦砲)의 배치를 중심으로 본 이순신 거북선의 구조 연구", 『한국과학사학회지』 40(1), 26-27.
홍순구(2014), "임진왜란 거북선의 선형과 내부 구조", 『조형미디어학』 17(3), 83-91.
Pyoung Won Kim(2016), "The Wheel Model of STEAM Education Based on Traditional Korean Scientific Contents", Eurasia Journal of Mathematics Science and Technology Education 12(9), 2353-2371.
Pyoung Won Kim(2017), "Scientific Disciplines of Geojunggi (the Traditional Crane) in Korean Science, Technology and History Class", Eurasia Journal of Mathematics Science and Technology Education 13(9), 6147-6163.

언론 기사

KBS 드라마, "불멸의 이순신" (KBS한국방송, 2005), 2005. 3. 5 방송.
김차수, "후손이 욕보인 거북선 銃筒(총통)발굴 사기극 보존 상태 너무 좋아 의혹", 『동아일보』 1996. 6. 19.
남천우, "석굴암 원형 보존의 위기", 『신동아』 5월호, 1969.
윤환준, "거북선, 후대 이르러 변모", 『동아일보』 2008. 6. 2.
이근영, "현존 거북선 모형은 '엉터리'…'명량'식으로 발포하면 배 뒤집혀", 『한겨레신문』, 2015.10.15.
이영재·김영균, "남해안 지자체마다 '이순신 사업' 열풍… 졸속 복원·중복 투자 예산 낭비 우려", 『국민일보』, 2015. 10. 13
이천열, "해사 복원 거북선은 엉터리… 철저한 고증 거치지 않은 역사 왜곡", 『서울신문』, 2019. 4. 29.
임당걸, "거북선 고증 잘못됐다", 『중앙일보』, 1987. 2. 2.
주성하, "'3층구조 거북선' 17세기 그림 발견… 제원 등 기록", 『동아일보』, 2004. 8. 18.
최상원, "짝퉁 복원 거북선, 바다 띄우면 물새고 꼬르륵", 『한겨레신문』, 2012. 9. 25.

기타

INTERNATIONAL CHARTER FOR THE CONSERVATION AND RESTORATION OF MONUMENTS AND SITES (THE VENICE CHARTER 1964), (Venice: IInd International Congress of Architects and Technicians of Historic Monuments, 1964).